德州学院学术著作出版基金资助

南朝学者 任昉研究

The Study on Ren Fang of the Southern Dynasties

张金平 ● 著

中国社会科学出版社

图书在版编目（CIP）数据

南朝学者任昉研究／张金平著．—北京：中国社会科学出版社，
2015.9

ISBN 978 - 7 - 5161 - 6934 - 6

Ⅰ.①南…　Ⅱ.①张…　Ⅲ.①任昉（460～508）—人物研究
Ⅳ.①K825.6

中国版本图书馆 CIP 数据核字（2015）第 226132 号

出 版 人	赵剑英	
责任编辑	郭　鹏	
责任校对	张艳萍	
责任印制	李寡寡	

出　　版	中国社会科学出版社	
社　　址	北京鼓楼西大街甲 158 号	
邮　　编	100720	
网　　址	http://www.csspw.cn	
发 行 部	010 - 84083685	
门 市 部	010 - 84029450	
经　　销	新华书店及其他书店	

印刷装订	北京金瀑印刷有限责任公司	
版　　次	2015 年 9 月第 1 版	
印　　次	2015 年 9 月第 1 次印刷	

开　　本	880×1230　1/32	
印　　张	8.375	
插　　页	2	
字　　数	192 千字	
定　　价	38.00 元	

凡购买中国社会科学出版社图书，如有质量问题请与本社营销中心联系调换
电话：010 - 84083683

任游研究

张吉水先生题字

目　　录

绪　论

　　任昉（460—508），乐安博昌（今山东博兴）人，历官南朝宋、齐、梁三代，少年聪而好学，十几岁时就为当时社会名流褚渊、刘秉等所钦重。入齐后得到王俭的赏识提拔，后为竟陵王萧子良记室，为"竟陵八友"的重要成员。任昉与当时"一代词宗"沈约齐名，两人文章各有所长，有"任笔沈诗"之称，《文选》采录了任昉作品十九篇。任昉的诗在梁代受到热衷仿效，在钟嵘《诗品》中列为中品。任昉注意文体辨析，著《文章缘起》一卷，将秦汉以来文体详分为八十四类，著《地记》，《四库提要》称之为"丛书之祖"。著《述异记》，在六朝志怪小说中有较大影响。

　　任昉为人视亲至孝，好交宾朋，奖进士友。为官清廉，抑恶扶弱，吏民称便。任昉藏书过万卷，是当时三大藏书家之一，校国家秘书，编四部书目。他在生前获得了极大的声誉。

　　任昉在做人、为官和著述等方面，是南朝的一个重要代表。若说任昉是个生前有名、死后不闻的人，这种判断并不准确。因为任昉生前有名，历来也得到极大的关注和好评。鉴于此，我们将任昉生前身后的影响、研究作一归纳。

　　第一，任昉生前的影响。

　　任昉从少年时就得到社会上层人物的赞誉提携,这些人有褚渊、刘秉、袁粲等。任昉在萧齐时参加了竟陵王萧子良的文士集团,并成为"竟陵八友"的重要成员。在萧齐时,与任昉在文学上有过交往的人物很多,其中有萧子良、王俭、萧衍、沈约、谢朓、王融、萧琛、范云、陆倕等。

　　在萧梁初年,任昉成为文士集团"龙门游""兰台聚"的领袖,得到任昉提携的后进还不至于此,概括起来有殷芸、到溉、刘苞、刘孺、刘显、刘孝绰、陆倕、张率、到洽、宗夬、刘孝标、王僧孺、江革、孔休源、吴均、柳憕、到沆、王暕、刘之遴、谢举、刘杳、阮孝绪、王籍、殷钧、伏挺、司马褧、周兴嗣、藏严等。

　　齐梁时,很多人就作诗撰文赞赏任昉的德才,其中有沈约《太常卿任昉墓志铭》①、王僧孺《太常敬子任府君传》、陆倕《赠任昉诗》、吴均《赠任黄门诗二首》、刘孝标《广绝交论》、萧纲《与湘东王书》等。

　　第二,历代对任昉品评。

　　历代对任昉的评语不少,见于隋代王通《中说》,唐代杜甫《八哀诗·故右仆射相国张公九龄》、李商隐《读任彦升碑》、刘肃《大唐新语·聪敏》,宋代邓林《任彦升》,元代周砥《过任彦升钓台》等,因为唐宋古文运动的倡导,任昉之文皆为骈体,自然受到的关注就少了些。明清的学者开始编纂骈体文集,任昉被更多的学者所关注,其中见钟惺、谭元春《古诗归》、薛应旂《六朝诗集序》、张燮《重纂任中丞集引》、王志坚《四六法海》、王士禛《分甘余话》等。

第三，近三十年来的研究。

从 20 世纪 80 年代到现在，对任昉的研究逐渐增多，按论文发表的类别可以分为两种。

一种是对任昉的综述、简介或鉴赏文章，这类的单篇文章多收录在专著、辞书、类编等书中。其中代表篇目有出版于 1983 年的徐传武先生的《任昉》① 是较早的，还有胡国瑞《任昉〈文章缘起〉》②、潘啸龙《任昉〈与沈约书〉》③、樊荣《任昉〈奏弹刘整〉》等④。这类论文有十几篇，在研究上或者是单篇的鉴赏，或者是单书的简介，或者是人物的综述，论述是就事论事，多不深入。

另一种是对任昉研究的期刊论文、学位论文。期刊论文有谭家健《试论任昉》⑤，熊清元《任昉诗文系年考证》⑥、《任昉在南齐的仕历及其相关问题》⑦，罗国威《任昉年谱》⑧，钟

①　吕慧娟等主编：《山东历代作家传略》，山东教育出版社 1983 年版，第 94—97 页。

②　吴文治主编：《中国古代文学理论名著题解》，黄山书社 1987 年版，第 42 页。

③　陈振鹏、章培恒主编：《古文鉴赏辞典》，上海辞书出版社 1997 年版，第 691—693 页。

④　白本松、王利锁、张进德主编：《中国古代应用文甄体赏鉴》，河南大学出版社 1997 年版，第 233—237 页。

⑤　谭家健：《试论任昉》，《文学评论丛刊》第 16 辑，中国社会科学出版社 1982 年版，第 18—35 页。

⑥　熊清元：《任昉诗文系年考证》，《黄冈师专学报》1992 年第 2 期，第 34—41 页转 46 页。

⑦　熊清元：《任昉在南齐的仕历及其相关问题》，《中国史研究》2008 年第 1 期，第 83—92 页。

⑧　罗国威：《任昉年谱》，《四川大学学报》（哲学社会科学版）1994 年第 1 期，第 69—77 页。

涛《任昉骈文略论》①、曹道衡《论任昉在文学史上的地位》②，胡震耀《任昉为褚蓁表若干问题考辨》③、《任昉代褚蓁表和相关的〈文选〉旧注》④、张翅《才思无穷、正直刚方——南朝秘书任昉与〈奏弹曹景宗〉》⑤，戴丽《南朝学者任昉的文献学成就》⑥，吴承学、李晓红《任昉〈文章缘起〉考论》⑦，张蓓蓓《任昉〈地记〉编纂初探》⑧ 等，对任昉的研究涉及到各个方面。

　　而学位论文对任昉的研究更是全面深入，最早的是张顶政《任昉年谱略稿及任昉骈文刍议》⑨，发表在 1997 年，这篇论文不见于中国知网等论文搜索系统。很有意思的是，2006 年有四篇以研究任昉为题的博、硕士学位论文发表，分别是陈伟

————————

　　① 钟涛：《任昉骈文略论》，《青海师范大学学报》（社会科学版）1993 年第 3 期，第 24—28 页。

　　② 曹道衡：《论任昉在文学史上的地位》，《齐鲁学刊》1993 年第 4 期，第 4—11 页转 39 页。

　　③ 胡震耀：《任昉为褚蓁表若干问题考辨》，《聊城师范学院学报》（哲学社会科学版）1998 年第 3 期，第 82—84 页。

　　④ 胡震耀：《任昉代褚蓁表和相关的〈文选〉旧注》，《山东大学学报》（哲社版）1998 年第 4 期，第 67—69 页转 56 页。

　　⑤ 张翅：《才思无穷、正直刚方——南朝秘书任昉与〈奏弹曹景宗〉》，《秘书》2002 年第 12 期，第 38—39 页。

　　⑥ 戴丽：《南朝学者任昉的文献学成就》，《云梦学刊》2003 年第 5 期，第 57—58 页。

　　⑦ 吴承学、李晓红：《任昉〈文章缘起〉考论》，《文学遗产》2007 年第 4 期，第 14—25 页。

　　⑧ 张蓓蓓：《任昉〈地记〉编纂初探》，《中国地方志》2014 年第 2 期，第 35—39 页。

　　⑨ 张顶政：《任昉年谱略稿及任昉骈文刍议》，四川师范大学 1997 年硕士学位论文。

娜《任昉诗文研究》①、冯源《任昉诗歌研究》②、张金平《任昉研究》③、杨赛《任昉研究》④，2007 年有李智会《任昉研究》⑤ 发表，这两年发表的五篇学位论文相互之间没有参看的时间，皆为作者独立搜集材料完成的。2011 年刘晓丽《任昉〈述异记〉研究》⑥ 与之前的五篇学位论文研究的角度没有关联。对任昉综合研究、诗文专题研究有了五六篇学位论文，几乎将材料收集殆尽，此后出现的对任昉的研究就选取了比较研究方法，如陈伟娜《"沈诗任笔"——沈约任昉比较研究》⑦ 将沈约与任昉文学创作比较研究，还有将任昉作为"竟陵八友"成员之一的比较研究，如刘静《萧子良与"竟陵八友"》⑧、柏俊才《"竟陵八友"考论》⑨、姜东波《竟陵八友交游对其文学创作的影响》⑩、王郡《"竟陵八友"赠答诗研究》⑪。上述学位论文多已分拆出单篇论文发表，此处介绍从略。

本书拟从六个方面对任昉的材料进行梳理及研究。

第一，任昉的生平和履历。对任昉的生平材料梳理并考

---

① 陈伟娜：《任昉诗文研究》，广西师范大学 2006 年硕士学位论文。

② 冯源：《任昉诗歌研究》，郑州大学 2006 年硕士学位论文。

③ 张金平：《任昉研究》，山东大学 2006 年硕士学位论文。

④ 杨赛：《任昉研究》，上海师范大学 2006 年博士学位论文。

⑤ 李智会：《任昉研究》，湖北大学 2007 年硕士学位论文。

⑥ 刘晓丽：《任昉〈述异记〉研究》，西北师范大学 2011 年硕士学位论文。

⑦ 陈伟娜：《"沈诗任笔"——沈约任昉比较研究》，浙江大学 2009 年博士学位论文。

⑧ 刘静：《萧子良与"竟陵八友"》，华东师范大学 2007 年硕士学位论文。

⑨ 柏俊才：《"竟陵八友"考论》，华中师范大学 2008 年博士学位论文。

⑩ 姜东波：《竟陵八友交游对其文学创作的影响》，中南民族大学 2013 年硕士学位论文。

⑪ 王郡：《"竟陵八友"赠答诗研究》，湖北大学 2014 年硕士学位论文。

证，理清其人生经历的线索。

第二，与任昉相关人物考论。以任昉为中心考察他的交往圈子，可以全面了解任昉的为人与其在当时的社会影响。任昉交往过的人物很多，对于材料多的人物，只选取与任昉有关的事迹。对于材料少的人物，就尽量地详细勾勒，虽只言片语也尽量收罗。

第三，任昉笔体作品的卓越成就。从《文选》入选的单个作家作品的数量看，任昉的作品得到萧统的赏识，《文选》选文的标准是"事出于沉思，义归乎翰藻"，是注重文采的，任昉的笔体作品自有其感人的力量和较高的艺术性。

第四，任昉诗歌的艺术特色。在诗作上，任昉和沈约、谢朓、江淹等一起入选钟嵘《诗品》中的中品。明清时，一些学者对任昉诗歌也给出了很高的评价。

第五，任昉在文献学上的贡献。任昉在藏书、校书、目录学和丛书编纂方面都有突出贡献。

第六，任昉年谱。对任昉的生平及作品系年。

本书没有对任昉的《文章缘起》《述异记》两书进行研究，一方面学识不逮，另一方面是研究生学习阶段没有涉及这两本书，近期教学工作繁忙，短期内难有创获。对于不知道或者知道甚少的领域，最好的做法也许就是避而不谈或者少说。

第一章　任昉生平和履历

任昉（460—508），字彦升，小名阿堆，谥号敬子。历宋、齐、梁三朝，主要活动在齐梁两朝，是齐梁间重要作家，在文学上和沈约相埒。任昉在生前获得了前辈的赏识、同辈人的推崇和小辈人的依附，历代对其评价也较多。其事迹于《梁书》和《南史》中有传，在其他人的传记中也常常提及任昉，但其生平履历犹嫌过简，且两传中还有相异之处。这样就有必要对其材料进行有机的梳理，尽量勾勒出任昉生活的环境，系统地对任昉进行研究，历史地评价其为人、为官、为学的特色风格。

第一节　神悟少年及显贵的身世

任昉，乐安博昌（今山东博兴）人，宋孝武帝大明四年（460）生。他出生还带有让人惊羡的神话。《梁书》《南史》本传均载，现据《南史·任昉传》载："遥妻河东裴氏，高明有德行，尝昼卧，梦有五色采旗盖四角悬铃，自天而坠，其一铃落入怀中，心悸因而有娠。占者曰：'必生才子。'"[1] 任昉

---

[1]　（唐）李延寿：《南史》卷五十九《任昉传》，中华书局 1975 年版，第1452 页。

果然"幼而聪慧,早称神悟"。

六朝是注重门阀的时代,任昉能在动荡时代施展才能,在社会上占据一席之地,这与其士族的出身有着密切的关系。先从几则文献材料中看其家族世系以及祖上的荣光。任昉是"汉御史大夫敖之后也"。①

《元和姓纂》卷五载:

> 黄帝廿五子,十二人各以德为姓,一为任氏,六代至奚仲,封薛。魏有任座,秦有任鄙,汉御史大夫、广阿侯任敖,武帝任安……(乐安博昌)任敖之后。晋尚书任恺。梁新安太守任昉,生东里。②

《通志·氏族略》载:

> 姓也,未详因生之始。然妊娠女子之事也,姓女子之称也,"妊"古作"壬",又作"任"。或云,黄帝二十五子十二人各以德为姓,一为任,六代至奚仲封薛。又云,黄帝之孙颛帝少子阳,封于任,故以为任氏。又任氏为风姓之国,实太昊之后,主济祀,今济州任城即其地也。任姓之任与任国之任,子孙皆以任为氏。魏有任鄙。汉有御史大夫广阿侯任敖。武帝时有任安。③

---

① (唐)姚思廉:《梁书》卷十四《任昉传》,中华书局1973年版,第251页。

② (唐)林宝撰,岑仲勉校记,郁贤皓、陶敏整理:《元和姓纂》,中华书局1994年版,第745页。

③ (宋)郑樵撰,王树民点校:《通志二十略·氏族略第三·以姓为氏》,中华书局1995年版,第104页。

　　《通志》晚出，对任氏的溯源虽给出了比《元和姓纂》更多的信息，但相较而看，其主要内容显然是源自《元和姓纂》，且再转述时还将"魏有任座，秦有任鄙"误作"魏有任鄙"。同时也没给出我们最为需要的乐安博兴一支中关于任昉较近的世系中的信息。

　　《新唐书·宰相世系》载：

　　　　任姓出自黄帝少子禹阳，受封于任，因以为姓。十二世孙奚仲，为夏车正，更封于薛。又十二世孙仲虺，为汤左相。太戊时有臣扈，武丁时有祖巳，皆徙国于邳。祖巳七世孙成侯，又迁于挚，亦谓之挚国。汉有御史大夫广阿侯任敖，世居于沛，其后徙居渭南。[1]

　　《新唐书》对殷商以前任氏几个代表人物的职掌封地交代得更为清楚。以上三条文献在汉朝上都提到了一个重要人物任敖。从任敖到六朝其传承清楚而可信，至于《新唐书》提到任敖"世居于沛，其后徙居渭南"，从任敖往下自有很多分支，而渭南一支系《新唐书》的所立传主一系情况，其他只好省略了。

　　而据《任氏宗谱》[2]，乐安博兴任氏将孔子的弟子任不齐作为该宗系支派的第一世。从不齐传至任昉共三十三世，下面一一列出，并对其名显于世者征引史志文献条其概要：

　　①任不齐，孔子的门人，书传不载其事迹，生平不详，

　　① （宋）欧阳修、宋祁：《新唐书》卷七十三上《宰相世系表三上》，中华书局1975年版，第2883页。
　　② 任佑之等纂：《任氏宗谱》卷三，上海图书馆家谱收藏室藏1950年思敬堂铅印本。

《史记·仲尼弟子列传》："任不齐字选。"《史记集解》注引郑玄云"楚人"，《史记索隐》注引《家语》云"字子选"。①

②长子任衍，（次子任栗，三子任章）。

③长子任仪，（次子任座）。

任座，战国时魏文侯的谋士，以直言闻名，其事迹同载于《吕氏春秋·不苟论》《新序·杂事》《资治通鉴·周纪一》。

④任景。

⑤长子任鄙，（次子任固）。

任鄙，以孔武有力闻名秦国，"秦人谚曰：'力则任鄙，智则樗里'"②。秦武王四年，任鄙得到王喜爱，"至大官"，昭襄王十三年，"为汉中守"，十九年卒。③

⑥次子任伟，（长子任登）。

⑦长子任铸，（次子任嚣）。

⑧任敖。

任敖，任沛县狱吏时，高祖刘邦正在泗水亭长任上，"素善高祖"。从高祖起事，因战功"封为广阿侯，食千八百户。高后时为御史大夫，三岁免。孝文元年薨，谥曰懿侯。传子至曾孙越人，坐为太常庙酒酸不敬，国除"。④

⑨任竟。

⑩任但。

① （汉）司马迁：《史记》卷六十七《仲尼弟子列传》，中华书局1959年版，第2221页。

② （汉）司马迁：《史记》卷七十一《樗里子甘茂列传》，中华书局1959年版，第2310页。

③ （汉）司马迁：《史记》卷五《秦本纪》，中华书局1959年版，第209、212页。

④ （汉）班固：《汉书》卷四十二《任敖传》，中华书局1962年版，第2098页。

⑪长子任越人，（次子任宏，三子任公）。

⑫次子任邵，（长子任定）。

⑬任光。字伯卿，南阳宛人。官拜左大将军，封武成侯。后更封阿陵侯，食邑万户。① 为光武帝刘秀的云台二十八将和三十二功臣之一。

⑭任隗。字仲和，少好黄、老，清静寡欲，所得奉秩，常以赈恤宗族，收养孤寡。为明帝、章帝敬爱，历官虎贲中郎将，将作大匠，太仆，光禄勋，拜司空。"永元四年薨，子屯嗣。帝追思隗忠，擢屯为步兵校尉，徙封西阳侯。屯卒，子胜嗣。胜卒，子世嗣，徙封北乡侯。"②

⑮任屯。

⑯任胜。

⑰长子世，（次子任众，三子任仁）。

⑱长子任喆，（次子任燠）。

任氏一支以地望为乐安，首见《三国志》，凡两见，一见《三国志·魏书·任峻传》，称"清河太守乐安任燠"。另一见《三国志·魏志·王昶传》："乐安任昭先，淳粹履道，内敏外恕，推逊恭让，处不避洿，怯而义勇，在朝忘身。吾友之善之，愿儿子遵之。若引而绅之，触类而长之，汝其庶几举一隅耳。及其用财先九族，其施舍务周急，其出入存故老，其论议贵无贬，其进仕尚忠节，其取人务实道，其处世戒骄淫，其贫贱慎无戚，其进退念合宜，其行事加九思。"③ 从任燠的表述

① （南朝宋）范晔：《后汉书》卷二十一《任光传》，中华书局1965年版，第752、753页。

② 同上书，第754页。

③ （晋）陈寿：《三国志》卷二十七《魏书·王昶传》，中华书局1959年版，第7470页。

可知，任氏已经久居乐安，且成地望了。任峻是任燠的侄子，史志称河南中牟人，当属临时居住，因为任昭先是任峻二弟任旐之子，史志亦称"乐安任昭先"了。总之乐安任氏作为一支显宗开始在历史上活动并发挥着积极的作用。

⑲长子任峻，（次子任旐，三子任昊）。

任峻，字伯达，居河南中牟。汉末为曹操典农中郎将，因功封为都亭侯，邑三百户，迁长水校尉。其为人"宽厚有度而见事理，每有所陈，太祖多善之。于饥荒之际，收恤朋友孤遗，中外贫宗，周急继乏，信义见称"①，卒于建安九年，曹操为之流涕者久。

任旐，字子旟，历官酸枣、祝阿令。旐子任昭先，昭先为字，名嘏。三国时魏人，文帝时拜黄门侍郎，累迁东郡、赵郡、河东太守。

任昊，魏太常。子任恺，《晋书》载："字元褒，乐安博昌人也。恺少有识量，尚魏明帝女，累迁中书侍郎、员外散骑常侍。晋国建，为侍中，封昌国县侯。"②

⑳次子任览，（长子任先，无子）。

㉑任罕。

任罕为任览嗣子。其生身父为任恺，《晋书》载任恺卒，子罕嗣，未言过嗣。其为人为："罕字子伦，幼有门风，才望不及恺，以淑行致称，为清平佳士。历黄门侍郎、散骑常侍、

---

①　（晋）陈寿：《三国志》卷十六《魏书·任峻传》，中华书局1959年版，第489—490页。

②　（唐）房玄龄等：《晋书》卷四十五《任恺传》，中华书局1974年版，第1285页。

兖州刺史、大鸿胪。"①

㉒长子任憬，（次子任护）。

㉓长子任惠，（次子任禺）。

㉔任康。

㉕任桂。

㉖长子任嘉，（次子任诞）。

㉗任荣。

㉘任常。

㉙长子任兰，（次子任课）。

㉚长子任澄，（次子任豫）。

㉛任熙。

㉜次子任遥，（长子任遐）。

任昉的父辈载于史籍者有伯父任遐、父亲任遥、从叔父任暠。《南史·任昉传》载："父遥，齐中散大夫。遥兄遐字景远，少敦学业，家行甚谨，位御史中丞，金紫光禄大夫。"②任昉"年十二，从叔暠有知人之量，见而称其小名曰：'阿堆，吾家千里驹也'"③。

㉝任昉。

任昉有兄长，"事兄嫂恭谨"④，但史书无载其兄名字、事迹。

我们在上文中，之所以不惮繁琐地将任昉的大致谱系排列

---

①　（唐）房玄龄等：《晋书》卷四十五《任恺传附任罕传》，中华书局 1974 年版，第 1287 页。

②　（唐）李延寿：《南史》卷五十九《任昉传》，中华书局 1975 年版，第 1452 页。

③　同上。

④　（唐）李延寿：《南史》卷五十九《任昉传》，中华书局 1975 年版，第 1454 页。

清楚，是因为有两个方面的考虑，一是南朝盛行谱牒学，祖上的荣耀给后人以自尊和自信的力量，产生一种家国天下的情怀。二是长时间的繁盛家族，在为仕为学地努力中，就会形成有别于其他家族的独特的家风，这种家风对后世子弟的价值取向的形成影响甚巨。

从任昉上溯的三十三世乐安一支中，其家族尊奉的始祖是孔子弟子任不齐，这是一种尊圣述圣的情怀，认同于儒家积极的入世精神，任昉及其父辈表现得尤其突出，任昉生活的年代是儒释道逐渐合流的历史时期，但是任昉的言行皆属于中规中矩的儒家学说。

任昉的父亲任遥和伯父任遐虽然名显于刘宋、萧齐，但因史书没有本传，材料很少。现将其零散的材料综合整理，以见其梗概。任昉的父亲任遥曾任萧齐的中散大夫。任遥兄长任遐字景远，从小就精勤学业，居家品行非常严谨，曾官至御史中丞、金紫光禄大夫。永明中，任遐因为罪名被判远徙荒裔地区，任遥声泪俱下地向齐武帝请求从轻处置，齐武帝感于任遐弟兄的深厚感情，赦免了任遐的罪名。《南齐书·百官志》在列举了左右光禄大夫、光禄大夫、太中大夫、中散大夫后，未言以上诸种大夫的品级，只是说："诸大夫官，皆处旧齿老年，重者加亲信二十人。"[①] 任遥和兄任遐皆为刘宋旧臣，因追随齐高祖萧道成而效力于新王朝，在刘宋政权晚期其所交往者皆朝中显贵。如《南史·任昉传》载：任昉八岁时，"褚彦回尝谓遥曰：'闻卿有令子，相为喜之。所谓百不为多，一不

---

① （梁）萧子显：《南齐书》卷十六《百官志》，中华书局1972年版，第317页。

为少。'"① 褚彦回，名渊，其父褚湛之官至骠骑将军。任昉出
生之年，褚渊袭父爵都乡侯，褚渊夸赞任昉时，正经历着中书
郎、司徒右长史、吏部郎，可谓位尊权重。可知任遥在刘宋时
绝非泛泛之辈。史书虽不载其仕历，但可推知其任职必有可称
道者，在南齐时，被安排为中散大夫一职，可见是旧臣亲信，
为朝廷所尊。因为东晋南朝的社会风尚上，为官追求居清显职
位，有尊位而无劳心。

任遥的事迹见《南史·任昉传》：

> 遥兄遐字景远，少敦学业，家行甚谨，位御史中丞、
> 金紫光禄大夫。永明中，遐以罪将徙荒裔，遥怀名请诉，
> 言泪交下，齐武帝闻而哀之，竟得免。②

除了见于《南史·任昉传》外，又散见于其他的传记中，
如《南史·褚彦回传》云：

> 及高帝辅政，王俭议加黄钺，任遐曰："此大事，应
> 报褚公。"帝曰："褚脱不与，卿将何计？"遐曰："彦回
> 保妻子，爱性命，非有奇才异节，遐能制之。"果无
> 违异。③

又见《南齐书·虞玩之传》云：

① （唐）李延寿：《南史》卷五十九《任昉传》，中华书局 1975 年版，第
1452 页。
② 同上。
③ （唐）李延寿：《南史》卷二十八《褚裕之传附褚彦回传》，中华书局
1975 年版，第 752 页。

　　太祖善之，引为骠骑谘议参军。霸府初开，宾客辐凑，太祖留意简接，玩之与乐安任遐，俱以应对有席上之美，齐名见遇。遐字景远，好学，有义行，兼与太祖素游，褚渊、王俭并见亲爱。官至光禄大夫，永元初卒。①

又见《南史·陆澄传》云：

　　齐建元元年，骠骑谘议沈宪等家奴客为劫，子弟被劫，宪等晏然。左丞任遐奏澄不纠，请免澄官。上表自理，言旧例无左丞纠中丞之义。诏外详议。尚书令褚彦回检宋以来左丞纠正而中丞不纠免官者甚众，奏澄"谀闻肤见，贻挠后昆，上掩皇明，下笼朝议。请以见事免澄所居官"。诏澄以白衣领职。②

又见《南齐书·刘祥传》云：

　　（刘祥于永元年初），著《连珠》十五首以寄其怀……有以祥《连珠》启上者，上令御史中丞任遐奏曰："祥少而狡异，长不悛徙，请谒绝于私馆，反唇彰于公庭，轻议乘舆，历贬朝望，肆丑无避，纵言自若。厥兄浮楪，天伦无一日之悲，南金弗获，嫂侄致其轻绝，孤舟复反，存没

―――――――

　　① （梁）萧子显：《南齐书》卷三十四《虞玩之传》，中华书局1972年版，第607—608页。

　　② （唐）李延寿：《南史》卷四十八《陆澄传》，中华书局1975年版，第1188页。

相捐，遂令暴客掠夺骸枢，行路流叹，有识伤心。摄祥门生孙狼儿列"祥顷来饮酒无度，言语阑逸，道说朝廷，亦有不逊之语，实不避左右，非可称纸墨。兄整先为广州，于职丧亡，去年启求迎丧，还至大雷，闻祥与整妻孟争计财物瞋怨，祥仍委前还，后未至鹊头，其夜遭劫，内人并为凶人所淫略"。如所列与风闻符同。请免官付廷尉。①

　　结合以上史料，任遐的行状还是较为详细的。任遐学行兼优，人才堪任，刘宋末，与褚渊、王俭等为辅政权臣萧道成的亲信，萧道成在宋顺帝昇明二年（478）成为辅政。在这件事上任遐为萧道成出谋划策，功劳甚大。《资治通鉴·宋纪十六》云："道成所亲任遐。"② 萧道成建齐后，任遐因功在建元元年（479）担任左丞一职。《南齐书·百官志》云：尚书省设立左丞、右丞各一人，左丞职掌为"掌宗庙郊祠、吉庆瑞应、灾异、立作格制、诸案弹、选用除置、吏补满除遣注职"。按其职掌在任上，曾弹劾御史中丞陆澄居职无为，可见其力图吏治、敢作敢为的精神。此事得到尚书令褚渊的支持，可见两人政见相同，可证两人关系亲密。后来转为光禄大夫，并且一直到了齐武帝永明年间还担任是职，《南齐书·百官志》云："光禄大夫。皆银章青绶，诏加金章紫绶者，为金紫光禄大夫。乐安任遐为光禄，就王晏乞一片金，晏乃启转为金紫，不行。"王晏是在永明七年，"留为尚书吏部，领太子右

---

　　① （梁）萧子显：《南齐书》卷三十六《刘祥传》，中华书局 1972 年版，第640—642 页。

　　② （宋）司马光编著，（元）胡三省音注：《资治通鉴》卷一百三十四，中华书局 1956 年版，第 4218 页。

卫率"，"晏既领选，权行台阁"。① 一直到永明十一年，王晏领选，任遐"就王晏乞一片金"当在此期间。而《南齐书·百官志》言任遐未能将光禄大夫一职的印绶由银青转为金紫，而《南史·任昉传》在介绍任遐时径直说是金紫光禄大夫，故两说未知谁是。《南齐书》作者萧子显是萧懿之子，对南齐史事典故，凡不涉回避曲笔的，应更可信。《南史·任昉传》中言任遐为金紫光禄大夫一职有误，当是光禄大夫。任遐在东昏侯永元初年在御史中丞任上弹奏刘祥，从永明末到永元初七八年的时间，这个期间他已经由尚书左丞升迁为御史中丞，东晋南朝时，御史中丞职设一人，是朝廷的监察长官，位尊权重。《南齐书·百官志》云：

> 晋江左中丞司隶分督百僚，傅咸所云"行马内外"是也。今中丞则职无不察，专道而行，驺辐禁呵，加以声色，武将相逢，辄致侵犯，若有卤簿，至相驱击。宋孝建二年制，中丞与尚书令分道，虽丞郎下朝相值，亦得断之，余内外众官，皆受停驻。②

永元年间（499—501）时间短，不到三年的时间。任遐在永元初及前几年转职为御史中丞，在仕途上达到了他事业的顶峰，这与他的学识、资历、能力以及受到朝廷的重视程度等因素密切相关，并在永元初卒于是职，永元不到三年，所谓的永元初，当为永元元年。应该说任昉在这些方面继承了乃伯父

---

① （梁）萧子显：《南齐书》卷四十二《王晏传》，中华书局 1972 年版，第742 页。

② （梁）萧子显：《南齐书》卷十六《百官志》，中华书局 1972 年版，第324 页。

的踵武，也曾经任御史中丞一职，同样也在任职上大胆弹劾不法之人，留下了弹奏文的名篇，并且任昉的作品集也被名之为《任中丞集》。有学者根据任遐在永明年间"乞一片金，不行"的记载，认为：

> 任遐在东昏侯之时地位已降。而永元年间，任昉要自屈身价、刻意奉承梅虫儿，才被启用为中书侍郎。《南史·任昉传》："永元中，纡意于梅虫儿，东昏中旨用为中书郎。谢尚书令王亮，亮曰：'卿宜谢梅，那忽谢我。'昉惭而退。末为司徒右长史。"可见任氏家门日益衰微之势。①

这种分析没有考虑到任遐由光禄大夫转职御史中丞是升迁重用的史实，而在南朝时金紫光禄大夫和银青光禄大夫相比，是平级间的锦上添花，"乞一片金，不行"亦不能表明就是地位下降。至于任昉在永元中"纡意于梅虫儿"的记载，是任昉在王朝末年，皇帝昏庸，内臣用事时的一种权宜行为，后文对此拟作较详细的探讨，但是不能得出任氏家门日益衰微的结论。

从上文列举可知，乐安任氏从春秋末的任不齐到南朝的任昉在一千多年的三十三世的传承中，有多人身居要职，尤其是从东汉至南朝，社会风尚逐渐尊崇门阀士族，任昉身属士族阶层无疑。上面对任昉父祖世系的论述已经充分证明这个事实，我们还可找更多的证据说明之。首先从任昉的仕历交往中找到

---

① 陈伟娜：《"沈诗任笔"——沈约任昉比较研究》，浙江大学 2009 年博士学位论文，第 11 页。

证明。任昉起家奉朝请，奉朝请和秘书郎等一样是士族子弟起家官的首选，其职清闲为世所重。任昉在仕途的交往中，曾经作为"竟陵八友"之一，而"竟陵八友"的成员皆为当时社会士族中的佼佼者。正如有学者认为的：

> 从竟陵八友的籍贯及门荫来看，他们本身堪称是南北士人的典型代表：沈约，吴兴人；陆倕，吴郡人，同属东南望族。稍有不同的是，吴郡陆氏在魏晋时期声望最显，而吴兴沈氏则发迹于东晋刘宋年间。钟嵘《诗品序》称沈约、谢朓、王融"三贤或贵公子孙"。"或"字，吕德申《诗品校释》据《吟窗杂录》本校订作"咸"，所见极是。这说明齐梁之际，沈约已与王、谢子弟并称，可见其社会地位的提高。王融，琅玡人；谢朓，陈郡人，同属侨姓头等士族；萧衍、萧琛，兰陵人，系渡江后起士族；范云，南乡人；任昉，乐安人，《三国志·王昶传》裴注：乐安任嘏"世为著姓"，亦为渡江大户。在漫长的交往过程中，他们彼此坦诚相待，汇聚西邸而成为挚友。从某种意义上说，我们似乎有理由把竟陵八友的结交看作是南北士族逐渐从对立走向融合的一个缩影。[①]

这确实印证了《周易·系辞传》所云"方以类聚，物以群分"的观点。"竟陵八友"中，沈约与任昉关系尤密，在当时被视为并驾齐驱的文坛领袖。沈约是极其重视门阀身份的人，正如王元化先生在《刘勰身世与士庶区别问题》一文

---

① 刘跃进：《门阀士族与永明文学》，生活·读书·新知三联书店1996年版，第56页。

论道：

　　这个疑问只能用"士庶天隔"的等级界限才能解答。南朝士族名士多以拒庶族寒人交际为美德。庶族人物即使上升为贵戚近臣，倘不自量，往见士族，仍不免会受到侮辱。这类故事史籍记载极丰，不烦赘举。沈约本人就是极重士、庶区别的人物，《文选》载他所写的《奏弹王源》一文可证。东海王源为王朗七世孙，沈约以为王源及其父祖都位列清选，竟嫁女富阳满鸾；虽然满鸾任吴郡主簿，鸾父璋之任王国侍郎，可是满氏"姓族士庶莫辨"，因此"王满连姻，实骇物听，玷辱世族，莫此为甚"。[①]

　　由上述材料可知，任昉出身士族，且乐安任氏的优良家风传承久远，这对于任昉的学问的养成、积极有为的入世思想影响甚大。至于任昉的起家、仕历所涉及的问题，下文中有专节论述，此处从略。

　　论及任昉家族的显赫，从其父祖的材料中可以窥探一二。另外，六朝时讲究门阀，士族掌握政府的机要大权，士庶有天隔的界限，同时在婚姻上的表现就男女双方家庭的社会地位要门当户对，士庶之间不能通婚。任昉的母亲"遥妻河东裴氏，高明有德行"。[②]裴氏是裴松之的孙女，裴骃的侄女，裴子野的从姑。河东裴氏从裴松之至裴子野四世中出了三个史学大家，是一个典型的文化世族。出生在这样一个文化底蕴如此深

----

　　① 王元化：《文心雕龙讲疏》，上海古籍出版社1992年版，第8页。
　　② （唐）李延寿：《南史》卷五十九《任昉传》，中华书局1975年版，第1452页。

厚的家庭的裴氏品德是"高明有德行"。何谓高明？《礼记·
中庸》是这样理解的：

> 故至诚无息，不息则久，久则征，征则悠远，悠远则
> 博厚，博厚则高明。博厚所以戴物也，高明所以覆物也，
> 悠久所以成物也。博厚配地，高明配天，悠久无疆。①

由此可知裴氏是德才兼备的女性，深受其家族文化的影
响。其家族关系据《梁书·裴子野传》所载：

> 裴子野，字幾原，河东闻喜人，晋太子左率康八世
> 孙……曾祖松之，宋太中大夫。祖驷，南中郎外兵参军。
> 父昭明，通直散骑常侍……天监初，尚书仆射范云嘉其
> 行，将表奏之，会云卒，不果。乐安任昉有盛名，为后进
> 所慕，游其门者，昉必相荐达。子野于昉为从中表，独不
> 至，昉亦恨焉。②

从裴子野与任昉是"从中表"的关系可知，任昉母亲裴
氏和裴子野的父亲裴昭明是从兄弟姊妹，裴松之是他们的祖
父，因为史书只载昭明的父亲裴驷，裴氏的父亲没有留下姓
名。其世系关系（图1-1）是：

---

① （汉）郑玄注，（唐）孔颖达疏：《礼记正义》卷五十三，北京大学出版
社2000年版，第1694页。
② （唐）姚思廉：《梁书》卷三十《裴子野传》，中华书局1973年版，第
441页。

裴骃 → 裴昭明 → 裴子野

裴松之 →

? → 裴氏

× → 任昉

任遥

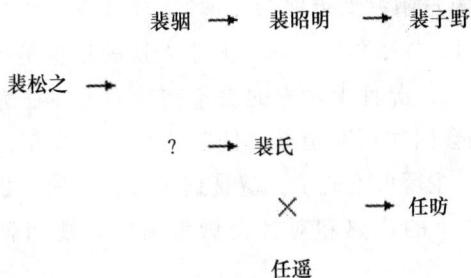

图 1-1 任昉母系关系

裴氏是在一个儒学大家庭中长大的，其"高明有德行"，是渊源有自。裴松之、裴骃皆留下了传世的史学名著，其事迹远播，无需多论其优。裴昭明少时好学，"少传儒史之业"，其人思想通达，不为所累，立意甚高，"昭明历郡皆有勤绩，常谓人曰：'人生何事须聚蓄，一身之外，亦复何须？子孙若不才，我聚彼散；若能自立，则不如一经。'故终身不治产业。"① 任昉长大后在从政清廉上有乃从舅之风。

任昉出生在这样的一个家庭里，"幼而好学，早知名"，不是得之于其母梦旗铃而娠的神话，而是得益于家世优异的血统和良好的早期教育。任昉"四岁诵诗数十篇，八岁能属文，自制《月仪》，辞义甚美"②，也说明了任昉有好学的秉性和能读到诗书的环境，并因此受到褚渊的赞赏，"由是闻声藉甚"。十二岁时得到"有知人之量"的从叔任昙的夸奖。因之在十

————————

① （梁）萧子显：《南齐书》卷五十三《良政传·裴昭明传》，中华书局1972年版，第919页。

② （唐）李延寿：《南史》卷五十九《任昉传》，中华书局1975年版，第1452页。

六岁时，"宋丹阳尹刘秉辟为主簿"。文学上的成功靠的是才气，不妨借用"天才"一词。天才人物的思想是独立的，精神上是自由的，况且十六岁的少年在行为上往往为世俗所不容，同时也会因才高而遭嫉，任昉这个奇才少年，很快"以气忤秉子"。主簿做不成了，遭受到了人生中的一次挫折，这对任昉思想上的成熟和对社会做重新的审视和思考是有帮助的。

第二节　任昉起家官及时间考

《梁书·任昉传》云：

> 宋丹阳尹刘秉为主簿。时昉年十六，以气忤秉子。久之，为奉朝请，举兖州秀才，拜太常博士。迁征北行参军。①

《南史·任昉传》云：

> 初为奉朝请，举兖州秀才，拜太学博士。②

任昉十六岁时，被"宋丹阳尹刘秉辟为主簿"，这是任昉进入官场、体验仕途的尝试，任昉被辟为的郡主簿，还不是他正式进入仕途的起家官。判断一个任职是否是起家官，我们首

---

① （唐）姚思廉：《梁书》卷十四《任昉传》，中华书局 1973 年版，第 251—252 页。

② （唐）李延寿：《南史》卷五十九《任昉传》，中华书局 1975 年版，第 1452 页。

先考辨澄清以下两个事实。一是属于起家官的品级有哪几种，或者说南朝宋齐间有哪几个官职常作为起家官，这样就可以判断郡主簿是否属于"起家"官的范畴；二是南朝宋齐间"起家"的年限的规定为何？

"起家"是指起之于家而任官职，"解褐"是它的同义词，谓脱去布衣换上官服，犹言入仕。"起家""解褐"是南朝各史书中常见的两个词，皆指正式开始离开家乡出外做官的意思。

郡主簿一职是比附州主簿而设，区别不在品级高低，而在于是否属朝廷规定的编制系列，郡主簿属于郡长官私辟，服务于官府，但是不属于正式的官制序列。而州主簿，也包括州刺史的属官州从事、州西曹书佐等皆属正式官职，初入官场，被辟为郡主簿，不算是起家官，而被辟为州主簿、州从事、州西曹等，就属于正式的起家官了。在南朝诸史书中有一个反证需要另作分析的。

《宋书·张邵传附张畅传》云：

　　为后进之秀。起家为太守徐佩之主簿。[1]

史书言起家郡太守主簿的仅此一例。我们可以说史家在表述时，用词宽泛，因为这是一个孤证，不足为例。另外，我们可以分析徐佩之任太守时的具体情况。

《宋书·徐羡之传附徐佩之传》云：

---

① （梁）沈约：《宋书》卷四十六《张邵传附张畅传》，中华书局 1974 年版，第 1397 页。

> 兄子佩之，轻薄好利，高祖以其姻戚，累加宠任，
> 为丹阳尹，吴郡太守。景平初，以羡之秉权，颇豫
> 政事。①

徐佩之虽在太守任上，"秉权，颇豫政事"，其所征辟的下属用"起家"叙述，是否是史家用"春秋笔法"暗示其僭越弄权的史实。总之，不把郡主簿视为起家官是符合实际情况的。

既然郡主簿不是任昉的起家官，据《南史》本传、《梁书》本传，奉朝请就是任昉的起家官了。这里要分析考辨的是奉朝请是否属于起家官的序列，任昉起家的时间是哪一年？《宋书·百官志》云：

> 奉朝请，无员，亦不为官。汉东京罢省三公、外戚、宗室、诸侯，多奉朝请。奉朝请者，奉朝会请召而已。晋武帝亦以宗室外戚为奉车、驸马、骑都尉，而奉朝请焉。元帝为晋王，以参军为奉车都尉，掾、属为驸马都尉，行参军、舍人为骑都尉，皆奉朝请。后省奉车、骑都尉，唯留驸马都尉、奉朝请。永初已来，以奉朝请选杂，其尚主者唯拜驸马都尉。三都尉并汉武帝置。孝建初，奉朝请省。驸马都尉、三都尉秩比二千石。②

---

① （梁）沈约：《宋书》卷四十三《徐羡之传附徐佩之传》，中华书局1974年版，第1335页。

② （梁）沈约：《宋书》卷四十《百官志下》，中华书局1974年版，第1245页。

《宋书·百官志》叙述职官时的体例为，追溯每一官职设置废立的源流，叙述职官的权限范围。但是《宋书》对奉朝请在刘宋时废立增省的情况是不全面的。首先"奉朝请，无员，亦不为官"，不能统领概括在刘宋时全部史实，与后面叙述的"永初已来，以奉朝请选杂"相矛盾，既然属于"选杂"就是属于选官意义了。永初（420—422）是刘宋武帝刘裕的年号，也就是说，奉朝请在晋朝是作为可以面见皇帝资质的加官，从刘宋开始作为具体的官职了。又说到在孝武帝孝建（454—456）初奉朝请一职省却，没有提到此职是否恢复。事实上，从孝武帝孝建年间以后终宋一朝，起家奉朝请、担任奉朝请一职的例子是很多的，下面举例说明。

先看起家是奉朝请的例子：

《南齐书·刘瓛传》云：

> 瓛初州辟祭酒主簿。宋大明四年，举秀才，兄璲亦有名，先应州举，至是别驾东海王元曾与瓛父惠书曰："比岁贤子充秀，州闾可谓得人。"除奉朝请，不就。[1]

又《南齐书·高逸传》云：

> 升明末，太守王奂上表荐之（沈骥士），诏征为奉朝请，不就。[2]

---

[1] （梁）萧子显：《南齐书》卷三十九《刘瓛传》，中华书局1972年版，第677页。

[2] （梁）萧子显：《南齐书》卷五十四《高逸传·沈骥士传》，中华书局1972年版，第944页。

又《南齐书·高逸传》云：

> 楼惠明，有道术。居金华山，禽兽毒螫者皆避之。宋明帝闻之，敕出住华林园，除奉朝请，固乞不受，求东归。①

再看几个由他职转为奉朝请的例子：

《宋书·明帝纪》云：

> （泰始六年五月）戊子，奉朝请孔玉为宁州刺史。②

又《南齐书·荀伯玉传》云：

> 太祖以闻，犹惧不得留，令伯玉卜，伯玉断卦不成行，而明帝诏果复太祖（萧道成）本任，由是见亲待。从太祖还都，除奉朝请。③

又《南齐书·文学传》云：

> 元徽初，桂阳王休范在寻阳，以巨源有笔翰，遣船迎之，饷以钱物。巨源因太祖自启，敕板起巨源使留京都。

---

① （梁）萧子显：《南齐书》卷五十四《高逸传·楼惠明传》，中华书局1972年版，第946页。

② （梁）沈约：《宋书》卷八《明帝纪》，中华书局1974年版，第166页。

③ （梁）萧子显：《南齐书》卷三十一《荀伯玉传》，中华书局1972年版，第572页。

桂阳事起，使于中书省撰符檄，事平，除奉朝请。①

又《南齐书·良政传》云：

> 颛，字彦齐。少有异操。泰始中于总明观听讲，不让
> 刘秉席，秉用为参军。升明末，为奉朝请。②

又《南齐书·文学传》云：

> 泰始初，辟丹阳郡主簿，奉朝请，太学博士。③

以上所举皆为宋孝武帝孝建年间以后的例子，充分证明《宋书·百官志》对奉朝请一职废设演变记载的阙误，同时也充分证明了在刘宋时期奉朝请作为职事官的事实。《宋书·百官志》云："武骑常侍，无员。汉西京官。车驾游猎，常从射猛兽。后汉、魏、晋不置。宋世祖大明中，复置。比奉朝请。"既然将武骑常侍的品级比照奉朝请，自然奉朝请是一直存在并被时人熟悉的。

任昉起家奉朝请的时间当属哪一年呢？《梁书》本传载任昉因少年才俊得到丹阳尹刘秉的赏识，察举为主簿，这个时候任昉正是义气焕发、春风得意的时候，就难免不知退

---

① （梁）萧子显：《南齐书》卷五十二《文学传·丘巨源传》，中华书局1972年版，第894页。

② （梁）萧子显：《南齐书》卷五十三《良政传·裴颛传》，中华书局1972年版，第919—920页。

③ （梁）萧子显：《南齐书》卷五十二《文学传·贾渊传》，中华书局1972年版，第906页。

让，恃才使气，开罪于长官的公子，使任昉上了一堂深刻的人生课。其结果是"久之，为奉朝请，举兖州秀才，拜太常博士"。"久之"就是时间长久之意，这是没有疑问的。然而《文选》卷二十三《出郡传舍哭范仆射》李善注引刘璠《梁典》云：

> 任昉，字彦升，乐安人。年四岁，诵古诗数十篇，十六举秀才第一。辞章之美，冠绝当时。为宁朔将军，新安太守。卒。①

刘璠《梁典》所云"十六岁举秀才第一"者，显然是从《梁书·任昉传》记载"时昉年十六，以气忤秉子。久之，为奉朝请，举兖州秀才，拜太常博士"中省并而来。这一省并就使得"久之"一词不好理解。

按照当时的制度，举秀才可以在起家之前，也可以在起家之后。十六岁举秀才是合乎当时制度的，但是《梁书·任昉传》记载任昉"举秀才"是在"为奉朝请"之后，而十六岁起家是不符合当时制度的。

《南史·谢庄传》云：

> 初，文帝世，限年三十而仕郡县，六周乃选代，刺史或十年余。至是皆易之，仕者不拘长少，莅人以三周为满，宋之善政于是乎衰。

---

①　（梁）萧统编，（唐）李善注：《文选》卷二十三，上海古籍出版社1986年版，第1100页。

上面的材料论述了宋孝武帝（454—464）时，庶族子弟起家为官的年龄限制已经不再严格地遵循三十岁的标准。《梁书·武帝纪》记载的刘宋时用人的年限是："甲族以二十登仕，后门以过立试吏。"这样可知，以二十岁为标准年限考察士族子弟起家的时间是可以考虑的一个比较客观的条件。

任昉二十岁时，是齐高帝建元元年（479），齐高帝萧道成是在这一年的夏四月即皇帝位的，如果任昉"为奉朝请"在这个时间节点之前就为刘宋之官，之后就为萧齐之官，这确实是不易判断的。同样任昉"举兖州秀才"也不易判断属宋还是属齐。尽管如此，《南史》任昉本传称"初为奉朝请"，"初"字可以理解为"开始、当初"之意，也可以理解为"建元初"之"建元"两字漏掉了。如此一来，我们把任昉起家的时间定为他二十岁时，且系为齐官还是比较合理的。

另外，《梁书》任昉本传云"拜太常博士"也在是年，《南史》任昉本传云"拜太学博士"。二者皆为九卿之一的太常的属官。

《晋书·职官志》云：

> 太常，有博士、协律校尉员，又统太学诸博士、祭酒及太史、太庙、太乐、鼓吹、陵等令，太史又别置灵台丞。
>
> 太常博士，魏官也。魏文帝初置，晋因之。掌引导乘舆。王公已下应追谥者，则博士议定之。
>
> 协律校尉，汉协律都尉之职也，魏杜夔为之。及晋，改为协律校尉。

晋初承魏制，置博士十九人。及咸宁四年，武帝初立国子学，定置国子祭酒、博士各一人，助教十五人，以教生徒。博士皆取履行清淳，通明典义者，若散骑常侍、中书侍郎、太子中庶子以上，乃得召试。及江左初，减为九人。元帝末，增《仪礼》《春秋公羊》博士各一人，合为十一人。后又增为十六人，不复分掌《五经》，而谓之太学博士也。孝武太元十年，损国子助教员为十人。①

由此可知，太常博士和太学博士分属两职，任昉曾经居何职呢？是年，任昉还兼任仪曹郎。《南齐书·礼志上》载，建元元年（479），太常上朝堂讳训。由《南齐书·王慈传》载有仪曹郎任昉所上《朝堂讳榜议》。太常博士和太学博士职掌皆与礼仪有关，太常博士职掌似与所上《朝堂讳榜议》更近些，故今从《梁书·任昉传》所载，是年任昉拜太常博士的同时，还兼任仪曹郎一职。

第三节　历官南齐和丁忧服阕时间考

上一节我们通过将收集的材料进行分析，得出了任昉于齐高帝建元元年（479）起家奉朝请，举兖州秀才，拜太常博士，兼仪曹郎等职。伴随着萧齐政权的建立，任昉正式地涉足于官场了。紧随任昉官场的沉浮，迎来了任昉在文坛上的极大声誉和创作的成功。

---

① （唐）房玄龄等：《晋书》卷二十四《职官志》，中华书局1974年版，第735—736页。

因为史传材料所限，任昉在南齐任职变化与父母去世服阙的时间不好安排。对这一问题进行探讨的学者有曹道衡、刘跃进①、熊清元②、罗国威③、张顶政④、杨赛⑤、冯源⑥、陈伟娜⑦等，我们原来对此问题有过自己的独立思考和研究，现在结合以上诸先生的的研究成果进行更深入的探讨。

《梁书·任昉传》载"迁征北行参军"，未载其年。检《南齐书》卷四十《萧子良传》知，萧子良为征北将军在永明元年，昉为征北参军当在是年。他第一次在萧子良幕府任职，标志永明文学繁荣的前奏，但这时其他文友还没到达，文人集团还没有形成。

永明二年（484），卫将军王俭领丹阳尹，引任昉为主簿。王俭对任昉雅相推重，每见其文就大加赞赏，以为当时无人能比。王俭于永明三年（485）八月解丹阳尹。任昉在这个时间或稍前迁司徒刑狱参军。这时的司徒是由萧子良领兼，《南齐书》卷三《武帝纪》载，永明二年正月以"征北将军萧子良为护军将军兼司徒"。任昉第二次入萧子良幕府。撰《为庾杲之与刘居士虬书》，作《为王嫡子侍皇太子释奠宴诗》。

① 曹道衡、刘跃进：《南北朝文学编年史》，人民文学出版社 2000 年版。
② 熊清元：《任昉诗文系年考证》，《黄冈师专学报》1992 年第 2 期，第 34—41 页转 46 页。熊清元：《任昉在南齐的仕历及其相关问题》，《中国史研究》2008 年第 1 期，第 83—92 页。
③ 罗国威：《任昉年谱》，《四川大学学报》（哲学社会科学版）1994 年第 1 期，第 69—77 页。
④ 张顶政：《任昉年谱略稿》，《西南民族学院学报》（哲学社会科学版）1999 年增刊。
⑤ 杨赛：《任昉研究》，上海师范大学 2006 年博士学位论文。
⑥ 冯源：《任昉诗歌研究》，郑州大学 2006 年硕士学位论文。
⑦ 陈伟娜：《任昉诗文研究》，广西师范大学 2006 年硕士学位论文。陈伟娜：《"沈诗任笔"——沈约任昉比较研究》，浙江大学 2009 年博士学位论文。

永明四年，任昉"入为尚书殿中郎"，王俭解丹阳尹，后为尚书令，参掌选事。齐武帝亦赏识任昉的才气。"入为尚书殿中郎"或在此年。撰《别萧谘议衍诗》，《古文苑》署"任殿中昉"，知此诗为任昉为尚书殿中郎时作，据《梁书》卷一《武帝纪上》载，萧衍于永明初官隋王镇西谘议参军，二书所载相符，诗当作于是年。

任昉转司徒竟陵王记室参军，当在永明五年。《南齐书·萧子良传》："五年，正位司徒，给班剑二十人，侍中如故。移居鸡笼山邸。"又《梁书》卷一《武帝纪上》："竟陵王子良开西邸，招文学，高祖（萧衍）与沈约、谢朓、王融、萧琛、范云、任昉、陆倕等并游焉，号曰'八友'。"[1] 任昉第三次入萧子良幕府当是此年。任昉遇到包括"八友"在内的众多文士学友，相互切磋，文人雅会，形成了竟陵文学创作集团，促进了文学创作和文学思想的发展，是永明文学的重要组成部分。任昉从此和沈约并称"沈任"，和萧衍等相亲善，得到友人们的钦重。"时琅玡王融有才俊，自谓无对当时，见昉之文，怳然自失"。

《梁书·任昉传》载："以父忧去职，性尽孝，居丧尽礼。"《南史·任昉传》载："以父忧其职，泣血三年，杖而后起。"其父遥卒于何年？《梁书》《南史》二书均未载。其父当卒于永明五年末或六年春初。任昉于永明五年入萧子良西邸，即有"八友"之称，受到文人们的推崇。时间不应太短。其父卒于永明五年就应在年末，或卒于永明六年就应在年初，不能超过春天。因为这要联系到任昉随后的任官时间。首先讨论"泣血三年"中的"三年"时间到底是多少？有些人认为三年

---

① （唐）姚思廉：《梁书》卷一《武帝纪》，中华书局1973年版，第2页。

就是三周年，满三年。罗国威先生在《任昉年谱》中采用了
这种观点。在永明间，任昉经历了两次丁忧，这样守丧的时间
就成了六年。这样六年的时间就使得任昉在永明年间十一年里
的活动不好安排。并且罗国威认为，任昉的父亲卒于永明二
年。但这是绝对不可能的，其理由有三。若是说成立，那么任
昉丁父忧服阙的时间就在永明五年，这与任昉在永明二年至五
年的任职相悖。前面已经论到任昉于永明四年"入为尚书殿
中郎"。又《文选》李善注引刘璠《梁典》云："昉时殿中
郎，父忧去职，居丧，不知盐味。冬月单衫，庐于墓侧。齐明
作相，乃起为建武将军骠骑记室，再三固辞，帝见其辞切，亦
不能夺。"又《南齐书》卷六《明帝纪》载，萧鸾于永明七年
拜尚书左仆射，则鸾起昉为建武将军骠骑记室当在是年。昉在
守丧中，作书固辞，亦在情理之中。任昉之父若卒于永明二
年，三周年服除，永明七年亦不在守孝期间了。此为理由一。
再就是任昉在永明二年时，其刚刚步入仕途，虽有文名，但还
不会引起齐武帝的注意和关怀。《南史·任昉传》："齐武帝谓
昉伯遐曰'闻昉哀瘠过礼，使人忧之，非直亡卿之宝，亦时
才可惜。宜深相全譬。"此为理由二。《南史·任昉传》："永
明中，遐以罪将徙荒裔，遥怀名请诉，言泪交下，齐武帝闻而
哀之，竟得免。"[1] 永明一共十一年，此句中"永明中"当是
永明五、六年左右，而不应是永明二年。此为理由三。

　　古人的守孝三年不是周年，是三虚年。曹道衡先生认为
"古人遭父母之丧，照例要守两年多，号为'三年之丧'"[2]，

---

[1] （唐）李延寿：《南史》卷五十九《任昉传》，中华书局 1975 年版，第
1452 页。

[2] 曹道衡：《中古文学史论文集》，中华书局 2002 年版，第 320 页。

此说甚是。三年之丧的时间是二十五个月，也就是过了两周年后再加上第三年的第一个月即可。任昉之父卒于永明五年末或六年初，任昉服除的时间就应在永明七年末或八年初。随后，任昉重除尚书殿中郎，本次任职在任昉本传中没有提及。《梁书》卷十九《宗夬传》："永明中，与魏和亲，敕夬与尚书殿中郎任昉同接魏使，皆时选也。"对这次和亲，可参见《资治通鉴》卷一百三十六《齐纪》："（永明七年）八月乙亥，（魏）遣员外散骑常侍邢产等来聘"。又卷一百三十七《齐纪》："（永明八年四月）甲午，魏遣兼员外散骑常侍邢产等来聘。"由此可知，《梁书》卷十九《宗夬传》云："永明中"，即是永明七、八年。昉当于此时为尚书殿中郎，并参与第二次接待来聘的可能性较大。

随即又遭母忧，《梁书·任昉传》载"续遭母忧"，而《南史·任昉传》载"遭继母忧"。"续""继"二字可能是形近而讹，任昉纯孝，传记彰之，若是继母，则其生母丁忧时，本传应作交代。因之此为其生母更为合理。但若是继母也应服丧三年。《仪礼·丧服》："继母如母。传曰'继母何以如母？继母之配父，与生母同，故孝子不敢殊也'，若是，则生之养之，终其身如母，死则丧之三年如母，贵父之命也。"据此，任昉无论居母丧或继母丧，皆为"三年之丧"。其母丧至永明十年末或十一年初服阕，并且不会晚于后面这个时间。原因为：《南史·任昉传》："齐明帝深加器异，欲大向擢引，为爱憎所白，乃除太子步兵校尉，掌东宫书记。"永明十一年七月，世祖萧赜崩，太子萧昭业继位。此后一段时间里东宫无主，官员当迁。再就是据《南史》《梁书》行文考之，其亦在武帝末年无疑。

任昉与萧子良交游甚密，堪称知己。萧子良又与萧长懋相善，任昉同萧子良一样都对萧鸾保持着一定的距离。任昉曾在永明七年丁父忧期间，拒绝过萧鸾的任职。而此时任昉在《为齐明帝让宣成郡公表》中对萧鸾的劣迹有所揭露指斥，致使任昉"建武中，位不过列校"。

《梁书·任昉传》："明帝崩，迁中书侍郎。"《南史·任昉传》："永元中，纡意于梅虫儿。东昏中旨用为中书郎。"二书所载官职不同，《辞源》称中书侍郎即中书郎。中华书局点校本《南齐书·褚渊传》载褚渊曾任中书郎一职，文后的《校勘记》云"按'中书郎'《文选》王俭《褚渊碑文》作'中书侍郎'"。①点校者的意思"中书郎"和"中书侍郎"似有不同。另外，记载南北朝历史的诸史书皆在同一书中，中书侍郎和中书郎名称交互出现，如"中书郎"是"中书侍郎"的省称，同一作者不当这样随意地书写，应将之解释成皆为归于中书省序列，受中书令统辖的两个职官名称。

今查《晋书·职官志》《宋书·百官志》《通典·职官》《通志二十略·职官略》《文献通考·职官》等，诸书对中书省的官员中书侍郎皆因袭抄录《宋书》，皆将中书郎等同中书侍郎，下面列举《通典·职官》所记，以见大概：

> 中书侍郎。汉置中书，领尚书事，有丞、郎。魏黄初初，中书既置监、令，又置通事郎，(《魏志》曰："掌诏草，即汉尚书郎之位。")次黄门郎。黄门郎已署事过，通事乃署名。已署奏以入，为帝省读，书可。后改通事郎为中书侍郎。(明帝诏举中书郎，谓卢毓曰："得人与否，

---

① （梁）萧子显：《南齐书》卷二十三《褚渊传》，中华书局1972年版，第439页。

在卢生耳。"又魏末张华迁长史，兼中书郎，朝议表奏，多见施用。）晋置四员，及江左初，又改为通事郎，寻复为中书侍郎。其职副掌王言，更入直省五日，从驾则正直从，次直守。（张华兼中书郎，从驾征钟会，掌书疏表檄。又《荀勖集》：泰始中，中书郎张华、王济犹尚自起草，及后，遂失旧体。又嵇含字君道，为中书郎，书檄云集，含初不立章。又华廙为人弘雅，加以名家子孙，以妇父卢毓典选，至三十五，为中书通事郎。又王濛为中书郎四年，无人对，以濛难比肩故也。）宋中书侍郎，进贤一梁冠，介帻，将朝服，用散骑常侍谓之。齐、梁皆四人，梁以功高者一人主省内事。陈因之。①

为了将中书侍郎设置源流及其职掌有一个大致的了解，上文不避繁琐，长文引用，杜佑在正文中是介绍中书侍郎，而在引用具体的人物任职时，又都写作中书郎，显示杜佑是将两个名字视为一个了。若是《南齐书·百官志》有详细的区分，也省了我们考辨之苦，可是《南齐书·百官志》记载的更是简而又简，仅云："中书监一人，令一人，侍郎四人，通事舍人无员。"同卷又云："建元四年，有司奏置国学，祭酒准诸曹尚书，博士准中书郎。"同卷中出现两个名称，将之视为繁简之别，似不通。

再看《南齐书·舆服志》：

进贤冠，诸开国公、侯，乡、亭侯，卿，大夫，尚

① （唐）杜佑撰，王文锦等点校：《通典》卷二十一《职官三》，中华书局1988年版，第562—563页。

书，关内侯，二千石，博士，中书郎，丞、郎，秘书监、
丞、郎，太子中舍人、洗马、舍人，诸府长史，卿，尹、
丞，下至六百石令长小吏，以三梁、二梁、一梁为差，事
见《晋令》。①

从上文"中书郎，丞、郎，秘书监、丞、郎"行文格式
看，中书郎，后还有丞、郎，此处的中书郎似应作中书侍郎，
后面领属的丞、郎即为中书丞、中书郎。

又《魏书·高允传》云：

> 中书侍郎、固安伯范阳卢玄子真。
> 中书郎、新丰侯京兆杜铨士衡。
> 中书郎中、即丘子赵郡李遐仲熙。
> 中书郎燕郡刘遐彦鉴。
> 中书郎、武烜子河间邢颖宗敬。
> 中书郎上谷张诞叔术。②

《魏书》一篇中在列举人物时，中书侍郎、中书郎、中书
郎中是同时存在的，另外《魏书·官氏志》还提到中书议郎
一职，北魏官职确实有别于东晋南朝官职，但是北魏的官职是
在借鉴西晋官制的基础上设置的，虽然我们不能用北魏官制中
中书省属官的细致分类等同于东晋南朝的官制，但是至少给我
们对这一问题的思考一个启发。我们不能完完全全地依靠史志

---

① （梁）萧子显：《南齐书》卷十七《舆服志》，中华书局1972年版，第
341页。
② （北齐）魏收：《魏书》卷四十八《高允传》，中华书局1974年版，第
1078—1080页。

对南朝的官制下绝对的结论。《职官志》没有记载也许是疏略了，要不记载南朝的诸史书在同一书中会有中书侍郎与中书郎多次交互出现的现象呢？好像我们不能将之归为两种相同，作者在记述时随意地繁简采用，这似乎不符合史志严谨的记述体例。我们这个思考虽然还不能看作定论，但是这种怀疑的精神对学术研究还是很有价值的。按照这种思路的判断，若是正确的话，可以这样说中书侍郎是中书省的副职，在南朝时三省六部制还在发展着，唐朝时已经变成副相了，而南朝时的权限的大小主要依靠君主的重视程度。而中书郎的权限要更小一些。因为《梁书》《南史》任昉本传记载不同，我们这里采信《梁书》的记载，任昉在明帝崩后，也就是在齐东昏侯永元（499—501）时"迁中书侍郎"，《南史》说是"永元中"，永元一共是三年，这个永元中的记载，可以让我们将这一事件定在永元二年。

任昉任职中书侍郎，还给自己留下一个让人诟病的细节，《南史·任昉传》云："永元中，纡意于梅虫儿，东昏中旨用为中书郎。"此事得到时人和后人的非议，似于任昉的德行有损。据《南史》记载，对此事面讽任昉的是时任尚书令的王亮。王亮和任昉交恶的原因是志趣不同。任昉得到中书侍郎一职后，《南史·任昉传》云："谢尚书令王亮，亮曰：'卿宜谢梅，那忽谢我。'昉惭而退。"南齐末世是一个政治黑暗混乱的时代，这样的时代使社会秩序变得很不正常，像任昉这样名声远播的文人，就处在了一种政治的漩涡之中，为达到一种韬光养晦、自浊自保的目的，曲意于梅虫儿是有可能的。这是否就成了任昉的人生污点还需要作深入的分析。在萧齐一代，任昉的任职都属于事务官，其政治才能和为官的廉洁是在萧梁时得到充分表现的，萧梁的梁武帝和任昉相欣赏，萧梁建国初一改萧齐末的风气，梁武帝这时政治有为，任昉几次三番转职，或选官要位，或监察长官，或地方行政首长等，任昉在这些位置上皆有突出表现，在中国古代官僚史上皆可作为典型。这也反证了有学者提到的"任昉徒有文才，吏才了了，不合乎明帝整肃朝纲的用人标准"①的观点是值得商榷的。我们认为从《南史》的记载中王亮对任昉的面讽正好是对当时社会的批判。而王亮面讽时，任昉有惭色亦证明了他的难言之隐。

同时，我们再看王亮在东昏侯时的表现，《梁书·王亮传》云：

> 建武末，为吏部尚书，是时尚书右仆射江祏管朝政，多所进拔，为士子所归。亮自以身居选部，每持异议。始亮未为吏部郎时，以祏帝之内弟，故深友祏，祏为之延誉，益为帝所器重；至是与祏情好携薄，祏昵之如初。及祏遇诛，群小放命，凡所除拜，悉由内宠，亮更弗能止。外若详审，内无明鉴，其所选用，拘资次而已，当世不谓为能。频加通直散骑常侍、太子右卫率，为尚书右仆射、中护军。既而东昏肆虐，淫刑已逞，亮倾侧取容，竟以免戮。②

王亮和任昉一样在齐梁之间皆有耿直不从俗的耿介性格。王亮也照样顺意于齐末权奸江祏、梅虫儿等人，身居中枢之位，对东昏侯之虐行不能改，能做的只是"倾侧取容"求荣

---

① 李兆禄：《任昉"终建武中位不过列校"原因探隐》，《广西社会科学》2013年第2期，第106页。

② （唐）姚思廉：《梁书》卷十六《王亮传》，中华书局1973年版，第267—268页。

而已。由此看，王亮对任昉的面讽，不是否定任昉的为人，只是表达了两个人在立场上有分歧，不属于同气相求的道友，不接受任昉之谢，就是不接受作为下属任昉的求进而已。梁武帝萧衍对此看得很清楚，在东昏侯时，任昉的中书侍郎权限和王亮的尚书右仆射、中护军的行政权军事权兼有的大权不可同日而语，在混乱的时代，王亮的责任更多些，因此萧衍得势后，当王亮求官时，萧衍批评说："颠而不扶，安用彼相。"

王亮的这一意气用事的态度，任昉是念念不忘的。任昉任御史中丞时曾奏弹和王亮交情密切的范缜，在奏文中也直接将王亮点出：

> 臣闻息夫历诋，汉有正刑；白褒一奏，晋以明罚。况乎附下讪上，毁誉自口者哉。风闻尚书左丞臣范缜，自晋安还，语人云："我不诣余人，惟诣王亮；不饷余人，惟饷王亮。"辄收缜白从左右万休到台辨问，与风闻符同。又今月十日，御伐梁州刺史臣珍国，宴私既洽，群臣并已谒退，时诏留侍中臣昂等十人，访以政道。缜不答所问，而横议沸腾，遂贬裁司徒臣胐，褒举庶人王亮。臣于时预奉恩留，肩随并立，耳目所接，差非风闻。窃寻王有游豫，亲御轩陛，义深推毂，情均《湛露》。酒阑宴罢，当宸正立，记事在前，记言在后，轸早朝之念，深求瘝之情，而缜言不逊，妄陈褒贬，伤济济之风，缺侧席之望。不有严裁，宪准将颓，缜即主。[①]

---

① （唐）姚思廉：《梁书》卷十六《王亮传》，中华书局 1973 年版，第 269 页。

这篇奏文称旨，梁武帝随即下玺书诘问范缜，对王亮在东昏侯时的行状作出了严厉的批评，以至王亮去官赋闲，暂时只好退却，他受到了仕途上一大挫折，玺书云：

> 亮少乏才能，无闻时辈，昔经冒入群英，相与岂薄，晚节谄事江祏，为吏部，末协附梅虫儿、茹法珍，遂执昏政。①

从玺书的风格看，和上面任昉的奏文简直就是如出一辙，我们不必一定说成是任昉所为，但确实是和任昉的奏文起到了攻守同盟、前后照应的效果。对王亮的批评也是因为他献媚依附权奸江祏、梅虫儿、茹法珍等人。

由此可以清楚的看到王亮面讽任昉绝不是因为梅虫儿是恶人之故，只是不接受任昉当面的示好，不给任昉以情面而让任昉难堪而已。生活在末世的政治漩涡里，身不由己的时候应该是很多的，对此解读，我们的正确态度应该抱着一个理解的同情，而不是像历史上有些文人那样，对任昉"纡意于梅虫儿"这一细节的记载作出偏执的理解，如宋代文与可在《嘲任昉》中写道："幸自文章亦可怜，不消一事已为贤。何如却逐虫儿去，忍耻更来王亮前。"②

不管怎样，这时中书侍郎乃一清闲之职，任昉居此度日而已，绝无施展抱负之心，也无可能。正如祝总斌先生总结的：

---

① （唐）姚思廉：《梁书》卷十六《王亮传》，中华书局 1973 年版，第 270 页。

② （宋）文与可撰，（宋）家诚之编：《丹渊集》卷十二，影印文渊阁《四库全书》第 1096 册，上海古籍出版社 1989 年版，第 628 页。

　　从南朝起，由于多半出身寒族的中书通事舍人更接近皇帝，中书侍郎逐渐变成单纯起草文书，很少被咨访政事，权力日益削弱。《通典·职官三》说得最清楚："宋初又置中书通事舍人四员，入直阁内（指皇帝理政之处），出宣诏命。凡有陈奏，皆舍人持入参决于中，自是则中书侍郎之任轻矣。"所谓出宣诏命，当包括传达令侍郎起草文书的意图，所谓陈奏，当指尚书台送来文书上呈皇帝审阅画可。本来，这些都由侍郎直接与皇帝打交道，现在通事舍人插了进来，"参决于中"，侍郎权任自然减轻。也就是说，中书侍郎虽象当年中书监、令一样掌诏命，但不具备发展成主要参与朝政，成为大臣的历史条件，出身寒族的中书通事舍人把他们的前进道路遮断了。①

　　总之，这时的中书侍郎不像隋唐时确定下来的三省六部制中的中书侍郎，一般讲三省的长官是宰相，如中书省的副长官中书侍郎是副宰相。现在的研究者将任昉视为曾经身居宰相的不是个案，下面引用两则材料予以说明。

　　王大良先生认为：

　　　　（任昉）东昏侯时因他曾是东宫故吏，见幸，掌诏诰，迁中书令，拜副相。②

---

　　① 祝总斌：《两汉魏晋南北朝宰相制度研究》，中国社会科学出版社 1998 年版，第 334 页。

　　② 朱绍侯主编：《中国历代宰相传略》，大象出版社 1997 年版，第 413 页。

上面这条材料中的中书令应当是中书侍郎，是编写者的笔误，而将任昉此时担任的中书侍郎当作副相，是没有考虑到三省六部制在南朝发展中的具体情况，这是和隋唐时的差别之处，而这一点是值得注意的。

又杨剑宇先生认为，任昉在齐东昏侯、和帝时任宰相。

> 齐明帝在位期间，任昉先后任侍中、中书监、骠骑大将军，出任扬州刺史。
> 东昏侯在位时，任昉官拜尚书仆射，位列宰相。和帝时仍然位列宰相。[①]

杨剑宇先生对任昉齐明帝时的任职完全弄错了，根据我们上面梳理的材料，任昉从没任过这些职位。再就是杨先生把任昉在东昏侯任中书侍郎一职误当成尚书仆射了。认为任昉位列宰相，自然也就错了。而认为在和帝时仍位列宰相，不知从何说起，因为和帝时任昉任司徒右长史，是三公的属官，也不是宰相。

《南史》《梁书》二史载，任昉于永元末为司徒右长史，这是任昉在南齐得到的最后一个职务，要确定任昉任职时间首先考定谁是司徒。《南齐书》卷七《东昏侯纪》载，永元三年春丁酉，以骠骑大将军晋安王宝义为司徒，永元三年即中兴元年。中兴元年于三月改元，但永元年号却一直用到是年的十二月东昏侯卒时。任昉就是在是年做司徒右长史的。南齐时，三公是太尉、司徒和司空，已经不同于西晋时三公上面还有三师即"太师、太保、太傅"，二大即"大司马、

---

① 杨剑宇：《中国历代宰相录》，上海文化出版社 1999 年版，第 312 页。

大将军"，和三公合成"八公"，皆成了荣誉性的头衔，用以加封功勋卓著的功臣，是有尊号而无职权的虚职。在南齐时，三公位尊权重，和正在发展中的三省长官职掌有交叉，但是品阶最高。

《南齐书·百官志》：

> 三公，旧为通官。司徒府领天下州郡名数户口簿籍。虽无，常置左右长史、左西曹掾属、主簿、祭酒、令史以下。晋世王导为司徒，右长史干宝撰立官府，《职仪》已具。①

祝总斌先生在论述南朝三公时说道：

> 在这里司徒基本是虚衔（形式上司徒府仍掌评定人才九品事），握实权的是录尚书事，二者不同；可是由司徒来录尚书事就比由位望低的虚衔来录尚书事，更容易控制住大权，南朝（主要宋、齐）三公往往为皇族，便服务于这一目的。特别因为南朝皇族本非高门，在高级士族影响大、基础厚的社会里，要加强皇权，与高级士族抗衡，想法尽快让皇族升迁，直至位居三公，以提高社会声望，就更有必要。②

因为三公在秦汉时是真宰相，随着中央官制的发展，两

---

① （梁）萧子显：《南齐书》卷十六《百官志》，中华书局1972年版，第312—313页。

② 祝总斌：《两汉魏晋南北朝宰相制度研究》，中国社会科学出版社1998年版，第195页。

晋南北朝三省长官逐渐成为位居端揆的宰相，分掌中央中枢的议政权及监督百官执行的行政权，但是三公、八公的尊崇位置一直是仕途顶峰的象征，成为人们孜孜以求的最高理想。

《南齐书·王融传》云：

> 自恃人地，三十内望为公辅。①

《梁书·沈约传》云：

> 初，约久处端揆，有志台司，论者咸谓为宜，而帝终不用，乃求外出，又不见许。与徐勉素善，遂以书陈情于勉……勉为言于高祖，请三司之仪，弗许，但加鼓吹而已。②

沈约与梁武帝旧交，且为武帝所倚重，但是沈约曾经放言得罪武帝，武帝不悦，有意打压沈约，故不让沈约求公位如愿。从这个事例中也反证了三公虽无实权，却是具有政治上的重大意义。

而任昉是为萧宝义做的长史，萧宝义是以骠骑大将军的军号加司徒的，这样既有三公之尊位，又有骠骑之军权，其右长史的位置也就另当别论了。

按汉魏旧例，重号将军依次为大将军，骠骑将军，车骑将

---

① （梁）萧子显：《南齐书》卷四十七《王融传》，中华书局1972年版，第822页。

② （唐）姚思廉：《梁书》卷十三《沈约传》，中华书局1973年版，第235—236页。

军，卫将军，前、后、左、右将军等。西晋时大将军成为八公之一，两晋南朝重号将军的首位就变成了骠骑将军。

《南齐书·百官志》云：

> 凡诸将军加"大"字，位从公。开府仪同如公。凡公督府置佐：长史、司马各一人，谘议参军二人。诸曹有录事、记室、户曹、仓曹、中直兵、外兵、骑兵、长流贼曹、刑狱贼曹、城局、法曹、田曹、水曹、铠曹、车曹、士曹、集曹、右户、十八曹。城局曹以上署正参军，法曹以下署行参军，各一人。其行参军无署者，为长兼员。其府佐史则从事中郎二人，仓曹掾、户曹属、东西阁祭酒各一人，主簿舍人御属二人。加崇者，则左右长史四人，中郎掾属并增数。[①]

由此可知，任昉所任的司徒右长史是一个重要的位置，品虽不高，因为是司徒、骠骑大将军所倚重之属吏，自己的政治理想在这个位置上，通过借尸还魂的方式得以部分的实现。只不过时间太短了，历史的车轮转到了萧梁政权那里。

总之，在南齐任昉一直是作为才子被人重视的，其才能虽被掌权者看重，但是因为时代的具体原因和其父母相继在这个时期去世守孝以及其自身的个性使然，在从政的路上，虽然屡有迁除，却没有独当一面的任职，作为属官其政治才能和政治人格还没有机会得到充分的施展，这要等到随即而来的萧梁政权的建立，任昉仕途上施展抱负的机会来临了。

────────────

① （梁）萧子显：《南齐书》卷十六《百官志》，中华书局 1972 年版，第 313—314 页。

第四节　任昉在梁朝得到的重用及为官清廉

《梁书》《南史》任昉本传均载，梁武帝萧衍克京邑，"霸府初开，以昉为骠骑记室参军"，专主文翰。

中兴元年（501）十二月，梁武帝建京邑，开霸府。任昉与梁武帝关系有旧，昔在竟陵王西邸，两人关系融洽，惺惺相惜。

《梁书·任昉传》云：

> 始高祖与昉遇竟陵王西邸，从容谓昉曰："我登三府，当以卿为记室。"昉亦戏高祖曰："我若登三事，当以卿为骑兵。"谓高祖善骑也。至是故引昉，符昔言焉。[①]

在萧齐永明年间，萧衍和任昉正是意气风发期待在仕途上大展身手的青年才俊，两人自视甚高，皆有修齐治平之理想，并欣赏对方的所长。三府和三事是同义词，皆指三公之位。如前所举《南齐书·百官志》所载，三公属吏有十八曹参军，擅长文笔者有记室参军，擅长骑马者有骑兵参军，分别属于文武双方中的要职，故萧衍和任昉在当年以开玩笑的口吻表达心志时，各表示一旦志满意得就以对方为记室或骑兵。这时，梁武帝不负前言，让任昉在其新开的军府里得到重用，其善于文翰之才得以发挥。梁台建，禅让文诰，多昉所具。

天监元年（502）四月，萧衍践祚，史称梁武帝。

[①] （唐）姚思廉：《梁书》卷十四《任昉传》，中华书局 1973 年版，第253 页。

《梁书·任昉传》："拜黄门侍郎，迁吏部郎中，寻以本官掌著作。"《南史·任昉传》："历事黄门侍郎，吏部郎。"

黄门侍郎，亦称给事黄门侍郎。

《宋书·百官志下》云：

给事黄门侍郎四人，与侍中俱掌门下众事。郊庙临轩，则一人执麾。《汉百官表》秦曰给事黄门，无员，掌侍从左右，汉因之。汉东京曰给事黄门侍郎，亦无员，掌侍从左右，关通中外，诸王朝见，则引王就坐。应劭曰："每日莫向青琐门拜，谓之夕郎。"史臣按，刘向与子歆书曰："黄门郎，显处也。"然则前汉世已为黄门侍郎矣。董巴《汉书》曰："禁门曰黄闼，中人主之，故号曰黄门令。"然则黄门郎给事黄闼之内，故曰黄门郎也。魏、晋以来员四人，秩六百石。①

《南齐书·百官志》云：

给事黄门侍郎。亦管知诏令，世呼为小门下。②

黄门侍郎为门下省侍中属官，职掌知诏令，梁朝建国之初，诏令文件甚多，任昉擅长文翰，黄门侍郎一职可谓得人。

吏部郎是吏部郎中的简称。因《梁书·任昉传》称吏部郎，《南史·任昉传》称吏部郎中，此处官称的一字之差，有

---

① （梁）沈约：《宋书》卷四十《百官志下》，中华书局 1974 年版，第 1243 页。

② （梁）萧子显：《南齐书》卷十六《百官志》，中华书局 1972 年版，第 323 页。

时带来理解的错误。一个原因是《梁书》有时称吏部郎，有时称吏部郎中，对六朝官制不太熟悉的人来说，出现失误是在所难免的了。如《梁书·任昉传》载任昉两次除吏部郎中，而《梁书》卷三十六《孔休源传》却载为"吏部郎任昉"，对这种表述，一般的理解是两称有别，一是一非，若相同，同书何以两称？《梁书》中这种交错而不一致的例子很多，修史者向来严谨，一字寓褒贬，惜墨如金，若有别，我们自会做有别理解，是情理之中的。笔者在硕士学位论文《任昉研究》中曾持这种观点①，后来查阅史传材料，发现原来观点有误，下面将尚书吏部郎一职条陈于下。

首先秦汉官制，郎官属于郎中令（亦称光禄勋）的属官，有议郎、中郎、侍郎、郎中等，统称郎官。而太仆的属官有尚书，汉武帝时尚书的受到重视，权力渐大。

《宋书·百官志上》云：

> 汉成帝之置四尚书也，无置郎之文。《汉仪》，尚书郎四人……《汉官》云，置郎三十六人，不知是何帝增员。然则一尚书则领六郎也。主作文书，起立事草。初为郎中，满岁则为侍郎……汉制，公卿御史中丞以下，遇尚书令、仆、丞、郎，皆辟车豫相回避，台官过，乃得去。②

《隋书·百官志上》云：

---

① 张金平：《任昉研究》，山东大学 2006 年硕士学位论文。
② （梁）沈约：《宋书》卷三十九《百官志下》，中华书局 1974 年版，第 1236—1237 页。

尚书省，置令，左、右仆射各一人。又置吏部、祠部、度支、左户、都官、五兵等六尚书。左右丞各一人。吏部、删定、三公、比部、祠部、仪曹、虞曹、主客、度支、殿中、金部、仓部、左户、驾部、起部、屯田、都官、水部、库部、功论、中兵、外兵、骑兵等郎二十三人。令史百二十人，书令史百三十人……

自晋以后，八座及郎中多不奏事。天监元年诏曰："自礼闱陵替，历兹永久，郎署备员，无取职事。糠粃文案，贵尚虚闲，空有趋墀之名，了无握兰之实。曹郎可依昔奏事。"自是始奏事矣。三年，置侍郎，视通直郎。其郎中在职勤能，满二岁者，转之。①

从上面两则材料可知，吏部郎和吏部郎中基本上一样，尚书郎即尚书郎中，虽然有时资历深的还可称为尚书侍郎，也是可以统称尚书郎的。

吏部郎称为小选，盖与吏部尚书对称而言。《南史》卷十九《谢朓传》载：谢朓迁尚书吏部郎，上表三让。沈约以为"谢吏部今授超阶"，范缜谓"卿人才无惭小选"。《梁书》卷四十一《褚翔传》："征为吏部郎。翔居小选，公清不为属易意。"由此可知，在诸尚书郎中吏部郎位置重要，这一职位相当于隋唐三省六部吏部四司中的吏部郎中。任昉于天监三年重除此职，皆称"参掌大选"。

天监二年（503），出为义兴太守。

任昉在义兴太守任上为官清廉，成为古代地方官廉洁爱

---

① （唐）魏征等：《隋书》卷二十六《百官志上》，中华书局1973年版，第721页。

民、安贫尽职的典范。

《梁书·任昉传》云：

> 天监二年，出为义兴太守。在任清洁，儿妾食麦而已。友人彭城到溉，溉弟洽，从昉共为山泽游。及被代登舟，止有米五斛。既至无衣，镇军将军沈约遣裙衫迎之。[1]

《南史·任昉传》云：

> 出为义兴太守。岁荒民散，以私奉米豆为粥，活三千余人。时产子者不举，昉严其制，罪同杀人。孕者供其资费，济者千室。在郡所得公田奉秩八百余石，昉五分督一，余者悉原，儿妾食麦而已。友人彭城到溉、溉弟洽从昉共为山泽游。及被代登舟，止有绢七匹，米五石。至都无衣，镇军将军沈约遣裙衫迎之。[2]

义兴即现在的宜兴，勤政爱民的任昉也喜欢义兴（现宜兴）的山光水色，闲暇时分常常在西氿之滨垂钓、赋诗。后人还在他垂钓的地方筑台纪念，受到后世代代的凭吊纪念。

为了纪念任昉在义兴的德政，后人便在他经常垂钓的西氿之滨筑台，称之为"任公钓台"，为三、四丈高的土

---

[1] （唐）姚思廉：《梁书》卷十四《任昉传》，中华书局 1973 年版，第 254 页。

[2] （唐）李延寿：《南史》卷五十九《任昉传》，中华书局 1975 年版，第 1454 页。

丘，丘上建有小亭。登台极耳四眺，水光山色，气象万千。明代邑人沈敦《任公钓台》诗云："烟水苍茫绕钓矶，西风台上景依稀。空留遗迹人何在？白鸟双飞带落辉。""任公钓台"列为全国十大钓台之一，确是宜兴具有悠久历史的又一胜迹。①

天监三年（504），"重除吏部郎"。

史传无载任昉重除吏部郎在哪一年，将之系于天监三年有三个考虑，一是任昉在天监二年义兴太守任时所为颇多，救灾民、改旧俗非短时间所能奏效，二是《文选》卷三十六载《天监三年策秀才文》，当是任昉重除吏部郎参掌大选时作。三是天监三年任昉已经在吏部郎任上了。在天监二年、三年的岁末年初应是任昉转职的时间，姑且系于三年是合适的。

寻转御史中丞，秘书监，领前军将军。

转御史中丞是在天监三年（504），《梁书·曹景宗传》载：天监三年八月，"司州城陷，为御史中丞任昉所奏"。②

《隋书·百官志上》云：

> 御史台，梁国初建，置大夫，天监元年，复日中丞。置一人，掌督司百僚。皇太子已下，其在宫门行马内违法者，皆纠弹之。虽在行马外，而监司不纠，亦得奏。专道而行，逢尚书丞郎，亦得停驻。其尚书令、仆、御史中丞，各给威仪十人。其八人武冠绛鞲，执青仪囊在前。囊

---

① 宜兴市政协文史资料委员会：《宜兴人物志》上，《宜兴市政协文史资料》第22辑，1987年，第195—196页。

② （唐）姚思廉：《梁书》卷九《曹景宗传》，中华书局1973年版，第179页。

题云"宜官吉"以受辞诉。一人纟岂衣，执鞭杖，依列行，七人唱呼入殿，引喤至阶。一人执仪囊，不喤。属官治书侍御史二人，掌举劾官品第六已下，分统侍御史。侍御史九人，居曹，掌知其事，纠察不法。殿中御史四人，掌殿中禁卫内。又有符节令史员。①

天监四年（505）仍官此职。据《南史》卷二十三《王亮传》载：天监四年夏，"御史中丞任昉奏缜妄陈褒贬，请免缜官"。

天监五年（506），任昉官秘书监，领前军将军。

史传无载任昉哪年由御史中丞转秘书监、领前军将军一职，考虑到天监四年下任昉曾弹奏范缜，并且他是在天监六年（507）春从秘书监一职转新安太守的，故将任昉居秘书监一职定为天监五年。任昉官秘书监期间，受命整理秘阁藏书，此为秘书监职责所任。

《隋书·百官志上》云：

> 秘书省置监、丞各一人，郎四人，掌国之典籍图书。著作郎一人，佐郎八人，掌国史，集注起居。著作郎谓之大著作。②

《梁书·任昉传》《南史·任昉传》皆云："自齐永元以来，秘阁四部，篇卷纷杂，昉手自雠校，由是篇目定焉。"

---

① （唐）魏征等：《隋书》卷二十六《百官志上》，中华书局1973年版，第723页。

② 同上

又《广弘明集》卷三载阮孝绪《七录序》云：

> 齐末兵火延及秘阁，有梁之初，缺亡甚众，爰命秘书监任昉躬加部集，又于文德殿内别藏众书，使学士刘孝标等重加校……其尚书阁内别藏经史杂书。华林园又集释氏经论。自江左通篇章之盛，未有逾于当今者也。①

梁代聚书甚富，任昉等有功焉。至于任昉在目录学、校雠和藏书等方面的贡献在下文中有详述。

《梁书·任昉传》云：

> 六年春，出为宁朔将军、新安太守。在郡不事边幅，率然曳杖，徒行邑郭，民通辞讼者，就路决焉。为政清省，吏民便之。视事期岁，卒于官舍，时年四十九。阖境痛惜，百姓共立祠堂于城南。高祖闻问，即日举哀，哭之甚恸。追赠太常卿，谥曰敬子。②

《南史·任昉传》云：

> 出为新安太守，在郡不事边幅，率然曳杖，徒行邑郭。人通辞讼者，就路决焉。为政清省，吏人便之。卒于官，唯有桃花米二十石，无以为敛。遗言不许以新安一物还都，杂木为棺，浣衣为敛。阖境痛惜，百姓共立祠堂于

城南，岁时祠之。武帝闻问，方食西苑绿沈瓜，投之于
盘，悲不自胜。因屈指曰："昉少时常恐不满五十，今四
十九，可谓知命。"即日举哀，哭之甚恸。追赠太常，谥
曰敬子……在郡尤以清洁著名，百姓年八十以上者，遣户
曹掾访其寒温。尝欲营佛斋，调枫香二石，始入三斗，便
出教长断，曰："与夺自己，不欲贻之后人。"郡有蜜岭
及杨梅，旧为太守所采，昉以冒险多物故，即时停绝，吏
人咸以百余年未之有也。①

天监八年（507），任昉卒于新安太守任上。

————————————

①　（唐）李延寿：《南史》卷五十九《任昉传》，中华书局 1975 年版，第
1454 页。

第二章　与任昉有关人物考论

从对任昉生平和履历的论析中可知，任昉历南朝宋、齐、梁三朝，其升降沉浮的丰富阅历，影响着他思想的变化和发展。对任昉进行综合研究，有必要考察与任昉有关的人物，这些人物包括家人、父党、朋友、同僚，甚至与任昉关系不洽者。其交往的人物的言行以及对这些人物的态度就像一面镜子，能较全面地反映任昉的思想状况、为政特点及文学成就。在其历官的变化中，他和许多人有交往有联系，这种广泛的交往圈子对任昉人生有极大的影响。对任昉有关人物材料的整理考论，可以更客观、更全面地了解任昉的为人。与任昉有关人物众多，其材料散见于其他人物传记中，将这些一鳞半爪的材料收集起来已达到窥斑知豹的目的。这些人物的范围包括任昉的家人、任昉的父党对其曾奖掖提携者、竟陵八友以及竟陵西邸的文人、参加过任昉"兰台会"的人物，还有曾受到任昉赞赏的下辈文人等。

第一节　任昉的家人

任昉家人中父辈的情况，上文已作了简单的考析。尤其是对其父母的情况作了些考证，其伯父遐的任职情况也做了些整理。为突出任昉在成长中所受到的家庭背景的影响，现将其家人的情况再作一条理化的介绍，将考论的部分略去。

任昉的曾祖、祖辈人的情况，因文献记载简略，事迹不明。其曾祖为任澄，任豫为任澄二弟。《文选》录沈约《宿东园诗》李善注引任预《雪诗》："寒鸢向云啸，悲鸿竟夜嗷。"曹道衡先生认为任预即任豫：

> 此诗亦见《北堂书钞》卷一五六，其下两句："箕飚振地作，毕阴骇曾高。"《北堂书钞》"预"均作"豫"，惟卷一四六有一处引《益州记》时称"任预"。考《隋书·经籍志》有"《礼论条牒》十卷，宋太尉参军任预撰"。"《礼论帖》三卷"，"《答问杂仪》二卷"，都题"任预撰"。又"宋奉朝请《伍缉之集》十二卷"下注云"梁有《任豫集》六卷"，似亡于周师入郢之际，故至隋唐已不复存。①

因为任昉的曾祖、祖父辈资料不多，故今特备引曹道衡先生收集辨析任豫的材料，从中可知，任豫在刘宋时曾任太尉参军，这一职务和任昉在萧梁之初萧衍幕府中所任骠骑记室参军相同，一是须为幕主亲信，二是必须擅长文书智谋。所不同者，太尉为三公之首，骠骑将军为南朝的重号将军之首，位于三公并列，且拥有实际兵权。

总之，乐安博昌任氏一支在魏晋时名显于世，史传明载。在南朝时，其家族赓续，如任昉的从祖父任豫不仅参与中枢，而且勤于撰述，有文集传世，有诗作传吟，惜存至今者，片羽

---

① 曹道衡：《中古文学史论文集》，中华书局2002年版，第474页。

锦鳞而已。任昉的父辈中人和当时名流相交，且于中枢任职，这种情况起自白衣寒门是不可能的，我们在前面已经论述过了任昉属于世族大家。三是当时的社会婚姻是门户相当，等级差别很难逾越。任昉之母"河东裴氏"乃大史学家裴松之的孙女、裴骃的侄女。裴氏的父亲是谁？史书无载。史书只提到裴松之、裴骃、裴昭明、裴子野一系。《梁书》《南史》任昉本传皆称"子野于昉为从中表"。任昉的曾祖、祖父应和裴松之、裴骃在家族、任职和学问上相当。

任遥，任昉之父。在刘宋任职不详，其官职不为小，因与时任吏部尚书的褚渊相友善，在任昉八岁时，曾在任遥面前赞任昉的聪慧。由此知任遥和褚渊应相知，官职不会太小，直到宋末十几年，应一直任职。任遥和刘秉、王俭等有较密切的交往，这就为任昉的才名远播和得到他们这些社会名流的赏识重用提供了条件。遥事兄遐恭谨，当时有名。入齐曾任中散大夫，这应是他在萧齐担任的最高官职。至于是职任于何年和历官情况不详。约卒于永明五年末或六年初。

任遐，字景远，任昉之伯父。少敦学业，家行甚谨。在刘宋任职不详。宋末齐初，得到萧道成的赏识。《南齐书·虞玩之传》："（萧道成）霸府初开，宾客辐凑，太祖留意简接，玩之与乐安任遐，具以应对有席上之美，齐名见遇。遐字景远，好学，有义行，兼与太祖素游，褚渊、王俭并见亲爱。官至光禄大夫，永元初卒。"① 建元元年（479）任尚书左丞。永明中，任遐以罪将徙荒裔，因任遐弟任遥怀名上诉，得免。永明七年（489）任光禄大夫。永元初卒。

---

① （梁）萧子显：《南齐书》卷三十四《虞玩之传》，中华书局1972年版，第608页。

任暠，任昉之从叔。《南史·任昉传》："（任昉）年十二，从叔暠有知人之量，见而称其小名曰：'阿堆，吾家千里驹也。'"① 任暠的材料仅见此条。由此材料可知，任暠和任遥关系亲密，以"吾家"称之。再就是任暠既有"知人之量"，得其一赞而增身价，本身也表明任暠本人在当时是有身份、有影响的人物。否则，人微言轻，他对任昉的赞赏也就不会受到别人的重视了。但他的材料阙如，这位伯乐式的人物的事迹也就不得而知了。

任昉有兄嫂，《南史·任昉传》："事兄嫂恭谨。"其兄嫂情况不详。

任昉的妻子情况不知，任昉在义兴太守任上，将所得公田俸禄大都用来济贫，"儿妾食麦而已"。平时也是"外氏贫阙，恒营奉供养"。

任昉诸子，对于任昉的子嗣《南史》《梁书》任昉本传记载详略不一，下面需要考辨澄清三个问题。

第一，《南史·任昉传》载：任昉有四个儿子，分别是"东里、西华、南容、北叟，并无术业，坠其家声"。② 古人给儿子起名时，诸子名字之间有相关的意义联系。任昉四子的名字首字皆为方位字。

古人言方位时以东西南北为序的惯例可以上溯很早，如《周易·说卦》："万物出乎震，震东方也。齐乎巽，巽东南也；齐也者言万物之絜齐也。离也者明也，万物皆相见，南方之卦也；圣人南面而听天下，向明而治，盖取诸此也。坤也者

① （唐）李延寿：《南史》卷五十九《任昉传》，中华书局1975年版，第1452页。
② 同上书，第1455页。

地也，万物皆致养焉，故曰：致役乎坤。兑，正秋也，万物之所说也，故曰说言乎兑。战乎乾，乾西北之卦也；言阴阳相薄也。坎者水也，正北方之卦也；劳卦也，万物之所归也，故曰劳乎坎。艮，东北之卦也，万物之所成终而成始也。故曰成言乎艮。"① 作为经典的《周易》在举方位时即以时人熟悉的顺序，也影响着后人的使用。在汉魏六朝官制中，将军号的顺序也遵照此顺序，如四征将军，即征东将军、征南将军、征西将军、征北将军。另有四镇将军、四安将军、四平将军等皆以此顺序排列。② 这样的例子很多，我们在上举两书已见多例，这是为了证明东西南北四个方向的顺序排列已经有了序列性质。若按这一思路，任昉的长子是东里，这也合于《南史》列举任昉四子时按从大至小顺序。但问题是，《梁书·任昉传》言任昉有子多人，只提到"昉第四子东里"。对此，两史书记载不一致，因为没有其他资料证明孰是孰非，我们姑且在这里提出存疑，为古代"称谓"类学问的研究留下个契机。

　　第二，《南史·任昉传》载：任昉的四个儿子"并无术业，坠其家声"。③ 而《梁书·任昉传》云："昉第四子东里，颇有父风，官至尚书外兵郎。"④ 两条材料是矛盾的，东里颇有乃父之风，其官至尚书外兵郎，且该职务尚属显职。此足以表明东里有德有才，使家风得以赓续，足振家声也。家世由盛衰微，常引世人嗟叹，如任昉者文坛领袖，亦望其子与之等

---

① 陈鼓应、赵建伟：《周易今注今译》，商务印书馆 2005 年版，第 711 页。
② （梁）沈约：《宋书》卷三十九《百官志上》，中华书局 1974 年版，第 1225—1226 页。
③ （唐）李延寿：《南史》卷五十九《任昉传》，中华书局 1975 年版，第 1455 页。
④ （唐）姚思廉：《梁书》卷十四《任昉传》，中华书局 1973 年版，第 258 页。

肩，难矣。今信《梁书·任昉传》所记其子"颇有父风"。

第三，《南史·任昉传》载：任昉的四个儿子"兄弟流离不能自振，生平旧交莫有收恤"。[1]《梁书·任昉传》亦云："诸子皆幼，人罕赡恤之。"对于此处记载，或以世态炎凉之讽，然任昉才德过人，识鉴卓尔，其所交诸人故不然尔。宋华礼先生对此事提出质疑，议论深刻，可资参考研读。宋先生总结道：

> 所谓两史一注对刘《论》写作缘起的解释其实异流同源，都来自刘璠《梁典》。而在刘孝绰与到氏兄弟的矛盾中，刘璠近乎直接地站在了刘孝绰一方，故所述不仅没有客观性，而且可以说刘孝绰的报复意图通过刘璠《梁典》误导了后世的读者。以上观点的论证，详见笔者的《刘璠〈梁典〉》与〈广绝交论〉创作缘起》一文，兹不详述。关于刘《论》对任昉诸子遭遇的描写，笔者以为，虽然没有确凿的证据证明有人出面照顾，兄弟四人的境遇未必如刘文写的那样惨淡。[2]

任昉所交皆一时才俊，而诸人德行表于世者，史传皆有明文。可以肯定的是，任昉去世时其诸子皆年幼。任昉因周济他人不断，没给儿子们留下产业。任昉生前其家人生活就极为简朴，其死后，诸子生活困顿如旧本为当然，史传所云"生平旧交莫有收恤"一事似可从任昉和其从中表兄弟关系处理得

---

① （唐）李延寿：《南史》卷五十九《任昉传》，中华书局1975年版，第1455页。

② 宋华礼：《〈广绝交论〉任昉事质疑》，《现代语文》（文学研究版）2008年第8期，第17页。

到一个合理的解释。《梁书·裴子野传》载："乐安任昉有盛名，为后进所慕，游其门者，昉必相荐达。子野于昉为从中表，独不至，昉亦恨焉。"① "恨"即遗憾。子野不至任昉之门，则任昉不为引荐，此应为当时之时尚，同样，任昉诸子习惯贫困的生活，不会游于其父故旧之门以求提携，大概是这样的。

第二节　对任昉有影响的父党

在宋末齐初对任昉影响大，或兼有提携之功者主要有刘秉、袁粲、褚渊和王俭等。这些人皆为任昉的父党。和这些当时名流的接触，使任昉进入社会的起点高，并受这些人的影响大，后来任昉交友甚广，大力提携后进的行为，应与少年时的这种经历有关系。

刘秉（433—477），字彦节，刘宋宗室，彭城（今江苏徐州）人。初为著作郎，历御林监，越骑校尉，中书、黄门侍郎。泰始初（465），为侍中，后徙左卫将军，丹阳尹，太子詹事，吏部尚书。《宋书·刘秉传》："时宗室虽多，材能甚寡。秉少自砥束，甚得朝野之誉，故为太宗所委。"② 刘秉是宋末宗室中能力突出的一个，故在齐明帝刘彧时就得到重用。五年（469），复为侍中，守秘书监，领太子詹事。后为尚书左仆射，领军将军等。元徽二年（475），加散骑常侍、丹阳尹，解吏部。封当阳县侯，食邑千户。《梁书·任昉传》载任

---

① （唐）姚思廉：《梁书》卷三十《裴子野传》，中华书局1973年版，第441页。

② （梁）沈约：《宋书》卷五十一《刘秉传》，中华书局1974年版，第1468页。

昉十六岁时被"宋丹阳尹刘秉辟为主簿"，任昉十六岁是元徽三年，虽然这次"以气忤秉子"，结果不顺利，但这是任昉初次遭到的历练，丰富了他的生活阅历，增加了社会经验，为入齐后的发展作了准备。四年（476），迁中书令，加抚军将军，常侍、丹阳尹。顺帝即位（477），任尚书令、中领军、抚军将军。这时的齐王萧道成辅政，权力皆出其手，袁粲、褚渊和刘秉皆知宋鼎将属齐王。刘秉与袁粲密谋对付萧道成，怎奈力不及，事不成。刘秉最后被擒杀，死时四十五岁。

袁粲（420—477），字景倩，陈郡阳夏（今河南太康）人。其父亲袁濯，举扬州秀才，早卒。其叔父袁淑官至太尉。袁粲少年好学，品行高洁为世所知。起家扬州从事，孝武帝即位（454），为尚书吏部郎，太子右卫率，侍中。后历官廷尉，太子中庶子，领右军将军，领射声校尉，封兴平县子，领长水校尉，迁左卫将军，加给事中，吏部尚书等职。袁粲非常重视自己的节操，对己要求甚严。从小就追慕曹魏时期荀奉倩为人，曾上书孝武帝刘骏请求改名，弗许。至明帝刘彧时才得到允许改名，改名为粲，字景倩。袁粲从小就有的偶像情结对他的言行志向产生了深刻的影响，他前后十年不忘改名，故了解荀奉倩的为人有助于探讨袁粲的思想情感。荀奉倩，名粲，汉魏名士荀彧的少子，其事迹见《三国志·荀彧传》裴松之注引《晋阳秋》曰：

何劭为粲传曰：粲字奉倩。粲诸兄并以儒术议论，而粲独好言道，常以为子贡称夫子之言性与天道，不可得闻，然则六籍虽存，固圣人之糠秕。太和初，到京邑谈。嘏善名理而粲尚玄远，宗致虽同，仓卒时或有格而不相得意。裴徽通彼我之怀，为二家骑驿，顷之，粲与嘏善。夏侯玄亦亲……粲常以妇人者，才智不足论，自宜以色为主。骠骑将军曹洪女有美色，粲于是娉焉，容服帷帐甚丽，专房欢宴。历年后，妇病亡，未殡，傅嘏往喭粲；粲不哭而神伤。嘏问曰："妇人才色并茂为难。子之娶也，遗才而好色。此自易遇，今何哀之甚？"粲曰："佳人难再得！顾逝者不能有倾国之色，然未可谓之易遇。"痛悼不能已，岁余亦亡，时年二十九。粲简贵，不能与常人交接，所交皆一时俊杰。至葬夕，赴者裁十余人，皆同时知名士也，哭之，感动路人。①

从上面材料可知，荀奉倩是个玄学家，思想深邃，对宇宙人生有玄远之思。与当时著名玄学人物傅嘏、裴徽相友善。同时交友甚严，偌大京城，相交往的仅仅十几个人。荀奉倩为人的另一方面用情甚专，妻子死后亦随即因伤悼而亡，他是一个至情至性之人。《世说新语·惑溺》曾记载其事迹："荀奉倩与妇至笃，冬月妇病热，乃出中庭自取冷，还以身熨之。妇亡，奉倩后少时亦卒，以是获讥于世。"② 袁粲如此看重荀奉倩的为人，定为荀奉倩的这种卓然独立的思想和性情所吸引。由此知袁粲也是一个不落俗套、高洁倜傥的人。

此后徙官为中书令、尚书仆射、尚书令。元徽二年（474），因参加平叛桂阳王刘休范有功，授中书监，即卫将军开府仪同三司，领司徒等，位居三公之位。升明元年（477），萧道成拥权自重，宋祚衰微。袁粲与刘秉等密谋攻取萧道成，

① （晋）陈寿：《三国志》卷十《荀彧传》，中华书局1959年版，第319—320页。

② 徐震堮：《世说新语校笺》，中华书局1984年版，第489页。

事不成被杀，死时年五十八岁。

褚渊（435—482），字彦回，河南阳翟（今河南禹县）人。祖父褚秀之曾任刘宋朝的太常卿。父亲刘湛之官至骠骑将军，宋武帝的驸马。褚渊少年时就得到世人的赞誉，为宋文帝的驸马都尉，尚南郡献公主。褚渊在刘宋朝历官驸马都尉、著作佐郎、秘书丞、吏部郎、吏部尚书、右卫将军、丹阳尹、尚书右仆射、中书令、尚书令、中书监等，进爵为侯。位置显贵，有作为。入齐后，因辅佐齐高帝萧道成功勋卓著，封南康郡公，录尚书事、司空，领骠骑将军等。

褚渊的为人可以概括为以下几点：

第一，有识鉴之才。一如，在宋末政乱之际，知萧道成有为，故依萧道成躲过了末世之祸乱，保全了家族，且在萧齐政权中稳处端机。再如，褚渊曾于宋明帝泰始三年（467），对任遥夸奖其子任昉道："闻卿有令子，相为喜之。所谓百不为多，一不为少。"① 由此任昉名声大振。任昉感其情，于永明六年、九年代其褚渊之子褚贲、褚蓁让表、封表等。正如胡耀震先生考证，前后共撰有三篇表："任昉为褚蓁代作的让封或受封的表共有三篇，分别为见于《文选》卷三十八的《为褚谘议蓁让代兄袭封表》、出自《艺文类聚》卷五十一的《为褚蓁代兄袭封表》和《又表》。"②

第二，倾心于典籍，对官爵仕进取舍有度。一如，褚渊在父亲褚湛之卒后，他把家中的财产都让给自己的兄弟褚澄，自己仅仅继承家中的数千卷藏书。褚渊知识十分渊博，擅长属文，从他历官中著作佐郎、秘书郎等职可得到证实。褚渊经历宋齐更代的非常时期，深知政坛危机重重，处在权力的中心，更是朝不保夕。他和父亲都是皇室勋戚，在时代的潮流中，一不能保宋祚赓续，二不能使家族覆灭。只好选择依附萧道成，成为新朝功勋，但是于己德有损，他曾两次辞让司徒一职，即表明其为旧朝老臣，也表明他深知盈满则亏的道理，司徒作为三公之一是仕途的顶峰，坚拒不就。另外，他不聚敛财物，死后竟然是"家无余财，负债至数十万"，引人深思。

第三，至性至孝，堪为典范。褚渊的父亲褚湛之先是尚始安公主，公主无子薨。褚湛之纳侧室郭氏，生褚渊。后褚湛之尚吴郡公主。褚渊对公主恭谨孝顺，公主也非常疼爱褚渊，在褚湛之死后，公主就上表将褚渊作为嫡子。另外，褚渊庶母郭氏丧，"数日中，毁顿不可复识。期年不盥栉，惟哭泣处乃见其本质焉。诏断哭，禁吊客"。汉魏六朝时，孝行得到提倡和标榜，这类事情对维护社会秩序和引导社会人心方面作用很大。

第四，举止有度，气度雅量具有宰相之风。《南齐书·褚渊传》载："渊美仪貌，善容止，俯仰进退，咸有风则。每朝会，百僚远国使莫不延首目送之。宋明帝尝叹曰：'褚渊能迟行缓步，便持此得宰相矣。'"① 这种"善容止，俯仰进退"的有度举止可比西汉宰相霍光，《汉书·霍光传》载："光为人沉静详审，长财七尺三寸，白皙，疏眉目，美须髯。每出入下殿门，止进有常处，郎仆射窃识视之，不失尺寸，其资性端

---

① （梁）萧子显：《南齐书》卷二十三《褚渊传》，中华书局 1972 年版，第429 页。

正如此。"① 外行中规，内心必中矩，内外有度，执政方不患
得患失。《南齐书·褚渊传》还载："渊涉猎谈议，善弹琵琶。
世祖在东宫，赐渊金镂柄银柱琵琶。性和雅有器度，不妄举
动，宅尝失火，烟焰甚逼，左右惊扰，渊神色怡然，索舆来徐
去。"② 此种遇事不惊的风格可比东晋宰相谢安，《晋书·谢安
传》载："尝与孙绰等泛海，风起浪涌，诸人并惧，安吟啸自
若。舟人以安为悦，犹去不止。风转急，安徐曰：'如此将何
归邪？' 舟人承言即回。众咸服其雅量。"③ 由此看，褚渊有风
姿，有度量，处南朝政乱之际，能从容处之，于权位也不孜孜
以求。能进能退，知存知亡，有君子之风。

　　王俭（452—489），字仲宝，琅玡临沂（今属山东）人。
祖父王昙首，曾任刘宋朝的右光禄大夫，父亲王僧绰，任金紫
光禄大夫。王俭出生后，王僧绰遇害身亡，是叔父王僧虔将他
养大成人。王俭从小就神采奕奕，倾心于典籍。时任丹阳尹的
袁粲听到他的好名声就将他荐举给宋明帝刘彧，被招为驸马，
尚阳羡公主。任秘书丞时，主动检校国家藏书，依汉朝刘歆
《七录》体例撰写了《七志》四十卷。又撰定国家书目《元徽
四部书目》。这两部书在中国目录学史有重要地位。宋末政虐
使王俭忧惧，知宋祚将移，转依拥权自重且有异志的萧道成。
在萧道成建齐的龙虎风云之际，王俭出力颇多，为佐命臣，受
太祖亲重。《南齐书·王俭传》载："俭察太祖雄异，先于领

---

① （汉）班固：《汉书》卷六十八《霍光传》，中华书局 1962 年版，第
2933 页。
② （梁）萧子显：《南齐书》卷二十三《褚渊传》，中华书局 1972 年版，第
429 页。
③ （唐）房玄龄等：《晋书》卷七十九《谢安传》，中华书局 1974 年版，第
2072 页。

府衣裾，太祖为太尉，引为右长史，恩礼隆密，专见任用。转左长史。及太傅之授，俭所唱也。少有宰相之志，物议咸相推许。时大典将行，俭为佐命，礼仪诏策，皆出于俭，褚渊唯为禅诏文，使俭参治之。齐台建，迁右仆射，领吏部，时年二十八。"① 齐高帝萧道成建武元年（479）官职累迁，久处中枢。王俭于永明二年任丹阳尹时辟任昉为主簿。王俭每见任昉之作，必赞赏不已，以为当时无双，尝言："自傅季友以来，始复见于任子。若孔门是用，其入室升堂。"② 任昉因为王俭所重而得提拔，于王俭卒后集其遗文为《王文宪集》，并作序扬其德以尽后死之责。这篇序文是中国文学史上较早的为别人集子作的序。任昉的序文表现了对王俭的感激之情，"昉尝以笔札见知，思以薄技效德，是用缀缉遗文，永贻世范"。王俭对任昉的影响很大，如王俭在萧齐初奖励提携后进少年，有包括任昉在内的萧衍、王融等人，正如任昉在《王文宪集序》中所说的："虽单门后进，必加善诱。"如王俭整理文献，除了他在刘宋末撰写的两部目录书，他在萧齐时，还笼络人才编集类书，《南史·王谌简传》载："尚书令王俭尝集才学之士，总校虚实，类物隶之，谓之隶事，自此始也。俭尝使宾客隶事多者赏之。"③ 这是编集类书的活动。因为南朝文坛崇尚用典和辞藻，如骈体文是一典型的代表文体，类书的编写，为这类文章的撰写提供了极大的便利。后来的任昉也参与了公私书目

---

① （梁）萧子显：《南齐书》卷二十三《王俭传》，中华书局 1972 年版，第 434 页。

② （唐）李延寿：《南史》卷五十九《任昉传》，中华书局 1975 年版，第 1452 页。

③ （唐）李延寿：《南史》卷四十九《王谌传附王摛传》，中华书局 1975 年版，第 1213 页。

的编写，在显达时也奖掖后进不遗余力，这除了任昉自身具有的优秀品质外，自然也受到王俭的影响。

永明七年（489），王俭薨，年三十八岁。

第三节　萧子良及竟陵八友

南朝时出现了许多文人集团，其中萧齐时代以竟陵王萧子良为中心的西邸文人集团影响是最大的。这个集团又以"竟陵八友"为代表。

萧子良（460—494），字云英，齐世祖萧赜第二子，文惠太子萧长懋同母弟，宋大明三年（460）生，与任昉同龄。宋升明三年（479）任会稽太守，太祖萧道成践祚，封闻喜县公。建元二年（480）为丹阳尹。建元四年封竟陵王。永明三年（485），入为护军将军，兼司徒，永明五年正位司徒。移居鸡笼山邸，集学士抄《五经》、百家，依《皇览》例，为《四部要略》千卷。隆昌元年进位太傅，是年薨。任昉曾三次入萧子良幕府，尤其是第三次，任昉得以交往众友。

曹道衡先生认为："南齐一代皇室人物中对文学起了推动作用的，似乎并非那些皇帝，而是萧赜之子竟陵王子良。"①此言中肯。《南齐书·萧子良传》云：

> 子良少有清尚，礼才好士，居不疑之地，倾意宾客，天下才学皆游集焉。善立胜事，夏月客至，为设瓜饮及甘

① 曹道衡：《兰陵萧氏与南朝文学》，中华书局2004年版，第18页。

果，著之文教。士子文章及朝贵辞翰，皆发教撰录。①

文人集会，酬唱宴乐。无官场权势压人，有友人志同心通，是件愉快的事。在萧齐永明文坛上诸多文人学士中，"竟陵八友"尤其突出，《梁书·武帝纪上》：

> 竟陵王子良开西邸，招文学，高祖与沈约、谢朓、王融、萧琛、范云、任昉、陆倕等并游焉，号曰八友。②

在文学史上，"永明体"作为一种新诗体是开唐诗声律风气之先，对后世的影响甚巨。现行的文学史对永明文学中"永明体"皆大书特书，将"永明体"聚焦放大，好似这个时期诗歌创作皆遵循声律规律，已经蔚然成风。其实不是这样，"永明体"只是个新事物，开始仅仅有几个人在探索尝试，而当时的诗坛背景是古体、乐府、辞赋流行。如在"竟陵八友"中只有王融、谢朓、沈约是"永明体"的倡导者，而萧衍就不懂"四声"为何物？《梁书·沈约传》云：

> 又撰《四声谱》，以为在昔词人，累千载而不寤，而独得胸衿，穷其妙旨，自谓入神之作，高祖雅不好焉。帝问周舍曰："何谓四声？"舍曰："天子圣哲"是也，然帝竟不遵用。③

---

① （梁）萧子显：《南齐书》卷四十《萧子良传》，中华书局1972年版，第694页。

② （唐）姚思廉：《梁书》卷一《武帝纪》，中华书局1973年版，第2页。

③ （唐）姚思廉：《梁书》卷十三《沈约传》，中华书局1973年版，第243页。

上面的材料提到梁武帝萧衍对"四声"的不懂是在称帝之后的事了，喜爱文学的萧衍对四声的不认同足以说明这种新东西要在文坛上得到多数人的认可且从事创造实践是需要时间的。同样，任昉的诗歌创造流传至今的皆为古体，史传也没有记载任昉对新体诗的态度。

任昉对萧子良好古雅、乐文友的做法由衷地感到钦佩。其所撰《齐竟陵文宣王行状》真情流于笔端，褒扬出于诚心。

沈约①（441—513），字休文，谥号隐，后人称沈隐侯。吴兴武康（今浙江德清）人。其祖先在汉晋时历位高官，晋朝时"江东之豪莫强周、沈"②，其高祖沈警，曾祖父沈穆夫，皆通《左氏春秋》。沈警时，"家世富殖，财产累千金"，世奉五斗米道。因事涉孙恩起义，沈警及穆夫兄弟五人被杀。只有穆夫子田子、林子兄弟五人幸免于难。林子佐刘裕开国有功而得官兴家。林子的少子沈璞即是沈约之父，官至淮南太守。宋孝武帝刘骏平元凶刘劭之乱时，沈璞以"奉迎之晚"被害。当时沈约年十三岁，"既而留寓孤贫，笃志好学，昼夜不倦。母恐其以劳生疾，常遣减油灭火。而昼之所读，夜辄诵之，遂博通群籍，能属文"。③ 沈约历仕宋、齐、梁三朝。刘宋时起家奉朝请，后得安西将军、郢州刺史蔡兴宗赏识，引为安西将军外兵参军兼记室。兴宗尝对其诸子说："沈记室人伦师表，

---

① 按，此条为笔者撰《沈约》，载徐传武主编《中国历代文献学家论考》，群言出版社 2005 年版，第 58—63 页。

② （唐）房玄龄等：《晋书》卷五十八《周处传附周札传》，中华书局 1974 年版，第 1575 页。

③ （唐）姚思廉：《梁书》卷十三《沈约传》，中华书局 1973 年版，第 233 页。

宜善事之。"兴宗卒后，沈约转为安西晋安王法曹参军，转外兵兼记室。宋末入为尚书度支郎。齐初，沈约得到齐高帝萧道成的重视，被任命为嫡皇孙征虏将军萧长懋的记室兼襄阳令。齐武帝萧赜即位后，立萧长懋为太子，沈约被任命为太子步兵校尉，兼管书记。深受太子重用，后迁太子家令，此职为太子三卿之一。后以本官兼著作郎，迁中书郎，本邑中正，司徒右长史。萧子良开西邸招延人才，沈约列其中，为"竟陵八友"之一。俄兼尚书左丞，寻为御史中丞，转车骑长史。此后至齐末，官迁频繁，为政少有作为，但在学术上得到大的发展。齐末，萧衍践祚之际，沈约和范云起到了推波助澜的作用，坚定了萧衍代齐的决心。因之，梁武帝萧衍引为知己，沈约得以封建昌县侯，尝任尚书仆、令，久处端揆，位居宰相之职。天监十二年（513），卒于官，时年七十三岁。

沈约是齐梁间文坛领袖，被推为"一代词宗"。他的诗文创作在当时影响很大，他是"竟陵八友"中的中坚人物，有"任笔沈诗"之称。"约历仕三代，该悉旧章，博物洽闻，当世取则。谢玄晖善为诗，任彦升工于文章，约兼有之，然不能过也。"① 他重视人才，奖掖新秀，得到他奖掖提拔的有张率、刘勰、王筠、何逊等，皆一时之秀。沈约著作颇丰，计有《晋书》百一十卷、《宋书》百卷、《齐纪》二十卷、《高祖纪》十四卷（名依《梁书》《南史》作《梁武纪》十四卷）、《迩言》十卷、《谥例》十卷、《宋文章志》三十卷（名依《梁书》《南史》作《文章志》三十卷）、文集一百卷等，又撰《四声谱》。沈约的著作除《宋书》和文集外，惜皆亡佚。

---

① （唐）李延寿：《南史》卷五十七《沈约传》，中华书局1975年版，第1413页。

作为学者沈约，除了在文学上的成就外，他在史学的修撰、图书校雠和收藏等文献学方面皆有突出贡献。

首先，沈约《宋书》的文献学价值。刘知幾《史通·书志篇》云："宋氏年惟五纪，地止江淮，书满百篇，号位繁富。"① 由此可知，《宋氏》的文献材料是丰富的。《宋书》有《本纪》十卷，《武帝本纪》独具其三。刘裕是刘宋王朝的开国皇帝，其功勋无与伦比，一人独占三纪符合重点突出的编史原则，如《少帝本纪》仅用一千二百余字，而《文帝本纪》则超过他的十倍以上。各纪的分量与各帝的在位年限和事迹多少基本上是相称的，可以起到本朝大事记的作用。《宋史》有《列传》六十卷，其中世族大家列传几乎占了一半，仅王、谢二族立传的就近三十人。《宋书》又发展了两《汉书》和《三国志》立附传的叙事法，设了更多的附传。这些附传，大多数是亲族间互相附列；往往是父子、祖孙、兄弟、叔伯子侄互相附列，一传之中设了许多附传。这种族谱式传记的增多，正是门阀世族的发展在史学上的反映。

《宋史》在反映时代特点上，还设立了一些新的类目。如《宋书》设有《恩幸传》反映了皇帝与世族、世族与寒族。《孝义传》之设反映了刘宋政权的特殊的政治形势。以篡夺立国的政权，很难把忠君思想放置于提倡之列，为了维护封建统治就宣传孝义思想。家和万事兴，只要家安，国家也就太平了。《索虏传》《芮芮传》《鲜卑吐谷浑传》和《氐胡传》等传记述了几个少数民族的发展状况及与刘宋政权的关系。《蛮夷传》还记有亚洲各国发展状况及与刘宋政权交往的史料，

① （唐）刘知幾撰，（清）浦起龙释：《史通通释》卷三《书志》，上海古籍出版社1978年版，第64页。

是研究亚洲邻国的最珍贵的史料。

《宋书》有八志三十卷。上包魏晋，弥补了《三国志》无志的缺憾。其中保存了不少珍贵的史料。《律历志》收录了魏杨伟《景初历》、宋何承天《元嘉历》、祖冲之《大明历》的全文，这些是中国历法发展史上的重要著作。《乐志》保存了自汉迄今的民歌及文人创作。《地理志》按照当时地方行政三级划分的州郡县，记录了自汉末以来的辖区大小分合及名称的沿革。

《宋书》在记录刘宋王朝的社会生活的各个方面都很翔实，是研究这个时代的重要的史学文献。沈约也能保持史家敢于秉笔直书的春秋笔法，采用了"讳之于本纪，散见其事于列传"的体例，将皇权中心人物的丑闻秽行予以揭露，起到了警示作用。

其次，沈约对图书的校雠和收藏。沈约少年家中遭难，因在逆境中自强不息，勤奋好学，致使学识渊博。这为他重新进入仕途，恢复家族昔日的荣耀做好了准备。

沈约对图书的校雠表现为，齐初"太子入居东宫，（沈约）为步兵校尉，管书记，直永寿省，校四部图书"。[1] 任昉与沈约同为文坛领袖。"约历仕三代，该悉旧章，博物洽闻，当世取则。谢玄晖为诗，任彦升工于笔，约兼而有之，然不能过也。"[2] 沈约的确对任昉之文很是敬佩。《南史·任昉传》载，任昉任骠骑记室参军时，专主文翰，时沈约为骠骑司马，任昉"每制书草，沈约辄求同署，尝被急召，昉出而约在，

---

① （唐）姚思廉：《梁书》卷十三《沈约传》，中华书局 1973 年版，第 233 页。

② （唐）李延寿：《南史》卷五十七《沈约传》，中华书局 1975 年版，第 1413 页。

是后文笔，约参制焉"。① 齐继宋后，立国日浅，图书收藏增加不多。沈约能参校四部图书得益于他的渊博的知识和齐文惠太子萧长懋的赏识。校书活动扩大了他的知识和促进了他学术的成熟。校的是四部图书，似乎应该有书目和校书记录，可惜史书无载。梁阮孝绪《古今书最》云："齐永明元年秘阁四部目录，五千新足，合二千三百三十二帙，一万八千一十卷。"② 沈约是在萧长懋为太子后参加校书的，这正是永明初年。沈约"校四部图书"也是永明初年，他似乎与《古今书最》所载的"秘阁四部目录"中的图书有联系。梁代图书事业很发达，沈约"久居端揆"，没参加梁代三部国家书目的编写。但是"（任）昉卒后，高祖使学士贺纵共沈约勘其书目，官所无者，就昉家取之"，③ 梁武帝之所以让沈约参与勘目，一方面，沈约与任昉是好友，对其藏书非常熟悉；另一方面，更重要的是沈约是大学者，是藏书校书的行家。

　　沈约对图书的收藏表现为，在南朝时，手抄的纸本成为文献的主要载体，但纸张仍不易得，手抄的书籍也更难得到。文化学术的发展和繁荣总是和书籍的典藏密切相关。南朝的政府比较重视书籍的收藏整理，可是能看到皇家藏书的人毕竟是少数。这少数人中也必须是学术渊博取得特殊职位的才有机会看到。每个人知识的增长和学术的提高就有赖于私人的藏书。南朝藏书家很多，沈约、任昉和王僧孺是梁代三大藏书家。沈约

---

① （唐）李延寿：《南史》卷五十九《任昉传》，中华书局 1975 年版，第 1453 页。

② （梁）阮孝绪：《七录序》附《古今书最》，（唐）释道宣《广弘明集》，影印文渊阁《四库全书》第 1048 册，上海古籍出版社 1989 年版，第 263 页。

③ （唐）姚思廉：《梁书》卷十四《任昉传》，中华书局 1973 年版，第 254 页。

"好坟籍,聚书至二万卷,京师莫比"。① 一个学者藏书的丰富完善,常常伴随着他学术上走向成熟。沈约虽事载《梁书》,但他的藏书从宋齐就开始了。沈约从十三岁家中遭难到大约二十岁起家奉朝请这段时间里,"既而流寓孤贫,笃志好学,昼夜不倦。母恐其以劳生疾,常遣减油灭火。遂博通群籍,能属文"。② 这期间沈约所读书籍的来源应和王僧孺有相似之处,王僧孺"家贫,常佣书以养母,所写既毕,讽诵亦通"。③ 不能肯定沈约有抄书养家的经历,但是他借书以读、抄书以藏的经历肯定是有的。似乎还应有祖上留下的藏书,这只是一个较合理的猜测,否则他何至能"博通群籍"。二十岁左右起家后,其购书藏书就真正开始了。齐永明初年,沈约"直永寿省,校四部图书",有机会接触到皇家秘藏,得以抄得大量图书是可能的。沈约是齐梁间文坛领袖,所交皆当时名士,得书较易。和当时同为藏书家的任昉、王僧孺交往过密,其图书交流当属常事。这种藏书活动促进了学术的繁荣和文化的传承。

范云(451—503),字彦龙,南乡舞阴(今河南泌阳)人。云性机警,有识具,善属文,下笔辄成,时人每疑其宿构。起家宋郢州西曹书佐。齐建元初,竟陵王子良为会稽太守,云为主簿,奉为上宾,随子良府迁,入竟陵王西邸,"八友"之一。

《梁书·范云传》云:

----

① (唐)姚思廉:《梁书》卷十三《沈约传》,中华书局1973年版,第242页。

② 同上书,第233页。

③ (唐)姚思廉:《梁书》卷三十三《王僧孺传》,中华书局1973年版,第469页。

云性笃睦，事寡嫂尽礼，家事必先谘而后行。好节尚奇，专趣人之急。少时与领军长史王畡善，畡亡于官舍，贫无居宅，云乃迎丧还家，躬营含殡。事竟陵王子良恩礼甚隆，云每献损益，未尝阿意……及居选官，任守隆重，书牍盈案，宾客满门，云应对如流，无所壅滞，官曹文墨，发擿若神，时人咸服其明赡。性颇激厉，少威重，有所是非，形于造次，士或以此少之。初，云为郡号称廉洁，及居贵重，颇通馈饷；然家无蓄积，随散之亲友。①

由此可知范云为人、为官方面皆为楷模，受到齐文惠太子礼遇。明帝时，念竟陵王知遇之恩，在逆境中敢于庇护竟陵王子。在西邸时就得到萧衍的器重，梁台建，迁侍中，力辅萧衍于风云之际，展示了范云的政治见识和胆量。姚思廉引其父姚察论赞为："至于范云、沈约，参与缔构，赞成帝业；加云以机警明赡，济务益时，约高才博洽，名亚迁、董，俱属兴运，盖一代之英伟焉。"② 梁武即位，迁散骑常侍，吏部尚书，以佐命功，封霄城县侯。天监二年卒，时年五十三岁。

范云长于属文，天监初犹让任昉代撰《为范尚书让吏部封侯第一表》，可见任昉之才，亦可见两人关系之密，任昉与范云心心相通，方能在表中委婉地表达让封复杂的心情。天监二年（503）范云病逝，任昉给好友沈约写信，表达了自己到宜兴赴任与病重的范云惜别的无奈和留恋以及得知范云去世时的悲苦。任昉在信中所赞美的范云德行，试之任昉竟然相合若

① （唐）姚思廉：《梁书》卷十三《范云传》，中华书局 1973 年版，第 231—232 页。
② 同上书，第 244 页。

节，如给自己写的自传。这正是任昉和范云惺惺相惜、同气相求的基础。任昉《与沈约书》云：

> 范仆射遂不救疾。范侯淳孝睦友，在家必闻；直道正色，立朝斯著。一金之俸，必遍亲伦；钟庾之秩，散之故旧。佐命兴王，心力俱尽；谋猷忠允，谅诚匪躬。破产而字死友之孤，开门而延故人之殡。则惟其常，无得而称矣。器用车马，无改平生之凭；素论款对，不易布素之交。若斯人者，岂云易遇？昉将莅此邦，务在遄速。虽解驾流连，再贻款顾。将乖之际，不忍告别，无益离悲，只增今恨。永念平生，忽焉畴曩。追寻笑绪，皆成悲端。①

任昉对范云的友情深厚，除了向好友沈约倾诉，他还写诗挽哭，《出郡传舍哭范仆射诗》云：

> 平生礼数绝，式瞻在国祯。
> 一朝万化尽，犹我故人情。
> 已矣平生事，咏歌盈箧笥。
> 兼复相嘲谑，常与虚舟值。
> 何时见范侯，还叙平生意。②

"结欢三十载，生死一交情"，"已矣余何叹，辍舂哀国均"。由此可知二人交往时间之长，关系之密切。

---

① （唐）欧阳询撰，汪绍楹校：《艺文类聚》卷三十四《人部》，上海古籍出版社 1982 年版，第 611 页。
② 同上书，第 597 页。

萧衍（464—549），字叔达，小字练儿，南兰陵中都里
（今江苏常州）人，即梁武帝。宋孝武帝大明八年（464）生，
博学多通，好筹略，由文武才干，当时名流咸推崇赞许。永明
五年（487）为雍州刺史。永元二年（500）起兵讨东昏，中
兴元年（501）十二月克建业，开霸府，中兴二年（502）二
月建梁台，四月萧衍接受齐禅，即皇帝位。萧衍（在位502—
549）在东晋南朝170年间是统治时间最长的皇帝。他建国之
初，励精图治，在政策的各个方面表现了与刘宋、萧齐等不同
的风格，使萧梁一朝在政治、经济和文化等方面皆有长足发
展，可圈可点处甚多，但是到了晚年，他佞信佛教，偏信大凶
大恶的侯景等，各种错误的做法使萧梁至衰而败，自己也受辱
身亡，正如他自己所下的断语："自我得之，自我失之。"这
也直接导致了南朝从此难以抗衡于北朝，从其身上表现的前期
的睿智、晚期的昏聩给后世以振聋发聩的警示。此处仅就萧衍
与任昉的交往以及其在建梁之初的一些好的措施简单梳理，以
见梗概。

萧衍在竟陵王萧子良西邸时，就对任昉的文才十分佩服，
且关系融洽，《梁书·任昉传》载："（萧衍）从容谓昉曰
'我登三府，当以卿为记室。'昉亦戏帝曰：'我若登三事，当
以卿为骑兵。'谓高祖善骑也。"[1] 后来萧衍如愿登三府，即践
前约，以任昉为骠骑记室参军、大司马记室、梁王记室。萧衍
不仅擅长骑马，更擅长军事，他的军事才能，在南朝宋、齐、
梁、陈四个以武事即位的皇帝中，可说是最优的，《南史》卷
六《梁本纪》载，萧衍于齐建武二年（495）大败北魏王肃、

_____

[1] （唐）姚思廉：《梁书》卷十四《任昉传》，中华书局1973年版，第
253页。

刘敞。北魏孝文帝敕曰："闻萧衍善用兵，勿与争锋，待吾至，若能擒此人，则江东吾有也。"在孝文帝眼中，萧衍一人系江东之安危，可见其将才之高。萧衍作为政治家，建国后不杀前朝宗室和旧臣，既表现了政治的胸怀，也表现了政治的自信，是其政治才能的一个体现。"萧衍重要的佐命之臣，如范云、沈约，虽然在齐朝竟陵王子良的西邸时，都曾与萧衍并肩为'八友'成员，不相上下。但范沈当时都是以文见长，没有什么政治势力。他们在萧衍夺取政权前后，起过参谋顾问作用，却并不对新政权形成任何威胁。所以他们并不构成刘武帝疑忌的对象，而是依靠的力量。"① 当然，萧衍在任用人才上，在处理世族和寒族人才关系上皆有很多建树。

萧衍是个文武兼备的人物，在萧齐时参与竟陵王西邸的八友之列。其著述颇丰，周一良先生在《论梁武帝及其时代》一文中有很全的概括：

> 《梁书·武帝纪》称武帝著述有《制旨孝经义》等二百余卷，《文集》百廿卷。据《隋书·经籍志》所列，梁武帝的著作有以下多种，书名卷数与《本纪》有出入，但可看出，涉及的面是相当广的。计有：《周易大义》廿一卷，《尚书大义》二十卷，《毛诗发题序义》一卷，《毛诗大义》十一卷，《礼记大义》十卷，《中庸讲疏》一卷，《制旨革牲大义》三卷，《乐社大义》十卷，《乐论》三卷，《黄钟律》一卷，《钟律纬》六卷，《孝经义疏》十八卷，《孔子正言》二十卷，《通史》四百八十卷，《老子讲疏》六卷，《梁主兵法》一卷，《梁武帝兵书钞》一卷，

---

① 周一良：《魏晋南北朝史论集》，北京大学出版社1997年版，第341页。

《梁武帝兵书要钞》一卷,《金策》十九卷,《梁武帝集》二十六卷,《梁武帝诗赋集》二十卷,《梁武帝杂文集》九卷,《梁武帝别集目录》二卷,梁武帝《净业赋》三卷,《围棋赋》一卷,沈约注《梁武连珠》一卷,邵陵王纶注及陆缅注《梁武帝制旨连珠》各十卷。这些著作大都已亡佚。①

由此可知梁武帝好文的本色,其和当时文士交游也就不奇怪了。在萧齐时,萧衍曾任隋王镇西谘议参军,萧衍赴荆州任得到任昉、宗夬、王融、王延等的赠别诗,如任昉《别萧谘议》:

> 离烛有穷辉,别念无终绪。
> 歧言未及申,离目已先举。
> 揆景巫衡阿,临风长楸浦。
> 浮云难嗣音,徘徊怅谁与?
> 倘有关外驿,聊访狎鸥渚。②

任昉将离情别绪写得缠绵回转,描写出了别后的心情,可见他与萧衍交情的相契。萧衍吟诗作答,《答任殿中宗记室王中书别》:

> 问我去何节,光风正悠悠。

---

① 周一良:《魏晋南北朝史论集》,北京大学出版社 1997 年版,第 363 页。
② (梁)任昉:《任中丞集》,(明)张燮编《七十二家集》,《续修四库全书》第 1587 册,上海古籍出版社 2002 年版,第 69 页。

兰华时未晏，举袂徒离忧。

缓客承别酒，鸣琴和好仇。

清宵一已曙，蔼尔泛长洲。

眷言无歇绪，深情附还流。①

梁建后，任昉还参加了武帝萧衍带头的联句《清暑殿联句柏梁体》：

居中负扆寄缨绂（梁武帝），言惭辐辏政无术（新安太守任昉），

至德无恨愧违弼（侍中徐勉），燮赞京河岂微物（丹阳丞刘泛），

窃侍两宫惭枢密（黄门侍郎柳恽），清通简要臣岂汨（吏部郎中谢览），

出入帷扆滥荣秩（侍中张卷），复道龙楼歌棣实（太子中庶子王峻），

空班独坐惭羊质（御史中丞陆杲），嗣以书记臣敢匹（右军主簿陆倕），

谬参和鼎讲画一（司徒主簿刘洽），鼎味参和臣多匮（司徒左西属江蒨）②。

任昉参与这类的君臣唱和，展示了文采，加强了交流，促进了诗歌创作。

①　（梁）萧衍：《梁武帝集》，（明）张燮编《七十二家集》，《续修四库全书》第 1585 册，上海古籍出版社 2002 年版，第 600 页。

②　（梁）任昉：《任中丞集》，（明）张燮编《七十二家集》，《续修四库全书》第 1587 册，上海古籍出版社 2002 年版，第 75 页。

天监七年（508），任昉卒于新安太守任上，萧衍闻此正吃西苑绿沈瓜，投之于盘，悲不自胜，哭之甚恸。追赠太常，谥号敬子。其敬重如此。

谢朓（464—499），字玄晖，陈郡阳夏（今河南太康）人。朓少好学，有美名，文章清丽，"竟陵八友"之一。解褐豫章王太尉行参军，度随王东中郎府，转王俭卫军，东阁祭酒，太子舍人，隋王镇西功曹，转文学。迁新安王中军记室。萧鸾辅政，为宣城太守。建武三年，迁尚书吏部郎。在东昏失德、六贵争权中，得罪萧遥光，下狱死，年三十六岁。

谢朓的诗歌成就非常高，其诗在当时就得到极高的赞誉，萧衍非常看重谢朓诗，曾说："三日不读，便觉口臭。"①

梁简文帝《与湘东王书》说："至如近世谢朓、沈约之诗，任昉、陆倕之笔，斯实文章之冠冕，述作之楷模。"②《颜氏家训》云："刘孝绰当时既有重名，无所与让；唯服谢朓，常以谢诗置几案间，动静辄讽味。"③ 谢朓多才多艺，既擅长草书、隶书，也擅长五言诗，沈约经常赞赏说："二百年来，无此诗也。"④ 钟嵘《诗品》称其："奇章秀句，往往警遒。"

谢朓的五言诗成就对唐诗影响至深，严羽《沧浪诗话》

---

① （明）张溥著，殷孟伦注：《汉魏六朝百三家集题辞注》，人民文学出版社 1960 年版，第 196 页。

② （唐）姚思廉：《梁书》卷四十九《文学上·庾肩吾传》，中华书局 1973 年版，第 691 页。

③ 王利器：《颜氏家训集解》（增补本）卷四《文章》，中华书局 1993 年版，第 298 页。

④ （梁）萧子显：《南齐书》卷四十七《谢朓传》，中华书局 1972 年版，第 826 页。

云："谢朓之诗，已有全篇似唐人者，当观其集方知之。"① 谢朓诗歌对后世尤其是唐代诗人影响甚巨，李白曾经不时在诗中表露出对谢朓的向往和敬佩之情。如《金陵城西楼月下吟》："解道澄江静如练，令人长忆谢玄晖"；《宣州谢朓楼饯别校书叔云》："蓬莱文章建安骨，中间小谢又清发"等。王士禛《论诗绝句》："青莲才笔九州横，六代淫哇总废声。白纻青山魂魄在，一生低首谢宣城。"道出了李白对谢朓的追慕折服的心境。杜甫《寄岑嘉州》："谢朓篇堪讽诵"等。

王融（467—493），字元长，琅玡临沂（今属山东）人。融少而神明警惠，博涉有文采，永明初为秘书丞。永明五年，为丹阳丞，中书郎，竟陵王萧子良曾板为宁朔将军，军主。子良待之特别友好，情分殊常。王融文辞辩捷，尤善仓卒属缀，有所造作，援笔可待。永明末，助子良争皇位。事败，郁林王逮之狱，下诏赐死。时年二十七岁。萧子显对于王融的遭遇极为感慨，深表惋惜，在《南齐书》本传以"史臣曰"的体例论道：

> 王融生遇永明，军国宁息，以文敏才华，不足进取，经略心旨，殷勤表奏。若使宫车未晏，有事边关，融之报效，或不易限。夫经国体远，许久为难，而立功立事，信居物右，其贾谊、终军之流亚乎！②

王融生不逢时，"时来运往"，以二十七岁之龄，殉于宫

---

① （宋）严羽著，郭绍虞校释：《沧浪诗话校释·诗评》，人民文学出版社1983年版，第158页。

② （梁）萧子显：《南齐书》卷四十七《王融传》，中华书局1972年版，第828页。

难。王融诗文俱佳，在诗歌方面，王融与沈约、谢朓等倡导新诗创造，钟嵘在《诗品》中将王融与刘绘并列，说道："元长、士章，并有盛才，词美英净。"① 在文赋方面，《南齐书·王融传》："九年，上幸芳林园，禊宴朝臣，使融为《曲水诗序》，文藻富丽，当世称之。"王融的《三月三日曲水序》在当时就被北朝人所熟知，并被认为超过颜延之的作品，可以和司马相如的赋作相比。

在竟陵王幕府，王融有才俊，自谓无对当时，等见到任昉的文章，怃然自失。

陆倕（470—526），字佐公，吴郡吴（今江苏苏州）人。"竟陵八友"之一。陆倕少勤学，善属文。于宅内起两间茅屋，杜绝往来，昼夜读书，如此者数载，所读一遍必诵于口。年十七，举本州秀才。第二年参与萧子良西邸。天监初，为右军安成王外兵参军，转主簿。萧衍雅爱陆倕之才，曾敕书赞扬奖励。后历太子中舍人、太子庶子、中书侍郎、给事黄门侍郎、吏部郎等职。普通七年卒，年五十七岁。陆倕少任昉十岁，入"竟陵八友"时方为少年，入梁后，陆倕又入"昭明十学士"人选，"时昭明太子尚幼，武帝敕锡与秘书郎张缵使入宫，不限日数。与太子游狎，情兼师友。又敕陆倕、张率、谢举、王规、王筠、刘孝绰、到洽、张缅为学士，十人尽一时之选"。②

陆倕的作品有今存《陆太常集》，其中诗歌仅存四首，一首是《赠任昉诗》：

① （梁）钟嵘著，陈延杰注：《诗品注》卷下，人民文学出版社 1961 年版，第 71 页。

② （唐）李延寿：《南史》卷二十三《王锡传》，中华书局 1975 年版，第 640—641 页。

> 和风杂美气，下有真人游。
> 状矣荀文若，贤哉陈太丘。
> 今则兰台聚，万古信为俦。
> 任君本达识，张子复清修。
> 既有绝尘到，复见黄中刘。①

陆倕在这首诗中用汉朝的荀彧、陈寔以及汉末"三君"窦武、刘淑、陈蕃比任昉，接着又讲述了任昉具有所交往友人的各种美德，如有张率的清修之德，到溉、到洽兄弟的绝尘之姿，刘显的内德之美。在陆倕的心中，任昉的形象可谓尽善尽美矣。

《梁书·陆倕传》："天监初，为右军安成王外兵参军，转主簿。倕与乐安任昉友善，为《感知己赋》以赠昉，昉因此名以报之。"任昉也撰同名赋以回报。

陆倕《感知己赋赠任昉》：

> 夜申旦而不寐，独匡坐而怨咨。命仆夫而凤驾，指南馆而为期。学穷书府，文究辞林。既耳闻而存口，又目见而登心。似临淄之借书，类东武之飞翰。轸工迟于长卿，逾巧速于王粲。固乃度平子而越孟坚，何论孔璋而与公干。或欲涉其涯涘，求其界畔，则浩浩港港，彪彪汧汧。譬长铗于削中，若龙渊于蜀汉。济济冠盖，祁祁俊逸。有窃风以味道，咸交臂而屈膝。或望路以窥门，罕升堂而入

---

① （唐）李延寿：《南史》卷二十五《到溉传》，中华书局 1975 年版，第678 页。

室。彼春兰及秋菊，尚无绝于众芳。矧重仁与袭义，信辽
辽兮未央。言追意而不逮，辞欲书而复忘，窃仰高而希
骥，忽脂车而秣马。既一顾之我隆，亦东壁之余假。似延
州之如旧，同伯喈之倒屣。附苍蝇于骥尾，托明镜于朝
光，谓虚无而为有，布籍甚于游扬。于是柔条飒其成劲，
白露变而为霜，岁忽忽而道尽，忧与爱兮未忘。聚落茎于
虚室，听羁雀于枯杨，忳郁悒其谁语，独抚抱而增伤。托
异人以蠲忧，类其文而愈疾。索黄琼之寄居，造安仁之狭
室。车出门其已欢，无论衔杯与促膝。譬邹子之吟松。故
未寒而能慄，徒纳壤以作高，陋吞舟而为罔。值墨子之爱
兼，逢太丘之道广。陪九万以齐征，激三千而同上。识公
沙于杵臼，拔孝相于无名。非夫人之为惑，孰云感于余
情。指北芒以作誓，期郁郁于佳城。①

任昉《答陆倕知己赋》：

　　信伟人之世笃，本侯服于陆乡。缅风流与道素，袭衮
衣与绣裳。还伊人而世载，并三骏而龙光。过龙津而一
息，望凤条而曾翔。彼白玉之虽洁，此幽兰之信芳。思在
物而取譬，非斗斛之能量。匹耸峙于东岳，比凝厉于秋
霜。不一饭以妄过，每三钱以投渭。匪蒙袂之敢嗟，岂沟
壑之能衣。既蕴藉其有余，又淡然而无味。得意同乎卷
怀，违方似乎忤气。类平叔而靡雕，似子云之不朴。冠众
善而贻操，综群言而名学。折高、戴于后台，异邹、颜乎

---

① （唐）欧阳询撰，汪绍楹校：《艺文类聚》卷三十一《人部》，上海古籍
出版社 1982 年版，第 598—599 页。

董幄。采三《诗》于河间，访九师于淮曲。术兼口传之
书，艺广铿锵之乐。时坐睡而梁悬，裁枝梧而锥握。既文
过而意深，又理胜而辞缛。咨余生之荏苒，迫岁暮而伤情。
测祖阴于堂下，听鸣钟于洛城。唯忘年之陆子，定一遇于
班荆。余获田苏之价，尔得海上之名。信落魄而无产，终
长对于短生。饥虚表于徐步，逃责显于疾行。子比我于叔
则，又方余于耀卿。心照情交，流言靡惑。万类暗求，千
里悬得。言象可废，蹄筌自默。居非连栋，行则同车。冬
日不足，夏日靡余。肴核非饵，丝竹岂娱。我未舍驾，子
已回舆。中饭相顾，怅然动色。邦壤既殊，离会莫测。存
异山阳之居，没非要离之侧。似胶投漆中，离娄岂能识。①

　　萧琛（465？—531），字彦瑜，南兰陵（今江苏常州）
人。萧琛少而朗悟，有纵横才辩。王俭辟为丹阳尹主簿，累迁
司徒记室。永明九年，为通直散骑侍郎，司徒右长史。萧衍定
京邑，为骠骑谘议。梁台建，为御史中丞。天监元年，为宣城
太守。天监三年为散骑常侍。天监九年为江夏太守，频莅大郡。
《梁书·萧琛传》："中大通元年，改授侍中，特进，金紫光禄大
夫。卒，年五十二。"《南史》本传无载其卒年、岁数。据《梁
书》卷三《武帝纪下》载"中大通三年春正月乙卯，特进琛
卒"。记萧琛卒年精确到月日，故其卒年依《武帝纪》所载。
　　综考萧琛交往历官事迹，其年寿五十二应有误，不合情
理。此疑问确为明显，萧琛卒于中大通三年（531），年五十
二，由此上推，当生于齐建元二年（480）。《梁书·萧琛传》：

---

　　① （唐）姚思廉：《梁书》卷二十七《陆倕传》，中华书局1973年版，第402
页。按，《艺文类聚》所载内容多于是篇，今只引《梁书》所载。

"起家齐太学博士。""俭为丹阳尹,辟为主簿。"据《南齐书·王俭传》载,王俭于永明二年(484)为丹阳尹,于永明三年(485)解丹阳尹。则萧琛为丹阳主簿是在五岁或六岁间的事,这无论如何也是不可能的。在《梁书·萧琛传》中,其为丹阳主簿之前,已起家太学博士了。按照《梁书》体例,为太学博士当早于为丹阳主簿前,那么起家太学博士时,萧琛就略早于五岁或六岁。此为可疑之处一。再就是萧琛于永明五年为"竟陵八友"之一。《资治通鉴》卷一百三十六《齐纪二》载:"记室参军范云、萧琛、乐安任昉,法曹参军王融。"《梁书·萧琛传》载:"累迁司徒记室。"两史所载相符。就是此时萧琛也年仅八岁,八岁的少年任记室参军一职,为"竟陵八友"之一也是讲不通的。若萧琛果以龄童参与各种活动,史书也会大书特书。此为可疑之处二。在以上的考析后,可以大胆地假设,《梁书·萧琛传》中对萧琛"年五十二"的记载是有误的,若试加十年或更多一点,很多事情就顺理成章了。萧琛与任昉同为"竟陵八友",年龄是最小的,但他的阅历经常和比任昉小一辈的人相联系。萧琛确应比任昉年龄小,但不应小到二十岁。此理昭然。

曹道衡《中古文学丛考》对萧琛岁数有误,也从另外的材料上作了考证,并对推测"萧琛终年当六十七左右"。此说有理,当可信从。

第四节 参加任昉"龙门游""兰台聚"的人物

一 任昉"龙门游""兰台聚"之称出自其任御史中丞一职

南朝学者任昉善识人才、奖掖后进之举在当时就被冠以

"龙门游""兰台聚"之誉。先将两个嘉名美誉的出处列出以便分析。

《南史·陆倕传》载：天监中，任昉为御史中丞。

> 昉为中丞，簪裾辐辏，预其宴者，殷芸、到溉、刘苞、刘孺、刘显、刘孝绰及倕而已。号曰"龙门之游"，虽贵公子孙不得预也。①

刘孝标《广绝交论》云任昉"坐客恒满，蹑其阃阈，若升阙里之堂；入其奥隅，谓登龙门之坂"。② 刘孝标将任昉比作孔子、李膺。《南史·到溉传》载：

> 天监初，任昉出为义兴太守，要溉、洽之郡，为山泽之游。昉还为御史中丞，后进皆宗之。时有彭城刘孝绰、刘苞、刘孺，吴郡陆倕、张率，陈郡殷芸，沛国刘显及溉、洽，车轨日至，号曰"兰台聚"。③

上述所列两则材料，皆出自任昉担任御史中丞的任上，两传实指一事。"龙门"典故源自汉末李膺，事载《世说新语·德行》：

---

① （唐）李延寿：《南史》卷四十八《陆倕传》，中华书局1975年版，第1193页。

② （唐）姚思廉：《梁书》卷十四《任昉传》，中华书局1973年版，第257页。

③ （唐）李延寿：《南史》卷二十五《到溉传》，中华书局1975年版，第678页。

李元礼风格秀整，高自标持，欲以天下名教是非为己任。后进之士，有升其堂者，皆以为等龙门。①

李膺，字元礼，东汉末清议领袖之一，后进之士得其一顾则身价倍增。以李膺喻任昉，可知任昉在当时的崇高威望。

兰台是指御史中丞官署。御史中丞是秦汉三公之一御史大夫两丞官之一，"中丞，在殿中兰台，掌图籍秘书，外督部刺史，内领侍御史员十五人，受公卿奏事，举劾按章"。② 御史府，又名御史台，或称兰台寺。古代把监察官也称"台官"。西汉末至东汉，御史中丞成为御史台长官。《后汉书·百官志三》唐李贤注引蔡质《汉仪》说：东汉时，御史中丞职掌为："执宪中司，朝会独坐，内掌兰台，外督百僚。"③ 朝会时，尚书令、御史中丞、司隶校尉专席独坐，时称"三独坐"。南朝时，中丞职掌因之。

《南齐书·百官志》载：

> 晋江左中丞司隶分督百僚，傅咸所云"行马内外是也"。今中丞则职无不察，专道而行，驺幅禁呵，加以声色，武将相逢，辄致侵犯，若有卤薄，至相殴击。宋孝建二年制，中丞与尚书令分道，虽丞郎下朝相逢，亦得断之，余内外众官，皆受停驻。④

---

① 张㧑之：《世说新语译注》，上海古籍出版社 1996 年版，第 3 页。
② （汉）班固：《汉书》卷十九上《百官公卿表》，中华书局 1962 年版，第 725 页。
③ （南朝宋）范晔：《后汉书》志第二十六《百官志三》，中华书局 1965 年版，第 3600 页。
④ （梁）萧子显：《南齐书》卷十六《百官志》，中华书局 1972 年版，第 324 页。

　　任昉任御史中丞一职务的大致时间可据史传推知。《梁书》《南史》本传皆载任昉于天监二年，"出为义兴太守"，接着"重除吏部郎，寻转御史中丞"。《文选》卷三十六载任昉撰《天监三年策秀才文》，可知任昉在天监三年已经在吏部郎的任上。检《梁书·曹景宗传》载：天监三年八月，"司州城陷，为御史中丞任昉所奏"。① 知任昉于此前已在御史中丞位上。天监四年仍官是职，《南史·王亮传》：天监四年，"御史中丞任昉奏缙妄陈褒贬，请免缙官。诏可"。② 是年，任昉应转任秘书监，参加了《天监四年四部书目》的整理，《梁书·任昉传》云："自齐末永元以来，秘阁四部，篇卷纷杂，昉手自雠校，由是篇目定焉。"天监五年仍任秘书监，《梁书·任昉传》："六年春，出为宁朔将军、新安太守。"综上可知，任昉应于天监三年初至天监四年末在御史中丞任上，此为"龙门游""兰台聚"美誉由来的时间背景。

　　"兰台聚"比"龙门游"多出张率、到洽两人。其中陆倕也是"竟陵八友"之一，上文已作了介绍，此处从略。"龙门游"一名是借汉末李膺喻任昉后进领袖的地位，"兰台聚"则从任昉所任御史中丞职务曾在兰台治事得名，两名来源虽异，皆反映任昉位尊而怜才的境遇。

　　和任昉同时代的刘孝标在《广绝交论》中写道：

　　　　近世有乐安任昉，海内髦杰，早绾银黄，夙招民誉。

　　① （唐）姚思廉：《梁书》卷九《曹景宗传》，中华书局 1973 年版，第179 页。

　　② （唐）李延寿：《南史》卷二十五《王亮传》，中华书局 1975 年版，第625 页。

遒文丽藻，方驾曹、王；英特俊迈，联衡许、郭。类田文
之爱客，同郑庄之好贤。见一善则盱衡扼腕，遇一才则扬
眉抵掌。雌黄出其唇吻，朱紫由其月旦。于是冠盖辐凑，
衣裳云合，辐轵击轊，坐客恒满。蹈其闉阓，若升阙里之
堂；入其奥隅，谓登龙门之坂。至于顾盼增其倍价，剪拂
使其长鸣，影组云台者摩肩，趋走丹墀者叠迹。莫不缔恩
狎，结绸缪，想惠、庄之清尘，庶羊、左之徽烈。①

二　"龙门游""兰台聚"所涉人物考略

殷芸（471—529），字灌蔬，陈郡长平（今河南西华）
人。性倜傥，不拘细行，然不妄交游，门无杂客。励精勤学，
博洽群书。幼时何宪见之，深相叹赏。永明十一年（493），
为宜都王萧铿行参军。入梁，官西中郎主簿，后军临川王记
室，通直散骑侍郎、兼中书通事舍人，通直散骑常侍，秘书
监，司徒左长史。

殷芸为后世所知是因为《殷芸小说》，《梁书》和《南
史》的《殷芸传》没提及殷芸的著述，刘知幾在《史通》中
云："刘敬叔《异苑》称：晋武库失火，汉高祖斩蛇剑穿屋而
飞。其言不经，梁武帝令殷芸编为小说。"姚振宗《隋书经籍
志考证》云："此殆是梁武帝作通史时，凡不经之说为通史所
不取者，皆令殷芸集为小说，是小说因通史而作，犹通史之外
乘。"现在传世的《殷芸小说》的整理本有鲁迅先生《古小说
钩沉》所辑材料，和余嘉锡先生的《殷芸小说辑证》。

---

① （唐）姚思廉：《梁书》卷十四《任昉传》，中华书局 1973 年版，第
257—258 页。

　　张率（475—527），字士简，吴郡吴（今江苏苏州）人。年十二，能属文，经常每天写诗一首，后练习辞赋，到十六岁时，就创作了诗赋两千多首。起家著作佐郎。齐明帝建武三年（496），举秀才。与同郡陆倕从小友好，经常同车拜访左卫将军沈约，有一次正赶上任昉在场。沈约就对任昉说："此二子后进才秀，皆南金也，卿可与定交。"① 由此张率与任昉友善，而陆倕长张率五岁，作为少年才俊，早就成了"竟陵八友"之一。入梁，官鄱阳王友，天监二年（503），为司徒谢朏掾吏，随后两年中，出入任昉之门，成为"兰台聚"的成员。曾献《待诏赋》，得到梁武帝大加赞赏，认为他兼得汉代辞赋大家司马相如、枚皋的工整与敏捷，并向他赠诗道："东南有才子，故能服官政。余虽惭古昔，得人今为盛"，迁为秘书丞，正如梁武帝所说："秘书丞天下清官，东南胄望未有为之者。"可见梁武帝对他的才华是奖赏鼓励有加。后历官晋安王萧纲记室，在萧纲幕府任职长达十年，萧纲《与湘东王书》称"张士简之赋"，"亦成佳手"。萧统《与萧纲书》称张率是"才笔弘雄"。天监末，曾任司徒右长史。普通中，任新安太守，大通元年（527）卒，年五十三。《先秦汉魏晋南北朝诗》收录其诗二十多首，《全上古三代秦汉三国六朝文》收录其文两篇。

　　到溉（477—548），字茂灌，彭城武原（今江苏邳县）人，曾祖为宋骠骑将军到彦之，祖父为骠骑从事中郎到仲度，父亲为萧齐中书郎到坦。

　　《梁书·到溉传》："溉少孤贫，与弟洽俱聪敏有才学，早

---

　　① （唐）姚思廉：《梁书》卷三十三《张率传》，中华书局1973年版，第475页。

为任昉所知，由是声名益广。"① 《南史·到溉传》："乐安任昉大相赏好，恒提携溉、洽二人，广为声价。所生母魏本寒家，悉越中之资，为二儿推奉昉。梁天监初，昉出守义兴，要溉、洽之郡，为山泽之游。"②

起家王国左常侍，尚书殿中郎，天监七年（508）左右，为建安内史。任昉卒于这一年新安太守任上。现存二人酬答诗。

到溉《饷任新安班竹杖因赠诗》曰：

> 邛竹藉旧闻，灵寿资前识。
> 复有冒霜筠，寄生桂潭侧。
> 文彩既斑烂，质性甚绸直。
> 所以夭天真，为有乘危力。
> 未尝以过投，屡经芸苗植。

任昉《答到建安饷杖诗》曰：

> 故人有所赠，称以冒霜筠。
> 定是湘妃泪，潜洒遂邻彬。
> 扶危复防咽，事归薄暮人。
> 劳君尚齿意，矜此杖乡辰。
> 复资后生彦，候余方欠伸。
> 献君千里笑，纾我百忧辇。

---

① （唐）姚思廉：《梁书》卷四十《到溉传》，中华书局1973年版，第568页。

② （唐）李延寿：《南史》卷二十五《到彦之传附到溉传》，中华书局1975年版，第678页。

坐适虽有器，卧游苦无津。

何由乘此竹，直见平生亲。①

　　同时，任昉虽然贵为新安太守，但是生活拮据，向到溉告急，求两个衣衫缎子云："铁钱两当一，百代易名实，为惠当及时，无待凉秋日。"而到溉竟然拿不出来，回答云："余衣本百结，闽中徒八蚕，假令金如粟，讵使廉夫贪。"② 因为到溉与任昉在为官之道上皆以清廉为守，身无长物。到溉后来历官中书郎、兼吏部、御史中丞，吏部尚书等，清廉本性却从没改变，正如《梁书·到溉传》所载："溉身长八尺，美风仪，善容止，所莅以清白自修。性又率俭，不好声色，虚室单床，傍无姬侍。自外车服，不事鲜华，冠履十年一易，朝服或至穿补，传呼清路，示有朝章而已。"③

　　到溉家门雍睦，只弟友爱，居母丧尽礼，性不好交游，唯与朱异、刘之遴、张缵同志友密。时以溉、洽兄弟比之二陆。

　　到洽（477—527），字茂㳂，到溉弟。洽少知名，清警有才学士行，《南史·到洽传》载："谢朓文章胜于一时，见洽深相赏好。每称其兼资文武。朓后为吏部，欲荐之，洽睹时方乱，深相拒绝，遂筑室岩阿，幽居积岁，时人号曰居士。任昉与洽兄沼、溉并善，尝访洽于田舍，叹曰：'此子日下无双.'

————————

　　① （唐）欧阳询撰，汪绍楹校：《艺文类聚》卷六十九《服饰部上》，上海古籍出版社 1982 年版，第 1209 页。

　　② （唐）李延寿：《南史》卷二十五《到彦之传附到溉传》，中华书局 1975 年版，第 678 页。

　　③ （唐）姚思廉：《梁书》卷四十《到溉传》，中华书局 1973 年版，第 568 页。

遂申拜亲之礼。"① 天监初，到洽兄弟并见擢用。洽尤见知赏，为太子舍人。梁武帝在华光殿下诏到洽及沆、萧琛、任昉侍宴，同赋二十韵诗，武帝以到洽辞为工。任昉对梁武帝说："臣常窃议，宋得其武，梁得其文。"② 天监二年（503），为司徒主簿。曾任尚书吏部郎，领尚书左丞，为御史中丞。为官刚正清直，不阿私避。大通元年（527）卒于寻阳郡任上，昭明太子为之哀伤。当时人将到洽及其兄到溉比作"二陆"，即西晋的陆机、陆云兄弟。

刘孝绰（481—539），字孝绰，本名冉，彭城（今江苏徐州）人。他的父亲是齐大司马从事中郎刘绘，为任昉文友。《南齐书·刘绘传》："永明末，京邑人士盛为文章谈义，皆凑竟陵王西邸。绘为后进领袖，机悟多能。"③ 孝绰幼时聪敏，七岁能属文，其舅王融深赏异之，号曰神童。他的父亲刘绘于萧齐时职掌诏诰，当时刘孝绰年龄还不满十五岁，刘绘经常让他代为起草。《梁书·刘孝绰传》："父党沈约、任昉、范云等闻其名，并命驾先造焉，昉尤相赏好。"④ 天监初，起家著作郎，作《归沐诗》以赠任昉，任昉回赠《答刘孝绰诗》，诗云：

> 彼美洛阳子，投我怀秘作。
> 诅慰耋嗟人，徒深老夫托。

---

① （唐）李延寿：《南史》卷二十五《到洽传》，中华书局 1975 年版，第 681 页。

② 同上。

③ （梁）萧子显：《南齐书》卷四十八《刘绘传》，中华书局 1972 年版，第 841 页。

④ （唐）姚思廉：《梁书》卷三十三《刘孝绰传》，中华书局 1973 年版，第 479 页。

直史兼褒贬，辖司专疾恶。

九折多美疢，匪报庶良药。

子其崇锋颖，春耕励秋获。

迁官太子舍人，尚书水部郎。参加高祖宴游，与沈约、任昉等同时言志赋诗，一次于座中赋诗七首，每篇都得到梁武帝赞赏。曾迁秘书丞，梁武帝认为"第一官当用第一人"。天监十三年（514），出为萧秀谘议，后为萧宏骠骑谘议。普通初，掌东宫管记，昭明太子萧统好士爱文，刘孝绰与殷芸、陆倕、王筠、到洽等同时得到礼遇，而尤重孝绰。刘孝绰恃才傲物，陵忽友人，有不合意者，极言诋訾，结果是在仕途上屡次受到挫折，而发难者是自己原来的好友到洽、到览等。有才不能利群、自保，而恣意放荡，为亲友时人所嫉恨。正如明代张溥在为刘孝绰作品辑录的《刘秘书集》题词所言："孝绰一官屡蹶，少妹贻纠，束绢开讼，秘书长逝，不满六十。原其著作齐聘，禄位中隔，一者多可，一者多怪也。"① 大同五年（539）卒，年五十九岁。

刘显（481—543），字嗣芳，沛国相（今安徽淮北市）人。刘显小时聪慧，被称为神童。天监初年，举秀才，起家中军临川行参军。《梁书·刘显传》："显好学，博涉多通，任昉尝得一篇缺简书，文字零落，历示诸人，莫能识者。显云是古文尚书所删逸篇，昉检《周书》，果如其说，昉因大相赏异。"② 为沈约、陆倕等名流推赏。与裴子野、刘之遴、顾协

① （明）张溥著，殷孟伦注：《汉魏六朝百三家集题辞注》，人民文学出版社1960年版，第246页。

② （唐）姚思廉：《梁书》卷四十《刘显传》，中华书局1973年版，第570页。

相为师友。太子太傅沈约引为五官掾，兼廷尉正。五兵尚书傅昭掌著作，在编撰国史时举荐刘显为佐。天监九年（510），兼任吏部郎，迁中书郎等。卒于大同九年（543），年六十三。

刘苞（482—511），字孝尝，彭城（今江苏徐州）人。四岁丧父，事母至孝，十六岁为父母及两兄弟改葬。少好学能文，亲手整理家藏残蠹旧书。天监初，为征虏主簿，后历临川中军功曹、尚书库部侍郎、丹阳尹丞、太子傅丞、尚书殿中侍郎、南徐州治中、太子洗马。《梁书·文学传上》："自高祖即位，引后进文学之士，苞及从兄孝绰、从弟孺、同郡到溉、溉弟洽、从弟沇、吴郡陆倕、张率并以文藻见知，多预宴坐，虽仕进有前后，其赏赐不殊……苞居官有能名，性和而直，与人交，面折其非，退称其美，情无所隐。"[1] 天监十年（511）卒，时年三十岁。

刘孺（485—543），字孝稚，彭城安上里（今江苏徐州）人。七岁能属文，十四岁守父丧，毁瘠骨立。既长，美风采，性通和，虽家人不见其喜愠。起家中军法曹行参军，镇军将军沈约闻其名，引为主簿，常与游宴赋诗，甚是称赏。后官太子洗马、尚书殿中郎、太末令等，在县有清名治绩。刘孺作文敏速，甚得梁武帝赞赏，曾说："张率东南美，刘孺洛阳才。"[2] 历官中书郎、兼中书通事舍人、太子家令、尚书吏部郎、司徒左长史、御史中丞等。大同七年（541）为侍中，其年，复位吏部尚书等。以母忧去职。居丧未期，以毁卒，时年五十九。对于刘孺的生卒年，尚有不同观点，现举两例以期明辨。

---

① （唐）姚思廉：《梁书》卷四十九《文学传上·刘苞传》，中华书局1973年版，第688页。

② （唐）姚思廉：《梁书》卷四十一《刘孺传》，中华书局1973年版，第591页。

有学者认为刘孺的生卒年为"486—544"①，为什么将刘孺卒年定在大同十年（544）呢？《梁书·刘孺传》明确记载大同七年刘孺因母亲去世，丁忧服丧，未期而卒。这一观点认为未期就是接近满期，这一理解是对的。错误在后面，将古代守母孝三年理解成了三周年，这样理解，自然得出刘孺是大同十年（544）卒的。刘孺生活了五十九岁，自然也就得出了生年是 486 年。

还有学者认为"刘孺（483—541），其年卒，年五十九"②。这一观点以刘孺母亲去世的这一年，刘孺因守丧"以毁卒"，理解成该年的事了。而没有理解"居丧未期"正确的含义。卒年弄错了，同时把生年也弄错了，按照这一生卒年的计算，刘孺成了六十岁卒了。

我们的理解是：刘孺母亲是大同七年（541）去世的，刘孺守丧三年未期，就是接近到期。古人五服制度中母亲去世需要遵守的"斩衰"服期是三年，《礼记·三年问》曰："三年之丧，二十五月而毕。"即为"服除"。古人计算时间是用虚年虚月的。刘孺"居丧未期"就是还没有二十五个月，理解成两年是可以的，这样就得出刘孺应该卒于大同九年（543），五十九岁卒，是虚岁。减五十八年就得出生年是齐武帝永明三年（485）了。

第五节　其他受到任昉赏识奖掖及相关人物

任昉的同辈朋友中除号称"八友"之外还有很多，进入

---

　①　曹道衡、沈玉成：《中国文学家大辞典·先秦汉魏晋南北朝卷》，中华书局 1996 年版，第 140 页。

　②　杨赛：《任昉与南朝士风》，上海古籍出版社 2011 年版，第 155 页。

"龙门之游"和"兰台会"的后辈朋友也不应只限于《梁书·
陆倕传》《到溉传》中提到的九人。今只为使介绍线索的清
楚，将"竟陵八友"和"兰台聚"九人事迹单列条目，而将
得到任昉赏识奖掖的其他人物再立条目集中介绍。这一情况是
于史有征的，如《梁书·任昉传》载："昉好交结，奖进士
友，得其延誉者，率多升擢，故衣冠贵游，莫不争与交好，坐
上宾客，恒有数十。时人慕之，号曰任君，言如汉之三君
也。"① 将任昉称为"任君"。今见任昉好友、"竟陵八友"之
一的陆倕《赠任昉诗》："和风杂美气，下有真人游。状矣荀
文若，贤哉陈太丘。今则兰台聚，万古信为俦。任君本达识，
张子复清修。既有绝尘到，复见黄中刘。"②陆倕诗中提到的陈
太丘即为东汉三君典故的来源人物。陈太丘，名寔，字仲弓，
东汉颍川许昌人，曾任太丘长，世人称之"陈太丘"，《世说
新语》刘孝标注引《先贤行状》曰："陈纪字元方，寔长子
也。至德绝俗，与寔高名并著，而弟谌又配之。每宰府辟召，
羔雁成群，世号'三君'，百城图画。"③ "恒有数十"，可见
人物之多，今检索史传资料，凡得任昉一言之赞者，皆胪列于
下。本节涉及到的人物又可分为两小类，一是得到任昉赏识的
人物，二是没得到任昉奖掖，但与任昉有密切关系，如裴子野
即属于这样的代表。

宗夬（456—504），字明扬，南阳涅阳（今河南邓县）
人。以"愿乘长风破万里浪"语闻名的宗悫是其叔父。宗夬

---

① （唐）姚思廉：《梁书》卷十四《任昉传》，中华书局1973年版，第
254页。

② （唐）李延寿：《南史》卷二十五《到溉传》，中华书局1975年版，第
678页。

③ 徐震堮：《世说新语校笺》，中华书局1984年版，第5页。

少时勤奋好学，有干练之才。弱冠举郢州秀才，历临川王侍郎，骠骑行参军。宗夬参加了齐司徒竟陵王萧子良西邸召集学士的酬唱活动，宗夬与任昉当相识于此。永明三年（485），齐与魏和亲，宗夬与任昉同接魏使，二人为一时之选，当时任昉任尚书殿中郎，宗夬曾佐皇太孙萧昭业，萧昭业即位后，宗夬见其失德，自保疏远。隆昌（494）末，少帝萧昭业被诛，旧部多受牵连而死，只有宗夬与傅昭因为为人清正而得免。明帝时，为郢州治中，以称职闻名。萧衍起兵时，为西中郎将咨议参军、别驾，为领军将军萧颖胄所倚重，助萧衍谋略及军资，得到萧衍的礼遇。天监元年（502）为东海太守。二年，迁五兵尚书，参掌大选。三年卒，时年四十九。

刘孝标（462—521），名峻，字孝标，因注《世说新语》署名刘孝标而闻名，故以字行于世，平原（今山东平原）人。生年与任昉相近，少年家贫好学，寄人篱下，自课读书。未见之书必往祈借，清河崔慰祖谓之"书淫"。他在《自序》中云："黉中济济皆升堂，亦有愚者解衣裳。"[1] 意思是在人才济济受到提拔的读书人中，自己属于勤能补拙方得以脱颖而出的人。齐明帝时，刘孝标曾任豫州刑狱。入梁，天监初入西省典校秘书。后为安成王萧秀户曹参军，故明人辑其作品名之为《刘户曹集》。在户曹任上，曾在萧秀支持下编纂《类纂》，因病去职，编书未竟。居东阳紫岩山讲学时，从学者甚众。高祖萧衍虽多奖擢高才，因刘孝标率性多动，不能随众沉浮，故而梁武帝虽任孝标为文学士，终不重用他。曾著《辨命论》以表达对现实愤懑的心怀。年六十二卒，门人谥云"玄靖先

---

① （梁）刘峻著，罗国威校注：《刘孝标集校注》，上海古籍出版社1988年版，第127页。

生"。

刘孝标博学勤奋，生前著述颇丰，今仅存《世说新语注》，文集有《刘户曹集》，今人罗国威先生整理点校《刘孝标集校注》，收诗四首，文十二篇及零星佚句。

《梁书·任昉传》："初，昉立于士大夫间，多所汲引，有善己者则厚其声名。及卒，诸子皆幼，人罕赡恤之。"刘孝标乃著《广绝交记》以讯旧交。刘孝标在文中对任昉过人之处以赞美"近世有乐安任昉，海内髦杰，早绾银黄，夙招民誉。遒文丽藻，英特俊迈，联衡许、郭，类田文之爱客，同郑、庄之好贤。"才高而不得重用固然是因为刘孝标的性格特点是桀骜不逊，更重要的是没有一个合理的发展空间以成全其才，天才的人物和争取独立精神的想法所能做的只有与现实格格不入了。

王僧孺（465—522），字僧孺，东海郯（今山东郯城）人。五岁诵《孝经》，六岁能属文，勤奋好学，博闻强识。幼时家贫，用替人抄书所得供养母亲，凡所抄录之书，讽诵亦通。起家齐王国左常侍、太学博士。得到尚书左仆射王晏的赏识。曾游官于司徒竟陵王萧子良西邸，有机会与任昉等名士相友善。《梁书》卷三十三《王僧孺传》载：建武初，有诏举士，王僧孺与王暕同时为始安王萧遥光所推荐，萧遥光荐表曰：

> 前候官令东海王僧孺，年三十五，理尚栖约，思致悟敏，既笔耕为养，亦佣书成学。至乃照萤映雪，编蒲缉柳，先言往行，人物雅俗，甘泉遗仪，南宫故事，画地成图，抵掌可述；岂直嚙鼠有必对之辩，竹书无落简之谬，

访对不休，质疑斯在。①

除仪曹郎。迁治书侍御史②，出为钱塘令。王僧孺在赴任钱塘令与友人告别时，任昉曾赋诗赠别，诗云：

> 惟子见知，唯余知子。观行视言，要终犹始。
> 敬之重之，如兰如芷。行应影随，曩行今止。
> 百行之首，立人斯著。子之有之，谁毁谁誉。
> 修名既立，老至何遽。谁其执鞭，吾为子御。
> 刘《略》班《艺》，虞《志》荀《录》，伊昔有怀，
> 交欢欣勖，
> 下帷无倦，升高有属。嘉尔晨灯，惜余夜烛。③

江革（468？—535），字休映，济阳考城（今河南兰考）人，幼而聪敏，早有才思，六岁便能属文。齐武帝永明中，年十八岁补国子生，为齐中王融、谢朓雅相钦重。司徒竟陵王萧子良闻其名，引为西邸学士。弱冠举南徐州秀才，解褐奉朝请。中兴元年（501）为萧衍深赏，为掌书记。建安王萧伟为雍州刺史，以革为征北记室参军。与弟江观少长共居，不忍离别，苦求同行，乃以观为征北行参军。为沈约、任昉相赏重。

---

①　（唐）姚思廉：《梁书》卷三十三《王僧孺传》，中华书局 1973 年版，第 470 页。

②　按：《南史》卷五十九《王僧孺传》作书侍御史，另外，《梁书》卷五十三《伏暅传》载"治书侍御史"，《南史》卷七十一《伏暅传》载"书侍御史"。由此知，二称实指一官。

③　（唐）姚思廉：《梁书》卷三十三《王僧孺传》，中华书局 1973 年版，第 470 页。按：《南史·王僧孺传》亦载该诗，其中诗中"晨灯"一词，《南史》作"晨登"。

任昉有书信相寄，《与江革书》云："此段雍府妙选英才，文府之职，总卿昆季。可谓驭二龙于长途，骋骐骥于千里。"[1]后官居南司能弹奏豪权。被魏人所执，不辱汉节。监吴郡，广施恩抚，明行制令，民吏安之。大同元年（535）卒，年约五十八。

孔休源（469—532），字庆绪，会稽山阴（今浙江绍兴）人。齐明帝建安四年（497）举秀才，太尉徐孝嗣看到他撰写的策文是大加称赞，认为孔休源有王佐之才。王融与之相友善，把他向司徒竟陵王萧子良推荐，为西邸学士。梁台建，为太学博士，被当时视为美选。侍中范云、尚书令沈约对他优礼相待。兼尚书仪曹郎中，《梁书·孔休源传》："是时多所改作，每逮访前事，休源即以所诵记随机断决，曾无疑滞。吏部郎任昉常谓之为'孔独诵'。"[2]后迁建康狱正，能辩讼折狱，时罕冤人。迁尚书左丞，能弹肃礼闱，雅允朝望。迁长兼御史中丞，能正色直绳，无所回避。在州累政，治绩显著，为梁武帝所重。藏书七千多卷，皆亲自整理校勘。中大通四年（532）卒，年六十四。

吴均（469—520），一作筠，字叔庠。吴兴故鄣（今浙江安吉县）人。《梁书·文学传上》载："家世寒贱，至均好学有俊才。沈约尝见均文，颇相称赏。天监初，柳恽为吴兴，召补主簿，日引与赋诗。均文体清拔有古气，好事者或效之，谓

---

① （唐）姚思廉：《梁书》卷三十六《江革传》，中华书局 1973 年版，第523 页。

② （唐）姚思廉：《梁书》卷三十六《孔休源传》，中华书局 1973 年版，第520 页。

为'吴均体'。"① 其代表作《与宋元思书》是传诵千古写景抒情的名篇。后入建安王萧伟幕府，兼任记室，掌文翰。还京为奉朝请，明张溥辑有《吴朝请集》。因私自撰写《齐春秋》，实录梁武帝萧衍为齐明帝佐命一事，开罪于梁武帝，罢官。从这件事上可以看出吴均桀骜的性格，王通评说道："吴均孔珪，古之狂者也。其文怪以怒。"② 从现有的史传材料可知，吴均在萧齐时期开始以文会友，并为当时的文坛领袖沈约称赏。只是在仕途上还没有容身之位，在天监初，柳恽任吴兴太守召补吴均为主簿，这当是他的起家官，如此看，吴均仕途是多舛不顺的。现存有两首吴均赠答任昉的诗，按照当时的习惯，有赠诗，必有答诗，可惜任昉的答诗没有流传下来。这两首答诗的第一首最早见于《艺文类聚》，其题名为《赠任黄门诗》，据《梁书·任昉传》，任昉是在"萧衍践祚，拜黄门侍郎，迁吏部郎中，寻以本官掌著作"的，很显然，这时沈均还没到柳恽那里任主簿呢。从赠诗可知，吴均是向任昉申诉有才可伸的抱负和事业无成的彷徨孤独，吴均《赠任黄门诗二首》其一曰："相如体英彦，左右生容晖。已纡汉帝组，复解梁王衣。经过云母扇，出入千门扉。连洲茂芳杜，长山郁翠微。欲言终未敢，徒然独依依。"其二曰："纷吾少驰骋，自来乏名德。白玉镂衢鞍，黄金玛瑙勒。射雕灵丘下，驱马雁门北。殷勤尽日华，留连穷景黑。岁暮竟无成，忧来坐默默。"③

---

① （唐）姚思廉：《梁书》卷四十九《文学传下·吴均传》，中华书局 1975 年版，第 698 页。

② 王通撰，（宋）阮逸注：《中说》，影印文渊阁《四库全书》第 698 册，上海古籍出版社 1989 年版，第 538 页。

③ 逯钦立：《先秦汉魏晋南北朝诗》，中华书局 1983 年版，第 1731—1732 页。

柳憕（469？—513），字文深，河东解（今山西永济）人，萧齐司空柳世隆四子，《南史·柳憕传》云："少有大意，好玄言，通《老》《易》。"① 齐永元二年（500），官江夏王萧宝义谘议。中兴二年（502），萧衍举兵至姑孰，柳憕与三兄柳恽及友人在郊外迎候。梁初为给事黄门侍郎，给事黄门侍郎简称黄门侍郎，员额四人，此时任昉亦为黄门侍郎，柳憕、任昉两人应同衙共事。旋迁侍中。《南史·柳忱传》云："第二兄惔、第三兄恽、第四兄憕及忱三两年间四人迭为侍中，复居方伯，当世罕比。"② 天监六年（507）左右为中庶子，琅琊王峻亦居此职，二人齐名。天监九年（510），随镇西将军始兴王萧憺赴蜀，为蜀郡太守，为政廉恪，有美誉。天监十二年（513）卒。《任中丞集》载有梁武帝萧衍带头的联句《清暑殿联句柏梁体》，共有十二人参与唱和，任昉、柳憕俱预焉。《全上古三代秦汉三国六朝文》收录其文二篇。

《南史·任昉传》载，王僧孺曾论任昉："过于董生、扬子。昉乐人之乐，忧人之忧，虚往实归，忘贫去吝，行可以厉风俗，义可以厚人伦，使贪夫不取，懦夫有立。"二人相互推重如此，关系密切不同一般。王僧孺好典籍，集书至万余卷，率多异本，与沈约、任昉同为两代三大藏书家。以南朝为例，凡倾心斯文者，皆尽心于藏书；凡藏书丰赡之家，多出廉吏才子。

《梁书·王僧孺传》载王僧孺卒于普通三年，年五十八。③

---

① （唐）李延寿：《南史》卷三十八《柳元景传附柳憕传》，中华书局1975年版，第989页。
② 同上书，第990页。
③ 按：《南史》载王僧孺卒于普通二年，未载享年，今依《梁书》。

由此上推，王僧孺当生于宋明帝泰始元年（465）。王僧孺三十五岁时，当时东昏侯元年。此与《梁书》《南史》本传所载萧遥光荐表中云建武初王僧孺年三十五岁不符。荐表中"三十五"当是"三十"岁之讹。

裴子野（469—530），字几原，河东闻喜（今属山西）人。少好学，善属文。起家齐武陵王国左常侍，右军江夏王参军，遭父忧去职。梁天监初，尚书仆射范云嘉其行，将表奏之，会云卒，不果。《梁书·裴子野传》载："乐安任昉有盛名，为后进所慕，游其门者，昉必相荐达。子野于昉为从中表，独不至，昉亦恨焉。"① 对于任昉与裴子野这对世族大家的表兄弟的关系，笔者前后有不同的思考，现皆胪列于下，以见评人之难，也提醒自己审视古人时不可妄下断语。笔者在撰写论文之初时论道："任昉何以因末节因由，而断进贤之路，绝通好之亲。清廉如任昉者，亦好阿而独不容一耿介子野，人情如斯，任昉固让范云一步。对任昉，只能说是美玉有瑕了。"现在重新思考这个材料，考虑到当时的社会生活环境，对其重新的解读为：子野不至任昉之门，则任昉不为引荐，此应为当时之时尚。

但是历来对裴子野不至任昉之门多从任昉于德有损找原因，如明代王志坚在《四六法海》中对此事论道：

> 按史称任昉有盛名，游其门者，昉必推荐。裴子野于昉为从中表，独不至，昉亦恨焉，故不之善。观此，则到

---

① （唐）姚思廉：《梁书》卷三十《裴子野传》，中华书局 1973 年版，第441 页。

溉辈固为负心，而昉于取士之道，亦未尽也。①

"故不之善"是王志坚读《梁书·裴子野传》作出的判断，而这一判断是值得商榷的。他之所以作出这一判断是因为误解了"昉亦恨焉"所表达的句意。很明显他将此次的"恨"字理解成了"怨恨"的意思了。而中古时期的"恨"的义项有"憾""遗憾"的意思。《梁书》中凡用到"恨"字，多为"憾"义。下面举三例明之：

> 吾受国厚恩，不能破灭寇贼，今所苦转笃，势不支久，汝等当以死固节，无令吾没有遗恨。②
> 臣所可报国家，惟余一死；但天下太平，臣恨无可死之地。③
> 今且望汝全吾此志，则无所恨矣。④

以上所举三例中"恨"字皆作"憾"解。任昉对裴子野不至其门，不主动求进为憾。绝不会因此事任昉就怨恨裴子野。那种认为任昉不主动提携裴子野就于德有损，且裴子野不主动拜访，任昉就会怨恨的观点显然是值得商榷的。

如曹道衡先生认可裴子野不愿投奔任昉门下，可以从裴子

① （明）王志坚：《四六法海》卷十，影印文渊阁《四库全书》第1394册，上海古籍出版社1989年版，第691页。
② （唐）姚思廉：《梁书》卷十《蔡道恭传》，中华书局1973年版，第194页。
③ （唐）姚思廉：《梁书》卷十八《冯道根传》，中华书局1973年版，第289页。
④ （唐）姚思廉：《梁书》卷二十五《徐勉传》，中华书局1973年版，第386页。

野的思想上找原因①，这无疑是中肯的。正如我们上面分析的，只能从社会求进的风尚和人物的思想性格上求答案，除此以外，断无他因。

再如，《南史·王懿传》载："北土重同姓，并谓之骨肉，有远来相投者，莫不竭力营赡。若有一人不至者，以为不义，不为乡邑所容。"② 魏晋南北朝时，世族、庶族之辨甚严，家族利益得到强化，谱牒盛行，重家族血亲。从任昉与裴子野的关系可知，外家姻亲相对看得轻多了。看来两家平常交往不会太多，否则也就不会表现得这样生分了。

任昉为高明君子，裴子野为后进才俊，这样的表弟兄关系的疏离，在我们对此感到遗憾时，这份材料也为民俗学提供了重要的研究课题。

裴子野的性格是高傲而正直。《梁书·张缵传》载："子野性旷达，自云'年出三十，不复诣人'。"③ 裴子野和王亮相友善，而王亮和任昉交恶，这当是"方以类聚，物以群分"的一个注脚。裴子野后为诸暨令，在政时怀柔百姓，以埋代鞭罚，百姓称悦，合境无讼。裴子野有史才，于齐永明末，据其曾祖裴松之诏续《宋史》未竟之书，删撰为《宋略》二十卷，为沈约叹赏，并被萧琛、傅昭、周舍看重。因之，在梁天监年间，受吏部尚书推荐为著作郎。裴子野虽无与任昉交往的记载，但他深相赏好的好友中如刘显、刘之遴、殷芸、阮孝绪等，皆曾得到任昉的提携奖掖，皆博极群书，一时才俊。后历

---

① 曹道衡：《中古文学史论文集》，中华书局 2002 年版，第 303 页。

② （唐）李延寿：《南史》卷二十五《王懿传》，中华书局 1975 年版，第 672 页。

③ （唐）姚思廉：《梁书》卷三十四《张缵传》，中华书局 1973 年版，第 493 页。

中书通事舍人、中书侍郎、鸿胪卿、步兵校尉。"子野在禁省十余年，静默自守，未尝有所请谒，外家及中表贫乏，所得俸悉分给之。"中大通二年，年六十二岁，卒于官。

到洽（477—506），字茂瀣，彭城武原（今江苏邳县）人。曾祖为到彦之，祖父为齐骠骑从事中郎到仲度，父亲是齐五兵尚书到㧑。到洽幼时聪敏，即长勤学，善属文，工篆隶。天监初，东宫建，为太子洗马。曾与任昉等于华光殿侍宴赋诗，到洽三刻即成二百字文，辞章十分优美。《梁书·文学传上》："三年，诏尚书郎在职清能或人才高妙者为侍郎，以洽为殿中曹侍郎。洽从父兄到溉、洂，并有才名，时皆相代为殿中，世人荣之。"① 天监四年（505），为太子舍人。到洽不恃才自伐，不臧否人物，任昉、范云都对他特别友善。天监五年（506）卒，年三十。

王暕（477—523），字思晦，琅琊临沂（今属山东）人。其父亲为齐太尉王俭。年二十岁，尚南齐淮南长公主。齐明帝诏求异士，始安王遥光表荐暕及王僧孺。此表为任昉代拟，任昉于表中赞暕曰：

> 窃见秘书丞琅邪王暕，年二十一，七叶重光，海内冠冕，神清气茂，允迪中和。叔宝理遣之谈，彦辅名教之乐，故以晖映先达，领袖后进。居无尘杂，家有赐书；辞赋清新，属言玄远；室迩人旷，物疏道亲。养素丘园，台阶虚位；庠序公朝，万夫倾首。岂徒荀令可想，李公不亡

① （唐）姚思廉：《梁书》卷四十九《文学传上·到洽传》，中华书局1973年版，第486页。

而已哉！乃东序之秘宝，瑚琏之茂器。①

除骠骑从事中郎。高祖开霸府，为司徒左长史。天监后，历官侍中，吏部尚书，尚书左仆射。普通四年（523）卒，年四十七岁。

刘之遴（477—548），字思贞，南阳涅阳（今河南南阳市）人。刘虬子。刘之遴少年聪颖，八岁能属文，十五举秀才。六朝人才选拔制度，每州举秀才一人。刘之遴之才让沈约、任昉一见而异且怜之。任昉曾当着刘之遴的面向吏部尚书王暕推荐道："此南阳刘之遴，学优未仕，水镜所宜甄擢。"②王暕随即辟刘之遴为太学博士。当张稷新除尚书仆射请任昉作表辞让时，任昉就让刘之遴代己作表，刘之遴操笔立成，任昉赞誉道："荆南秀气，果有异才，后仕必当过仆。"③历官尚书起部郎、延陵令、荆州治中。后迁通直散骑常侍、尚书右仆射、中书侍郎、南郡太守、太府卿、都官尚书、太常卿。刘之遴喜好作文，与裴子野、刘显爱好相赏，常公论书籍。太清二年（548）卒，年七十二岁。

谢举（479—548），字言扬，陈郡阳夏（今河南太康）人。谢庄之孙，中书令谢览之弟。幼好学，能清言，与览齐名。《梁书·谢举传》："举年十四，尝赠沈约五言诗，为约称赏。世人为之语曰：'王有养、炬，谢有览、举。'"④ 谢举起

---

① （唐）姚思廉：《梁书》卷二十一《王暕传》，中华书局 1973 年版，第 322 页。

② （唐）姚思廉：《梁书》卷四十《刘之遴传》，中华书局 1973 年版，第 572 页。

③ 同上。

④ （唐）姚思廉：《梁书》卷三十七《谢举传》，中华书局 1973 年版，第 529 页。

家秘书郎，迁太子舍人、轻车功曹史、秘书丞、司空从事中郎、太子庶子、家令、掌东官书记，深为昭明太子赏接。任昉出为新安太守，赠别谢举诗云："讵念耄嗟人，方深老夫臣"。此二句诗与任昉赠刘孝绰诗中"讵慰耄嗟人，徒深老夫伦"二句诗意相同。由此可知，任昉对谢举、刘孝绰的情意是一样深沉缠绵的。天监十四年（515），为豫章内史，为政清廉。普通七年（526），为晋陵太守，在郡清静，民乐境安。谢举仕途几乎与萧梁政权相始终，卒于太清二年（548）侯景寇京师，年七十岁。谢举曾三掌礼部，掌典选。又久居端揆，但不曾肯预时务，只当清闲之名，号曰误国，亦风气使然。

　　刘杳（479—536），字士深，平原（今属山东）人。《梁书·文学下》："杳少好学，博综群书，沈约、任昉以下，每有遗忘，皆访问焉。"[1]为沈约、任昉所深赏。为临津令，有善绩。詹事徐勉举杳及顾协等五人入华林殿撰《遍略》。王僧孺见其所著《林庭赋》而叹曰："《郊居》以后，无复此作。"湘东王和昭明太子俱对刘杳之才褒嘉。《梁书·刘杳传》载："大同二年，卒官，时年五十。"检索《南齐书》《梁书》等相关记载刘杳的生卒年龄这三个时间节点有矛盾处，必有失误之处。现考辨如下。第一，按《梁书》所载，刘杳于大同二年（538）卒，"时年五十"，上推可知，刘杳应该生于齐武帝永明七年（489）。《梁书·刘杳传》载刘杳的父亲齐东阳太守刘闻慰，刘杳"十三，丁父忧"，《南史·刘杳传》亦载刘杳"十三丁父忧"。《南齐书·良政传》："怀慰本名闻慰，世祖即

---

　　① （唐）姚思廉：《梁书》卷五十《文学传下·刘杳传》，中华书局1973年版，第715页。

位，以与舅氏名同，敕改之。出监东阳郡，为吏民所安。还兼安陆王北中郎司马。永明九年卒，年四十五。"① 永明九年（491），父亲刘怀慰卒时，刘杳十三岁，上推可知刘杳生于齐高帝建元元年（479），如是刘杳生于永明七年，那么入梁后，天监元年（502）刘杳才是十三四岁的少年，断不可能有与沈约、任昉论学的事情发生。第二，《梁书·刘杳传》载刘杳大通元年（527）迁步兵校尉，随后记载了刘杳和昭明太子萧统的交往，"昭明太子薨，新宫建，旧人例无停者，敕特留杳焉"，萧统是中大通三年（531）去世的，刘杳这时还在。这与刘杳生于齐建元元年（479），年龄五十岁，就得出刘杳卒于大通二年（528）的结论相矛盾。第三，按刘杳生于齐建元元年（479），卒于大同二年计算，刘杳的年龄是五十八岁。第四，《南史·阮孝绪传》："大同二年正月，孝绪自筮卦，'吾寿与刘著作同年'。及刘杳卒，孝绪曰：'刘侯逝矣，吾其几何。'其年十月卒，年五十八。"② 综上所述，刘杳年龄是五十八岁，本传所记五十岁系"八"在传写时脱漏，今可据补。

阮孝绪（479—536），字士宗，陈郡尉氏（今属河南）人。小时就非常孝顺，性格沉静自受。十三岁时，就遍通《五经》，不入仕途，不受馈赠，淡泊名利，卓然自高。唯与比部郎裴子野交。《南史·隐逸传下》："天监初，御史中丞任昉寻其兄履之，欲造而不敢，望而叹曰：'其室虽迩，其人甚远。'其为名流所钦尚如此。自是钦慕风誉者，莫不怀刺敛

---

① （梁）萧子显：《南齐书》卷五十三《良政传·刘怀慰传》，中华书局1972年版，第918页。

② （唐）李延寿：《南史》卷七十六《隐逸传下·阮孝绪传》，中华书局1975年版，第1895页。

衽，望尘而息。殷芸欲赠以诗，昉曰：'趣舍既异，何必相干。'芸乃止。唯与比部郎裴子野交。"① 梁大同二年（538）卒，年五十八岁。他的代表作《七录》是目录学的名著，《七录》是在王俭《七志》、刘孝标《文德殿四部目录》基础上修撰成的，当时四部分类法得到普遍的认可，但是阮孝绪不墨守成规，根据当时图书具体情况，将图书分为"经典录""记传录""子兵录""文集录""术伎录""佛法录""仙道录"六类，这种学术的独创精神是十分可贵的，《七录》著录书籍6288 种、44526 卷。

王籍（480—550?），字文海，琅玡临沂（今属山东）人。《梁书·王籍传》："籍七岁能属文，及长好学，博涉有才气，乐安任昉见而称之。"② 其赋为沈约所赏。仕途不达，曾任轻车、湘东王咨议参军，会稽境内有云门天柱山，王籍流连其间，逗留累月，至若邪溪，有《入若耶溪》诗，"阴霞生远岫，阳景逐回流。蝉噪林途静，鸟鸣山更幽"，意境独具，描物传神。其中的联句"蝉噪林途静，鸟鸣山更幽"，更是造语秀拔，为神契之语，为人所乐道。如王籍好友刘孺对此诗的态度是"见之，击节不能已"。③ "江南以为文外断绝，物无异议。简文吟咏，不能忘之，孝元讽味，以为不可复得。"④

殷钧（484—532），字季和，陈郡长平（今河南西华）

① （唐）李延寿：《南史》卷七十六《隐逸传下·阮孝绪传》，中华书局1975 年版，第1893—1894 页。
② （唐）姚思廉：《梁书》卷五十《文学传下·王籍传》，中华书局1973 年版，第713 页。
③ （唐）李延寿：《南史》卷二十一《王弘传附王籍传》，中华书局1975 年版，第581 页。
④ 王利器：《颜氏家训集解》（增补本）卷四《文章》，中华书局1993 年版，第295 页。

人。父亲殷睿为齐司徒从事中郎，知名当世。殷钧九岁时，父亲被害，以孝闻名。《梁书·殷钧传》载：殷钧"恬静简交游，好学有思理。善隶书，为当时楷法，南乡范云、乐安任昉并称赏之"。[①] 萧衍与殷睿是交旧好友，招殷钧为婿。天监初，拜驸马都尉，起家为秘书郎、司徒主簿、秘书丞等。殷钧在秘书丞任上，校定秘阁四部书，编写目录。后官中书郎、临川内史、五兵尚书、中庶子等职，中大通四年（532）卒，年四十九。

伏挺（484—548），字士标，平昌安丘（今属山东）人。父亲是伏暅。伏暅，字玄曜，幼传父业，能言玄理，与任昉、彭城刘曼俱知名。齐永明间，暅父曼容与任昉之父任遥俱昵于太尉王俭，伏暅与任昉并都见知。伏暅在萧齐任官不过参军，梁时曾为永阳内史，永安太守，有治绩，为永安太守时，属县始新、遂安、海宁，并同时生为立祠。

据《梁书·文学传下》载："挺幼时聪敏，七岁通《孝经》《论语》。及长有才思，好属文，为五言诗，善效谢康乐体。父友任昉深相叹异，常曰：'此子日下无双。'"[②] 齐末，州举秀才。《梁书》《南史》伏挺本传皆载，中兴元年（501），伏挺于新林迎谒镇东将军萧衍的军队时，"时年十八"，由此上推，知伏挺生于齐武帝永明二年（484）。有学者认为伏挺生于487年[③]，不知何据？当是笔误，但是以此为生

①　（唐）姚思廉：《梁书》卷二十七《殷钧传》，中华书局1973年版，第407页。

②　（唐）姚思廉：《梁书》卷五十《文学传下·伏挺传》，中华书局1973年版，第719页。

③　曹道衡、沈玉成：《中国文学家大辞典·先秦汉魏晋南北朝卷》，中华书局1996年版，第100页。

年，算出的年龄自然也就是错误的了。伏挺因迎接声援萧衍军队，萧衍见到他高兴地称他为"颜子"，并引为征东行参军。天监初，伏挺于家中讲《论语》，朝中之人都来听讲。曾官尚书仪曹郎，丹阳尹等。《梁书·伏挺传》载伏挺卒于太清中，考梁武帝太清一共是三年，将史传所云太清中理解成太清二年（548）是可以接受的。

司马褧（？—518），字元素①，河内温（今河南温县）人。父亲司马燮齐国子博士，善《三礼》。《梁书·司马褧传》："褧少传家业，强力专精，手不释卷，其礼文所涉书，略皆遍睹。沛国刘瓛为儒者宗，嘉其学，深相赏好。少与乐安任昉善，昉亦推重焉。"②为国子生，起家奉朝请。天监初，因司马褧被举治嘉礼，除尚书祠部郎中。他还精于吉礼、凶礼，当时创定礼乐，多遵从他的提议。后迁尚书左丞，兼御史中丞，尚书右丞等，天监十七年（518）卒。

周兴嗣（？—521），字思纂，陈郡项（今河南沈丘）人。十三岁时，到京城游学，凡十余年，遂博学善文。齐隆昌中，侍中谢朏外放吴兴郡，在太守任上唯独和周兴嗣谈文论史。在谢朏大力举荐下，举为秀才，除桂阳郡丞。得到太守王崤赏识，待之厚礼。入梁，周兴嗣向梁武帝献《休平赋》，因文美辞富，受到梁武帝萧衍嘉许。受诏与到沆、张率一起为河南所献儛马作赋，萧衍以周兴嗣之赋为最工。擢员外散骑侍郎，直省内，代表性作品有《次韵王羲之书千字》，即传诵至今的《千字文》。周兴嗣两手

---

① 按，"元素"《南史》作"元表"，古人名字意义有联系，"褧"义为罩在外面的罩衣，和外表的"表"义相关，故认为司马褧的字当依《南史》为"元表"。

② （唐）姚思廉：《梁书》卷四十《司马褧传》，中华书局1973年版，第567页。

先患风疽，任昉爱其才，经常说："周兴嗣若无疾，旬日当至御史中丞。"①后历官新安郡丞、给事中、临川郡丞等，普通二年卒。

　　藏严，字彦威，东莞莒（山东莒县）人。生卒年不详。据《梁书·文学传下》载："孤贫勤学，行止书卷不离于手。初为安成王侍郎，转常侍。从叔未甄为江夏郡，携严之官，于途作《屯游赋》，任昉见而称之。"② 其人为学博洽，所学皆记诵。为人孤介，从不造请显达，仆射徐勉欲见之，而藏严不拜见。为官清静，曾监义阳、武宁郡，携数门生单车入境，使群蛮心悦诚服，境无盗贼。

---

　　① （唐）姚思廉：《梁书》卷四十九《文学传上·周兴嗣传》，中华书局 1973 年版，第 698 页。

　　② （唐）姚思廉：《梁书》卷五十《文学传下·伏挺传》，中华书局 1973 年版，第 719 页。

第三章　任昉笔体作品的卓越成就

文学体裁到了南朝已经划分得十分细致，表达或体现文体分类的著作有刘勰的《文心雕龙》、萧统的《文选》以及任昉的《文章缘起》等，这种具体而微的划分体现了当时学者对文章学发展及繁荣的关注研究，这是对具体的文学创作的客观反映。同时，南朝人习惯上将诸多文体归为文笔两大类。南北朝时的文献在使用"文笔"一语时，其含义并不一致，因为划分的标准不统一，文笔之辨就成了千年聚讼的话题。

《梁书·任昉传》载："昉雅善属文，尤长载笔，才思无穷，当时王公表奏，莫不请焉。"很明显，上文中提到的"善属文"之文是指包括载笔在内的文章，这里的文和笔是一个包含关系，不是并列关系。

萧绎《金楼子·立言篇》载：

> 古之学者为己，今之学者为人。学而优则仕，仕而优则学，古人之风也。修天爵以取人爵，获人爵而弃天爵，末俗之风也。古人之风，夫子所以昌言。末俗之风，孟子所以扼腕。然而古人之学者二，今人之学者有四。夫子门徒，转相师受，通圣人之经者谓之儒，屈原、宋玉、枚乘、长卿之徒，止于辞赋则谓之文。今之儒，博穷子史，

但能识其事，不能通其理者，谓之学。至如不便为诗如阎纂，善为章奏如伯松，若此之流，泛谓之笔。吟咏风谣，流连哀思者，谓之文。而学者率多不便属辞，守其章句，迟于通变，质于心用。学者不能定礼乐之是非，辩经教之宗旨，徒能扬榷前言，抵掌多识。然而挹源知流，亦足可贵。笔退则非谓成篇，进则不云取义，神其巧惠笔端而已。至如文者，惟须绮縠纷披，宫徵靡曼，唇吻适会，情灵摇荡。而古之文笔，今之文笔，其源又异。至如象系风雅，名墨农刑，虎炳豹郁，彬彬君子。卜谈"四始"，刘言《七略》，源流已详，今亦置而弗辨。潘安仁清绮若是，而评者止称情切，故知为文之难也。曹子建、陆士衡，皆文士也，观其辞致侧密，事语坚明，意匠有序，遗言无失，虽不以儒者命家，此亦悉通其义也。遍观文士，略尽知之。至于谢玄晖，始见贫小，然而天才命世，过足以补尤。任彦升甲部阙如，才长笔翰，善缉流略，遂有龙门之名，斯亦一时之盛。①

萧绎从文学性、艺术性的有无上对文笔进行了区分，赞赏古代的文，贬低古代的笔，又辨别说"古之文笔，今之文笔，其源又异"，同时对任昉的笔体作品大为欣赏，也就是将任昉笔体作品当作了古代文来看待，他的笔体作品富含文学性和艺术性。

再如萧统编纂《文选》的入选标准是"事出于沉思，义归乎翰藻"，《文选》收录的单个作家的作品，若从非诗的作

① （梁）萧绎撰，许逸民校笺：《金楼子校笺》卷四《立言篇下》，中华书局 2011 年版，第 965—966 页。

品看，任昉是最多的一个。这就表明任昉是以文的手法创作笔体作品的。

　　而刘勰《文心雕龙·综术篇》云："今之常言，有文有笔，以为无韵者笔也，有韵者文也。"这种无韵的笔就是后来所说的散文，有韵的文后来称作韵文，包括诗赋箴铭等。实际上南朝还有一种既不属于散文也不属于韵文的特殊文体，即骈体文。骈体文就归到刘勰划分的散文里面了。清代王士禛对"文""笔"的理解对我们有启发意义。王士禛在《分甘余话》中云："六朝人谓文为笔。齐梁间江左有'沈诗任笔'之语，谓沈约之诗，任昉之文也。然余观彦升之诗，实胜休文远甚；当时惟玄晖足相匹敌耳，休文不足道也。"① 沿着王士禛的分类界定，可将任昉别集中文章分成诗和文两部分。

　　大量的典籍在流传中减损甚至泯灭不传的例子举不胜数，躲过一次次书厄还能呈现在后世读者的面前，这是作者及其作品之幸。任昉生前勤于著述，《梁书·任昉传》载：任昉"所著文章数十万言，盛行于世"，"撰《杂传》二百四十七卷，《地记》二百五十二卷，文章三十三卷"。② 其中的文章三十三卷即任昉的诗文别集。《隋书·经籍志》《旧唐书·经籍志》《新唐书·艺文志》皆载："《任昉集》三十四卷。"《宋史·艺文志》载："《任昉集》六卷。"任昉的诗文到了宋代时已经是十不存二了。明代人开始对任昉作品搜罗辑佚，其中的文集有张燮的《七十二家集》本《任中丞集》，张溥在前者基础上增益的《汉魏六朝百三名家集》本《任中丞集》等，张溥辑

----

　　① （清）王士禛著，张世林点校：《分甘余话》卷二《沈诗任笔》，中华书局1989年版，第31页。

　　② （唐）姚思廉：《梁书》卷十四《任昉传》，中华书局1973年版，第254、258页。

本晚出，最为全面。近人严可均、逯钦立又将《任中丞集》诗文分别编辑为文集与诗集。逯钦立集录《任昉诗集》二十二首①，与张溥本同。严可均《全梁文》任昉文集录了五十九篇②，比张溥本多辑录了归属有争议的七篇。

任昉的作品，今据光绪五年（1875）彭懋谦信述堂刊本《任中丞集》，并参考近人严可均《全梁文》。今本《任中丞集》中，诗二十二首、赋三篇、哀策文一篇、墓铭二篇，均有韵，大体上属于当时的"文"。本书按严可均、逯钦立的分类标准，只将任昉的二十二首诗归为诗作，拟在下章分析。将属于韵文的赋、哀策文、墓铭等都归入现在的"文"、当时的"笔"中进行分析。这样《任中丞集》中除了二十二首诗外，其余的所有属于"笔"的文章共五十八篇，加上严可均《全梁文》多录的七篇，任昉的文集作品共六十五篇。分别为：

赋三篇。《任中丞集》中《静思堂秋竹赋》，于《全梁文》中归入"诏"，题为《静思堂秋竹应诏》，此篇为韵文，故依《任中丞集》归入赋中。

诏九篇。《全梁文》较《任中丞集》多二篇，《静思堂秋竹应诏》已归入赋，未计算在内。

玺书一篇。

册一篇。《全梁文》称"策"。

令六篇。《全梁文》较《任中丞集》多三篇。

教一篇。

表十三篇，《任中丞集》中《请祀郊庙备六代礼表》在《全梁文》中单列为奏请一篇，今依《任中丞集》，列入表中。

---

① 见逯钦立《先秦汉魏晋南北朝诗》，中华书局 1983 年版。

② 见严可均《全上古三代秦汉三国六朝文》，中华书局 1958 年版。

《任中丞集》为褚蓁所作表列为三篇，而《全梁文》视为两篇，胡耀震先生对此问题有翔实考辨，三篇为是。①

弹文四篇。

启五篇。

笺三篇。

书五篇。其中四篇为代人拟作。

策文二篇。《全梁文》多一篇。

哀策文一篇。

序二篇。

议二篇。《全梁文》多一篇。

碑二篇。

墓铭二篇。

行状二篇。

吊文一篇。

代笔作品共三十八篇，约占三分之二。②非代笔作品，即自作文二十七篇。这样在考察任昉的笔体作品时，可以分为代言体和自言体两类。

第一节　代言体作品

每一个作品，都是作者本人有情要抒、有事要叙、有景要绘，是作家对面临问题的独立思考和看法。但是在代笔代言体的作品中就不同了。首先是独立的作者在这种情形下开始分为

---

① 胡耀震：《任昉代褚蓁表和相关的〈文选〉旧注》，《山东大学学报》（哲社版）1998 年第 4 期，第 68 页。

② 参见谭家健《试论任昉》，载《文学评论丛刊》第 16 辑，中国社会科学出版社 1982 年版。

两个了，一个是代笔作者，另一个是被代笔作者。代笔作者进行创作时，就有些像是演员了。他要在预先设定的情境下去创作，要设身处地按照被代笔者身份、思想、口气等说话。这不是简单的替代，而是以"生命对待生命"的转换。代笔者是熟知被代笔者的一切情况的，并完全理解写作意图。在创作时，代笔者要力争做到客观，"替人做嫁衣"，但是在实际创作上，代笔者的感情不可能完全收敛起来。这有两个方面，一是代笔者的感情完全转到被代笔者的身上，完完全全地忘记自我。另一个是代笔者利用代笔的机会，把自己的感情借此抒发出来，是一种"借尸还魂"的做法，或者说是借别人的酒杯，浇自己心中的块垒。在这种情况下，代笔者充沛饱满的感情溢于笔端，读者容易受到感染。

一 风格多样的奏表

才思无穷的任昉尤其擅长载笔，当时的王公表奏皆请他代笔。从现存的任昉的文章看，其存文有六十五篇，体裁上分十九个小类，其中的表有十三篇，在各类文章中是最多的一种，下面选择几个典型进行赏析。

（一）让表委婉，曲辞达意

任昉代褚蓁撰写的奏表前后有三篇，《任中丞集》列为三篇，但是篇目和次序有误。而《全梁文》将三篇并为两篇尤误。胡耀震对此考辨翔实，其可信的结论是："任昉为褚蓁代作的让封或受封的表共有三篇，分别为见于《文选》卷三十八的《为褚谘议蓁让代兄袭封表》、出自《艺文类聚》卷五十一的《为褚蓁代兄袭封表》和《又表》。见于《文选》的表，李善注其本事不合史实，而吕向注较为确切；该文与《为褚蓁代兄袭封表》不是同一篇文章，它们是同作于永明六年的两篇，前者表让封，后者表受封。《又表》是永明九年任昉为褚蓁让封还与褚贲之子褚霁所作。"①

这三个前后相继的让表牵扯的人物有褚渊、褚渊的长子褚贲、次子褚蓁、褚贲的儿子褚霁。褚渊是任昉的父辈，在任昉少年时曾有一言之赞，任昉对这样的赞赏铭记在心，当褚渊儿孙遇到利益攸关的抉择时，任昉用自己如椽大笔给予极大的帮助。

《南齐书·褚渊传》载，褚渊"建元元年，进位司徒，侍中、中书监如故。封南康郡公，邑三千户。渊固让司徒"。②褚渊于建元四年（484）卒，爵位由褚贲继承。褚渊为刘宋托孤大臣，且为皇室宗亲，后背叛刘宋依附萧道成，褚贲以之为耻。因此，他不愿继承父爵，也不愿与萧齐合作。《南史·褚渊传附褚贲传》载："常谢病在外，上以此望之，遂讽令辞爵，让与弟蓁。"③褚贲让爵位给兄弟褚蓁，是从帝意，虽有让封的司徒府公文下达到褚蓁手里。《文选》卷三十八的《为褚谘议蓁让代兄袭封表》，是褚蓁辞让代兄袭封之表。辞封是六朝时的风尚，是礼尚往来的必要程序。《南齐书·褚渊传附褚蓁传》载："六年，上表称疾，让封与弟蓁。"时间是永明六年（488）。在此背景下，任昉在《为褚谘议蓁让代兄袭封表》中代褚蓁赞扬了褚贲美德："臣贲世载承家，允膺长德。而深鉴止足，脱屣千乘。遂乃远谬推恩，近萃庸薄。能以国

　　①　胡耀震：《任昉代褚蓁表和相关的〈文选〉旧注》，《山东大学学报》（哲社版）1998 年第 4 期，第 69 页。

　　②　（梁）萧子显：《南齐书》卷二十三《褚渊传》，中华书局 1972 年版，第 428 页。

　　③　（唐）李延寿：《南史》卷二十八《褚渊传附褚贲传》，中华书局 1975 年版，第 754 页。

让，弘义有归。匹夫难夺，守以勿贰。"褚贲让封虽非本意，不愿出力于朝廷确是实情。任昉将褚贲的心境、处境从容表达，语敛锋芒，曲尽其妙。

《艺文类聚》卷五十一所载《为褚蓁代兄袭封表》与前表用语相同之处太多，致使后人多认为两表本为一篇。如严可均《全梁文》辑任昉文时就加按语道："此表较《文选》所载多出百余字。"多出的文字部分表达了两个含义，一个是褚蓁早有疏远之心，褚贲德能堪承爵禄之封。"臣贲载世承家，兄居长德，而量已夙退，内事园蔬。以臣行达幽明，早酷茶苦，贲天伦契至，友爱淳深，非直引堵推温，故故逃迹让位。"另一个是将齐武帝授意的让封，表达为："伏惟陛下，俯权孤门哀荣之重，爰夺臣贲一至之轻。"对皇帝的这一决定，文章表示是"至公允穆"。表中虽有谦让之辞，而实则是接受转封。把本来是君臣不协的关系表现的是君恩浩荡，把落魄的公侯之家的窘迫，表现的是落落大方，君臣各得其宜。

《艺文类聚》卷五十一《又表》是任昉于永明九年（491）代褚蓁让封给褚贲的儿子褚霁所作。其曰："臣贲息霁，年将志学，礼及趋拜，且私门世适，若天眷无已，必降殊私，乞以臣霁奉膺璅社，伏愿陛下圣慈，曲垂矜慎，如蒙哀允，施重含育。"《又表》提到褚贲之子褚霁已经长大，自己乞求将爵位让封褚霁。《南齐书·褚渊传》：（褚蓁）"八年，改封巴东郡侯，明年，表让封贲子霁，诏许之。"这次褚蓁让封的背景是，褚蓁已由南康郡公降为巴东郡侯，褚蓁让封于兄子褚霁的具体原因，和褚贲让封于褚蓁有所不同。《南史》卷四十四《齐武帝诸子传》：南康王子琳"及应封，而好郡已尽，乃以宣城封之。既而以宣城属扬州，不欲为王国，改封南

康郡公褚蓁为巴东公，以南康为王国封子琳"。① 巴东郡不及
南康郡。胡耀震先生分析道："褚蓁让封于其侄褚霁，应当与
改封巴东有关。不能保全父亲的爵位和封土，在古代是件非常
可耻的事情，更何况褚蓁南康郡公的爵位又得于兄长褚贲的让
封，他的恼恨和羞惭是可想而知的。然而，如果褚蓁不接受改
封，就会激怒齐武帝，恐怕连巴东之封也会给失掉。感到羞耻
和恼恨，但又怕失去更多，让封于褚贲的儿子褚霁，正是褚蓁
委曲求全的无奈之举。"② 这三篇让表都缘于褚蓁弟兄同齐武
帝的矛盾，各有难言之隐。任昉能在这种情势下，将代褚蓁所
作之表写得博雅堂皇，既照顾到齐武帝的尊威，又能表达上表
人的意愿，确能表现任昉的如椽之笔。

　　（二）让表率直，意含褒贬

　　《为齐明帝让宣城郡公表》很有特点，能在不动声色的情
况下表现自己的爱憎，对故主竟陵王的感情甚笃可见，也有勇
气周旋于自己不喜欢的君主。按照让表的规范行文，通过事实
的叙述让齐明帝内惭于心。齐明帝萧鸾是齐高帝萧道成的侄
子，高帝待之如子，武帝萧赜视之似兄弟。但他握有兵权心怀
叵测，觊觎大宝。其以衣俭行朴、谦恭内敛的假象得到齐武帝
的信任。齐武帝在弥留之际授命萧鸾与竟陵王萧子良一同辅佐
皇孙萧昭业。竟陵王文才有余，政治才能不足，在权力之争上
落于劣势，结果大权让萧赜独揽。萧子良忧愤而死。萧鸾在拥
立萧昭业不到一年的时间就把萧昭业废为郁林王，复立萧昭文
为帝。此时萧鸾虽然政出己手，有遮天之势，可是在人心向背

---

　　①　（唐）李延寿：《南史》卷四十四《齐武帝诸子传·萧子琳传》，中华书
局1975年版，第1117页。

　　②　胡耀震：《任昉代褚蓁表和相关〈文选〉旧注》，《山东大学学报》（哲社
版）1998年第4期，第69页。

上，朝野上下仍倾心于高武子孙身上。萧昭业被废后，萧鸾受封为宣城郡公，故意做出谦让之态，以高其声望，实则其心"路人皆知"。

任昉对故主萧子良的感情是深厚真挚的，而萧鸾是萧子良的政敌，萧子良的死也直接与萧鸾有联系，任昉对萧鸾从内心里是排斥的。任昉没有趋炎附势，始终跟萧鸾保持一定的距离，这也说明任昉的政治态度是严肃的、有立场的。对任昉之才，萧鸾很是推崇喜欢。《南齐书》卷六《明帝纪》载，萧鸾于永明七年拜尚书左仆射后，起任昉为建武将军骠骑记室，任昉作启固辞。《文选》李善注引刘璠《梁典》："昉时为尚书殿中郎，父忧去职，居丧，不知盐味。冬月单衫，庐于墓侧，齐明作相，乃起为建武将军骠骑记室，再三固辞，帝见其辞切，亦不能多。"其辞即《上启萧太傅固启辞夺礼》。任昉借丁忧拒官，任昉孝行固然是其强烈的理由，但更是与萧鸾不合作的推辞。任昉服阕后，受命为东宫书记。萧鸾欲借任昉之名增礼贤下士的美誉，任昉却没有摇尾乞怜之态，不为气焰中天的萧鸾鼓吹。从《为齐明帝让宣城郡公表》的措辞中可以看出任昉是一个大智大勇的正直之士。其表云：

> 臣本庸才，智力浅短，太祖高皇帝笃犹子之爱，降家人之慈；世祖武帝情等布衣，寄深同气。武皇大渐，实奉话言。虽自见之明，庸近所蔽。愚夫一至，偶识量己。实不忍自固于缀衣之辰，拒违于玉几之侧，遂荷顾托，导扬末命。虽嗣君弃常，获罪宣德，王室不造，职臣之由。何者？亲则东牟，任惟博陆，徒怀子孟社稷之对，何救昌邑争臣之讥。四海之议，于何逃责？且陵土未干，训誓在耳，家国之事，一至于斯。非臣之尤，谁任其咎！将何以

肃拜高寝，虔奉武园？悼心失图，泣血待旦，宁容复徼荣
于家耻，宴安于国危。

　　任昉于表中首先追述高祖、武帝对萧鸾的慈爱关心。武帝
的重托言犹在耳，而昭业被废。这本身就是责备萧鸾的佐命不
力，失职有罪。"虽嗣君弃常，获罪宣德，王室不造，职臣之
由"。就等于宣告了萧鸾的罪过。表中还有："辞一官不减身
累，增一职已黩朝经。"既没完成重托之命，理不应再加官授
爵。其应该做的是"悼心失图，泣血待旦，宁容复徼于家耻，
宴安于图危"。这种告诫萧鸾应忠于高、武子孙的让表，不是
萧鸾的本意。而此表形式符合让表的规范，内容写得有理有
据、冠冕堂皇，给萧鸾以当头棒喝，对萧鸾的行为提出了忠
告。萧鸾因之而不悦，虽不治任昉冒犯之罪，但也不再欣赏任
昉。《梁书·任昉传》："帝恶其辞，甚愠，昉由是终建武中，
位不过列校。"应该说任昉是知道这种后果的。这种"知其不
可为而为之"的做法，表明任昉有坚持自己人生原则的胆气
和不计个人得失的胸怀，这和其后来在御史中丞和两次太守任
职的所作所为是一致的。

　　（三）爱惜人才，乐为荐表

　　任昉虽在建武中得不到重用，但其名声隆，影响大，在文
坛仍是旗帜般的人物。《文选》李善注引刘璠《梁典》："齐建
武初，有诏举士，始安王荐琅玡王暕及王僧孺。"据《南史》
卷四十一《萧遥光传》，萧遥光于建武元年为扬州刺史，任昉
当于是年作《为萧扬州荐士表》。

　　王暕是王俭之子，任昉受到王俭的礼遇提携，私谊很深。
但任昉荐举王暕却又是"内举不避亲"的行径，王暕有真才
华。任昉在《为萧扬州荐士表》中写道：

窃见秘书丞琅邪王暕，年二十一，字思晦，七叶重光，海内冠冕，神情气茂，允迪中和。叔宝理遣之谈，彦辅名教之乐，故以晖映先达，领袖后进。居无杂尘，家有赐书；辞赋清新，属言玄远；室迩人旷，物疏道亲。养素丘园，台阶虚位；庠序公朝，万夫倾首。岂徒荀令可想，李公不云已哉！乃东序之秘宝，瑚琏之茂器。①

《梁书·王暕传》："暕年数岁，而风神警拔，有成人之度。"王暕有乃父之风。被称之为"公才公望，复在于此矣"。有才若此，一向爱才的任昉就甘为"伯乐"之劳了。王暕在萧梁一代，参居选曹，"职事修理"，能尽职尽责。由暕任职来看，任昉在表中的赞美之语是符合事实的。

王僧孺为魏王肃八世孙，《梁书·王僧孺传》："僧孺年五岁，读《孝经》"，"六岁能属文，即长好学。家贫，常佣书以养母，所写即毕，讽诵亦通"。王僧孺少任昉五岁，仕齐颇不得意，一直淹蹇下僚。任昉与王僧孺为知己，知僧孺德才兼备。任昉在《荐士表》中突出了王僧孺的励志成才的精神和渊博的学识。

前晋安郡候官令东海王僧孺，年三十五，理尚栖约，思致恬敏，既笔耕为养，亦佣书成学。至乃照莹映雪，编蒲缉柳，先言而行，人物雅俗，甘泉遗仪，南宫故事，画地成图，抵掌可述；岂直鼹鼠有必对之辩，竹书无落简之

---

① （唐）姚思廉：《梁书》卷二十一《王暕传》，中华书局1973年版，第322页。

谬，访对不休，质疑斯在。①

《梁书·王僧孺传》载："僧孺集《十八州谱》七百一十卷，《百家谱集》十五卷，《东南谱集抄》十卷，文集三十卷，《两台弹事》不如集内为五卷，及《东宫新记》，并行于世。"王僧勤于著述，由此知，任昉惜才而不妄荐。

经任昉荐，王暕为骠骑从侍中郎，王僧孺为钱塘令。任昉在送王僧孺之钱塘令任上时，曾作《赠王僧孺诗》送别，把王僧孺当成"惟子见知、惟余知子"、"敬之重之"、"形应影随"的朋友。任昉对友人都是这样以诚相待的。

《为庾杲之与刘居士虬书》也是任昉惜才招才的文章。此文是任昉代庾杲之写给刘虬的书信，事实上是庾杲之为竟陵王萧子良招致刘虬入幕府。《南齐书·高逸传·刘虬传》："永明三年，刺史庐陵王子卿表及虬及同郡宗测、宗尚之、庾易、刘昭五人，请加蒲车束帛之命。诏征为通直郎，不就。竟陵王子良致书通意。"②刘虬答书拒绝。任昉代人作书，要求任昉熟悉庾杲之的为人和意图，也要了解刘虬的思想、处境。任昉与庾杲之同时受青睐于萧子良。任昉刘虬十分推崇的，曾作《答刘居士诗》，以赞刘虬的为人。基于此，任昉以庾杲之的口气将竟陵王礼贤下士的诚意和庾刘二人的情谊淋漓尽致地表达出来。书信开头先叙二人情谊，赞友人之美德。"自别荆南，迄将二纪，杲之牵滞形有，推迁物役。丈人没志身外，超然独善。虽心路咫尺，而事阻山河。"友人应相邻而居，才能

---

① （唐）姚思廉：《梁书》卷三十三《王僧孺传》，中华书局1973年版，第470页。

② （梁）萧子显：《南齐书》卷五十四《高逸传·刘虬传》，中华书局1972年版，第939页。

经常得以受教。"访德则山林窅然，观道则风云自远。"然后赞竟陵王之礼贤下士，出仕不减友人的绝俗的高远志向。"一日通梁邸，亲奉话言，梦想清尘，为岁已积"，"显不绚功，晦不标迹，从容乎人野之间，以穷二者之致"。后虽刘虬不至。但此书情理皆备，感染力强，终是名篇。

二　富含爱民之情的郡教

《为竟陵王世子临会稽郡教》，此文应是任昉于永明八年为竟陵王萧子良之子萧昭胄所作。《南齐书·萧子良传附萧昭胄传》："昭胄字景胤。泛涉有父风。永明八年，自竟陵王世子为宁朔将军、会稽太守。"① 萧子良也曾任会稽太守，《南齐书·萧子良传》："升明三年，为使持节、都督会稽东阳临海永嘉新安五郡、辅国将军、会稽太守。"② 因之，有文断定《为竟陵王世子临会稽郡教》是任昉为萧子良所作，且断定任昉于此时随同萧子良渡浙江，践会稽，曾写有《严陵濑诗》《济浙江诗》和此郡教等诗文。③ 此说法是错误的，其原因为：一是萧子良是在世祖萧赜即位，也就是建元四年封竟陵郡王的，晚于任会稽太守一职三、四年。二是"竟陵王世子"就是指竟陵王的儿子，不会是竟陵王本人。三是在升明三年任昉和萧子良的交往应该还没开始，不会作此郡教一文。四是史传对萧昭胄的任职记载有明确的证据。这时任昉已和萧子良交往

①（梁）萧子显：《南齐书》卷四十《萧子良传附萧昭胄传》，中华书局1972年版，第702页。

②（梁）萧子显：《南齐书》卷四十《萧子良传》，中华书局1972年版，第692页。

③ 袁世硕主编：《山东古代文学家评传·任昉》，山东人民出版社1983年版，第272—292页。

密切，文名也极盛。

《为竟陵王世子临会稽郡教》写道：

> 富室兼并，前史共蠹；大姓侵威，往哲攸嫉。而权豪
> 之族，擅割林池；势富之家，专利山海，乃至水称峻岩。
> 严我君后，崇墉增仞。内通神明，出符大顺。火炎昆岗，
> 神岳崩溃。兰艾同烬，玉石俱碎。哲人遭命，哀有
> 余慨。①

东晋南朝的世族大地主圈占土地、山林、湖池等，使下层
人民无立锥之地。这种情况从东晋一直到任昉写作此郡教时，
从没有得到好的解决。《南史·孔灵符传》："家本丰富，产业
甚广，又于永兴立墅，周回三十三里，水陆地二百六十五顷，
含带二山，又有果园九处。"②像孔灵符这样的家族是很普遍
的。《南史·萧子良传》："孝武后，征求急速，以郡县迟缓，
始遣台使，自此公役劳扰。"③人民生活无着，流离失所，凄
凉悲惨。萧子良任会稽太守时，已重视这一问题，并上奏齐太
祖情况的严重。到了萧昭胄任职会稽时，任昉作此郡教，予以
警示。"前史公蠹""往哲攸嫉"追述了这种问题的历史，抒
发了强烈的憎恶感情。接着又写到现实社会中"势富""权
豪"的"擅割林池""专利山海"的严峻形势。并写了这种割

---

① （唐）欧阳询撰，汪绍楹校：《艺文类聚》卷五十《职官部六》，上海古
籍出版社1982年版，第905页。
② （唐）李延寿：《南史》卷二十七《孔灵符传》，中华书局1975年版，第
726页。
③ （唐）李延寿：《南史》卷四十四《萧子良传》，中华书局1975年版，第
1101页。

据侵占所带来的"神岳崩溃，兰艾同烬；玉石俱碎，哲人遭命"的悲惨结果。在这种真实的危言耸听的呐喊中，表现了对不公正现实的抨击和对人民的同情。

三　追怀故人懿德的行状

现存任昉所撰行状两篇，分别是《齐竟陵文宣王行状》《齐司空曲江公行状》。与任昉同时的文人沈约、江淹、裴子野等人皆有行状，《文选》卷六十仅著录一篇行状，即为任昉的《齐竟陵文宣王行状》。刘勰《文心雕龙·书记篇》云："状者，貌也。体貌本原，取其事实，先贤表谥，并有行状，状之大者也。"六朝时的行状，主要是叙述状主父祖世系、身份、郡望、享年及生前德行概括，为议定谥号提供材料，属于史传文一种。

行状必须是故旧撰写，因知其实，竟陵王在西邸聚文士，故旧能文多矣，任昉独担其任，可见任昉笔才是不二人选，亦见任昉对自己有知遇之恩者总是义无反顾地报答。因为竟陵王去世后，是萧鸾掌权，这时的萧鸾还只是权臣，没有称帝。萧鸾对竟陵王一系采取压制的政策，任昉对当时的政治形势是熟悉的，他在行状中对竟陵王萧子良纵情地歌颂，必然招致齐明帝猜忌，他的这种"有所为"精神是君子品质的体现。因为任昉还写了另外两篇文章使自己在仕途上走进了死胡同。任昉撰写了《为范始兴求立太宰碑表》，就是为范云代笔为萧子良申请建立碑表的，结果是朝廷没有批准，这时的朝廷是萧鸾说了算的，可见对萧子良讳忌之深。任昉还为萧鸾撰写了《为齐明帝让宣城郡公第一表》，在表中任昉没有为萧鸾的利益说话，致使萧鸾对任昉十分厌恶，明帝一朝，任昉官职"位不过列校"。综合起来分析，任昉不依附齐明帝萧鸾是有明确的立场的，正是他一而再，再而三地不忘故主的表现，才使萧鸾彻底失望，知道任昉不为其所用，也就疏远他了。

萧子良是任昉故主，《南齐书·萧子良传》载："子良少有清尚，礼才好士，居不疑之地，倾意宾客，天下才学皆游集焉。善立胜事，夏月客至，为设瓜饮及甘果，著之文教。士子文章及朝贵辞翰，皆发教撰录。"① 萧子良得到文士尊重的原因不是他的尊崇的地位，而是他居尊位而礼士子的儒雅情怀。任昉一生中提携过很多后进，同样他早年也得到萧子良、王俭等人的奖掖帮助，他为萧子良、王俭等人撰文时，尊崇之情是自然的流露，不是违背史家的直书的原则，而是为故人撰文时，这些人的善行情不自禁地浮现于脑海，流淌于笔端。任昉在《齐竟陵文宣文行状》中，首先叙述了萧子良的才德学问：

> 公道亚生知，照邻几庶。孝始人伦，忠为令德，公实体之，非毁誉所至。天才博赡，学综该明。至若《曲台》之《礼》，九师之《易》。《乐》分龙、赵，《诗》析齐、韩。陈农所未究，河间所未辑。有一于此，罔不兼综者与！昔沛献访对于云台，东平齐声于杨、史，淮南取贵于食时，陈思见称于七步，方斯蔑如也。②

接着，他又叙述了萧子良在宋齐两朝的任职，突出了其作为帝子无与伦比的地位。历官转换，最值得注意的有三点，一是孝行，"会武穆皇后崩，公星言奔波，泣血千里，水浆不入

① （梁）萧子显：《南齐书》卷四十《萧子良传》，中华书局1972年版，第692页。
② 严可均：《全梁文》卷四十四，商务印书馆1999年版，第468页。

于口者，至自禹穴。逮衣裳外除，心哀内疚，礼屈于压降，事迫于权夺，而茹戚肌肤，沉痛创距"。二是为地方官时的惠政，"未及下车，仁声先洽。玉关靖柝，北门寝局"。三是居三公之位时，好斯文、重教化的行为。"上穆三能，下敷五典。辟玄闱以阐化，寝鸣钟以体国。翼亮孝治，缉熙中教。夺金耻讼，蹊田自嘿。不雕其朴，用晦其明。声化之有伦，繁公是赖。庠序肇兴，仪形国胄；师氏之选，允师人范"。

　　然后任昉叙述了萧子良去世及临终之宠礼，强调了身份的尊贵。最后总述萧子良的德行雅量，以及礼贤下士等事：

> 　　公道识虚远，表里融通，渊然万顷，直上千仞。仆妾不睹其喜愠，近侍莫见其倾弛。他人之善，若己有之。民之不臧，公实贻耻。诱接恂恂，降以颜色，方于事上，好下规己，而廉于殖财，施人不倦。帝子储季，令行禁止，国网天宪，置诸掌握。未尝鞠人于轻刑，锢人于重议。人有不及，内恕诸己。非意相干，每为理屈。任天下之重，体生民之俊。华衮与缊绪同归，山藻与蓬茨俱逸。良田广宅，符仲长之言；邙山洛水，协应叟之志。丘园东国，锱铢轩冕。乃依林构宇，傍岩拓架。清猿与壶人争旦，缇幕与素濑交辉。置之虚室，人野何辨。高人何点，蹑屦于钟阿；征士刘虬，献书于卫岳。赠以古人之服，弘以度外之礼，屈以好事之风，申其趋王之意。①

　　任昉还叙其文章足以传世不朽。结语云："易名之典，请遵前烈。"点出了行状的功能目的，是为了竟陵王申请谥号。

---

①　严可均：《全梁文》卷四十四，商务印书馆 1999 年版，第 470 页。

萧子良是文坛的组织者，不是政治家，齐明帝萧鸾在与萧子良争权的斗争中，萧子良几乎是将权力拱手让给了萧鸾，萧鸾给了萧子良"文宣"谥号，确实符合萧子良的为人。

清人李兆洛在《骈体文抄》中说到任昉洋洋洒洒的两千字的行状时说："以俪词述实事，于斯体尚称。"①

第二节　自言体作品

这类作品的一般特点是不用介绍的，它是最习以常见的创作形式。本不应有这种区分，只是因为任昉有更多的代言作品，而相对划分的，这两类都含有各种相同的体裁。

一　尽后死之责的书序

任昉感激于王俭的奖掖提携，于永明九年王俭卒后，主动担负起后死之责，整理王俭的著作为《王文宪集》以期流传，并情不自禁地为集子撰写了感情饱满的序文。文章有序在西汉是已经很成熟很常见了，这种序既说明创作的相关事情，也含有该书的目录。为他人文章作序，最早是西晋皇甫谧为左思《三都赋》所作的序，这是为单篇文章作的序。至于为他人作品集子作序，任昉的这篇《王文宪集序》是最早。从体裁的发展渊源上是有开创之功的。

任昉一生交游甚多，因其真诚，多相互视为知己。王俭既是好友，更是对其有知遇之恩的长者，是亦师亦友的密切关系。王俭的去世，使任昉在复杂的环境里的成长变得更加艰难，其心中的悲哀和怀念之情是不言而喻的。这种内心的块垒

---

① （清）李兆洛：《骈体文钞》，岳麓书社1992年版，第576页。

发诸笔端形成奇崛之文。《王文宪集序》视为长制，该序可与其《齐竟陵文宣王行状》相比，皆能驰骋其文笔，畅达其心情，把笔下的人物写得有血有肉，但又没有过誉之嫌。两人的事迹可与他们的本传相表里，既传达了任昉对故友幕主的由衷的感激之情，也显示了任昉具有过人的史才。梁元帝萧绎《金楼子·立言篇》："任彦升甲部阙如，才长笔翰，善辑流略，遂有龙门之名。"至于任昉曾被称之为"五经笥"，"甲部"也非"阙如"。

任昉在《王文宪集序》中，详叙王俭的生平，又按集序的体裁，只用寥寥数语提及王俭的文章，能以王俭的文章显现王俭的为人。序中引诗："稷契匡虞夏，伊吕翼商周。"这两句引自王俭的《春日家园》：

> 徙倚未云暮，阳光忽已收。
> 羲和无停晷，壮士岂淹留。
> 冉冉老将至，功名竟不修。
> 稷契匡虞夏，伊吕翼商周。
> 抚躬谢先哲，解绂归山丘。

这首诗为王俭仕刘宋时之作。他少有大志，欲效稷、契、伊、吕，立匡世之功。因其政治抱负在宋末荒乱的环境里无实现的可能，就叹光阴易逝，功名难成，有着辞官遁世的悲凉情感。这种情感在古代大多文人身上多有表现，这是对人生意义、生命价值和功名利禄等问题的思考以及思考之后得不到满意答案的必然人生体验。并将这种对生命的思考提升到审美层面。王俭的这首诗写得平实自然，表现得志向大，又不虚飘。萧齐代刘宋后，王俭实现了其政治理想。王俭先帮助萧道成建立了齐政权，立了功勋，又襄助萧赜开创了"永明之治"。王俭自比"江左风流宰相"谢安。序中提到"盖尝赋诗云：'稷契匡虞夏，伊吕翼商周'，自是始有应务之迹，生民属心矣。"把王俭的诗和人一起托出，用其诗表其心迹，用功业证实其志向，交相辉映。

任昉在序中偶尔提及文章事时，还提及王俭和袁粲的交往琐事。让才高位尊的袁粲衬托王俭，从而表现了王俭自幼的不同凡响。序中云："时袁粲有高世之度，脱落尘俗，见公弱龄，便望风推服，叹曰：'衣冠礼乐在是矣。'时粲位亚台司，公年始弱冠，年势不侔，公与之抗礼。因赠粲诗，要以岁暮之期，审知足趾戒。粲答诗云：'老夫亦何寄，之子照清衿'"。《南史·袁粲传》："粲负才尚气，爱好虚远，虽位任隆重，不以事务经怀。独步园林，诗酒自适。家居负郭，每杖策逍遥，当其得意，悠然忘反。"[①] 王俭之诗已佚，但其作诗戒袁粲在岁暮之内改变其"爱好虚远""不以事务为怀"的性格，袁粲欣然接受王俭的劝告并向其致谢一事，让王俭的形象突兀而出，给人留下深刻的印象。由于任昉对王俭的感情真诚，对哲人已逝的伤痛，只能用对其懿行的赞美来补偿了。

任昉《王文宪集序》是一篇典型的骈体文，骈俪化极强，是南朝骈体的代表。在赞扬王俭高尚的人品时写道：

> 公在物斯厚，居身以约。玩好绝于耳目，布素表于造次。室无姬姜，门多长者。立言必雅，未尝愿其所长；持论从容，未尝言人所短。弘长风流，许与气类。虽单门后

---

① （唐）李延寿：《南史》卷二十六《袁粲传》，中华书局1975年版，第704页。

进，必加善诱，勖以丹霄之价，弘以青冥之期。公铨品人伦，各尽其用。居厚者不矜其多，庭薄者不怨其少。穷涯而反，盈量知归。皇朝以治定制礼，功成作乐，思我民誉，缉熙帝图。虽张曹争论于汉朝，荀挚竞爽于晋世，无以仰模渊旨，取则后昆。每荒服请罪，远夷慕义，宣威授指，实寄宏略。理积则神无忤往；事感则悦情斯来。无是己之心，事隔于容诡；罕爱憎之情，理绝于毁誉。造理常若可干，临事每不可夺；约己不以廉物，弘量不以容非。攻乎异端，归之正义。①

上文写得是文采飞扬，用典得当，赞美之情充沛真挚。清代张溥说："居今之世，为今之言，逢时抗往，则声华不立，投俗取妍，则尔雅中绝，求其俪体行文，无伤逸气者，江文通、任彦升，庶几近之。"② 意思是为文能做到不拟古、不趋时，文气飘逸，辞藻雅正，这样的作者大约只有任昉和江淹等人。

二　笔锋凌厉的奏弹

弹文，亦称弹事。《文心雕龙·奏启》云："按劾之奏，所以明宪清国。"任昉于御史中丞任留下来几篇著名的弹文、奏启，正是职有所责。弹奏之文，最能体现任昉的凌厉之笔，也能体现任昉的雷厉风行、嫉恶如仇的性格。现存的任昉的弹文一共四篇，分别是：《弹奏曹景宗》《弹奏萧颖达》《弹奏刘

① 严可均：《全梁文》卷四十四，商务印书馆1999年版，第466页。
② （明）张溥著，殷孟伦注：《汉魏六朝百三家集题辞注》，人民文学出版社1960年版，第230页。

整》《弹奏范缜》。作为御史中丞任昉撰写的《弹奏曹景宗》《弹奏萧颖达》《弹奏刘整》皆是秉公执法，惩恶务尽，弹劾权贵的名文。《弹奏范缜》一文，并不是范缜真恶，而是两人意见不同，相处不洽。任昉犹能于平常之处显范缜之罪，这一篇并不是任昉秉公而作，而是陷于个人恩怨。但其行文之缜密，说理之透彻，感染力之强自不必说。

《梁书·曹景宗传》云："（天监）二年十月，魏寇司州，围刺史蔡道恭。时魏攻日苦，城中负板而汲，景宗望门不出，但耀军游猎而已。及司州城陷，为御史中丞任昉所奏。"①其文云：

　　御史中丞臣任昉稽首言：臣闻将军死绥，恐步无却；顾望避敌，逗桡有刑。至乃赵母深识，乞不为坐；魏主著令，抵罪已轻。是知败军之将，身死家戮，爰自古昔，明罚斯在。臣昉顿首顿首，死罪死罪。窃寻獯狁侵轶，暂扰疆陲，王师薄伐，所向风靡。是以淮徐献捷，河兖凯归。东关无一战之劳，途中罕千金之费。而司部悬隔，斜临寇境，故使狡虏凭陵，淹移岁月。故司州刺史蔡道恭，率厉义勇，奋不顾命，全城守死，自冬徂秋，犹有转战无穷，亟摧丑虏。方之居延，则陵降而恭守；比之疏勒，则耿存而蔡亡。若使郢部救兵，微接声援，则单于之首，久悬北阙，岂直受降可筑，涉安启土而已哉！实由郢州刺史臣景宗，受命致讨，不时言迈，故使猬结蚁聚，水草有依，方复按甲盘桓，缓救资敌，遂令孤城穷守，力屈凶威。虽

────────────

① （唐）姚思廉：《梁书》卷九《曹景宗传》，中华书局1973年版，第179页。

然，犹应固守三关，更谋进取，而退师延颈，自贻亏衄，疆场侵骇，职是之由，不有严刑，诛赏安置，景宗即主。臣谨案使持节都督郢司二州诸军事、左将军、郢州刺史、湘西县开国侯臣景宗，擢自行间，遭兹多幸，指踪非拟，获兽何勤。赏茂通侯，荣高列将，负楯裁驰，钟鼎遽列，和戎莫效，二八已陈。自顶至踵，功归造化，润草涂原，岂获自已。且道恭云逝，城守累旬，景宗之存，一朝弃甲。生曹死蔡，优劣若是，惟此人斯，有觍面目。昔汉光命将，坐知千里；魏武置法，案以从事。故能出必以律，锱铢无爽。伏惟圣武英挺，略不世出，料敌制变，万里无差，奉而行之，实弘庙算。惟此庸固，理绝言提。自逆胡纵逸，久患诸夏。圣朝乃顾，将一车书。愍彼司氓，致辱非所。早朝永叹，载怀矜恻。致兹亏丧，何所逃罪？宜正刑书，肃明典宪。臣谨以劾，请以见事免景宗所居官，下太常削爵土，收付廷尉法狱治罪。其军佐职僚、偏裨将帅纠诸应及咎者，别摄治书侍御史随违续奏。臣谨奉白简以闻云云。①

这篇文章理直气壮地将曹景宗违令怯敌失关折将的罪证一一排比，掷地有声。充分地表现了骈体文用典繁富的特点。清人谭献在评《骈文文钞》时说本篇是："笔挟风霜"。

曹景宗，字子震，新野人。齐末萧衍起兵，曹景宗附之有功。可是曹景宗却飞扬跋扈，多为不法。《梁书·曹景宗传》："景宗军士皆桀黠无赖，御道左右，莫非富室，抄掠财物，略夺子女，景宗不能禁。"又景宗于天监元年为郢州刺史时，

---

① 严可均：《全梁文》卷四十三，商务印书馆1999年版，第455—456页。

"景宗在州，鬻货聚敛。于城南起宅，长堤以东，夏口以北，开街列门，东西数里，而部曲残横，民颇厌之"。更可恶的是，"（天监）二年十月，魏寇司州，围刺史蔡道恭。时魏攻日苦，城中负板而汲，景宗望门不出，但耀军游猎而已"。任昉对这种恃功骄横欺民误国的武将，十分痛恨。于职内写下《弹奏曹景宗》一文弹劾曹景宗的罪过，要求萧衍对曹景宗应免其"所居之官，下太常削爵土，收附廷尉法狱治罪"，以"肃明典宪"。表中褒扬了蔡道恭的忠勇，用对比的手法揭露了曹景宗的罪过，并使其罪过更加显出，使人痛斥。表中云"故司州刺史蔡道恭，率厉义勇，奋不顾命。全城守死，自冬徂秋犹有转战无穷，亟催丑虏，方之居延，则陵降而恭受，比之疏勒，则耿存而蔡亡"。"生曹死蔡，优劣若是"。因曹景宗之过，致军败辱国，文章气势强烈，立场鲜明。

任昉弹文上奏，梁武帝萧衍"以功臣寝而不治"，曹景宗是戴罪感德，改变了处事作风，于天监六年（507），与韦睿合作再救钟离时，完胜魏军，一雪前耻。

《弹奏萧颖达》中的萧颖达和萧衍同宗，在萧衍起兵时亦立功勋。萧颖达自恃为皇族，又是开国元勋，在被封为唐县侯后，在唐县一带，"寻生鱼典税"，"一年收值五十万"。萧颖达的这种贪残行为，加重了渔民的剥削，也减少了国家的收入。任昉认为萧颖达此举，不止有失大臣之体，还坠入到"屠中之志"，这是不能宽容的。任昉还在奏文中，要求萧衍不要以"弘惜勤良"为借口而"曲法"，应免除萧颖达所居之官，"以侯还第"，表现出任昉弹奏不避亲、不畏上的精神。

《弹奏刘整》在语言叙述风格上迥异于他篇，原文较长，为观其妙，仍然全文引录于下。其文曰：

御史中丞臣任昉稽首言：臣闻马援奉嫂，不冠不入；
泛毓字孤，家无常子。是以义士节夫，闻之有立，千载美
谈，斯为称首。

臣昉顿首顿首，死罪死罪。谨案齐故西阳内史刘寅妻
范，诣台诉列称：出适刘氏，二十许年。刘氏丧亡，抚养
孤弱，叔郎整，常欲伤害侵夺。分前奴教子、当伯，并已
入众。又以钱婢姊妹弟温，仍留奴自使伯；又夺寅息逡婢
绿草，私贷得钱，并不分逡。寅第二庶息师利，去岁十月
往整田上经十二日，整便责范米六斗哺食。米未展送，忽
至户前，隔箔攘拳大骂，突进房中，屏风上取车帷准米
去。二月九日夜，婢采音偷车栏夹杖龙牵，范问失物之
意，整便打息逡。整及母并奴婢等六人来至范屋中，高声
大骂，婢采音举手查范臂。求摄检，如诉状。

辄摄整亡父旧使奴海蛤到台辩问，列称：整亡父兴
道，先为零陵郡，得奴婢四人。分财，以奴教子乞大息
寅。亡寅后，第二弟整仍夺教子，云应入众，整便留自
使，婢姊及弟各准钱五千文，不分逡。其奴当伯，先是众
奴。整兄弟未分财之前，整兄寅以当伯贴钱七千，共众作
田。寅罢西阳郡还，虽未别火食，寅以私钱七千赎当
伯，仍使上广州去。后寅丧亡，整兄弟后分奴婢，唯余
婢绿草入众。整复云寅未分财赎当伯，又应属众。整意
贪得当伯，推绿草与逡。整规当伯还，拟欲自取，当伯
遂经七年不返。整疑已死亡不回，更夺取婢绿草，贷得
钱七千。整兄弟及姊共分此钱，又不分逡。寅妻范云，
当伯是亡夫私赎，应属息逡。当伯天监二年六月从广州
还至，整复夺取，云应充众，准雇借上广州四年夫直，
今在整处使。

进责整婢采音，刘整兄寅第二息师利，去年十月十二日忽往整墅停住十二日，整就兄妻范求米六斗哺食。范未得还，整怒，仍自进范所住，屏风上取车帷为质。范送米六斗，整即纳受。范今年二月九日夜，失车栏子夹杖龙牵等，范及息逡道是采音所偷。整闻声，仍打逡。范唤问："何意打我儿?"整母子尔时便同出中庭，隔箔与范相骂。婢采音及奴教子、楚玉、法志等四人，于时在整母子左右。整语采音："其道汝偷车校具，汝何不进里骂之?"既进争口，举手误查范臂。车栏夹杖龙牵，实非采音所偷。

进责寅妻范奴苟奴，列娘去二月九日夜，失车栏夹杖龙牵，疑是整婢采音所偷。苟奴与郎逡往津阳门籴米，遇见采音在津阳门卖车栏龙牵，苟奴登时欲捉取，逡语苟奴已尔不须复取。苟奴隐僻少时，伺视人买龙牵，售五千钱。苟奴仍随逡归宅，不见度钱。并如采音、苟奴等列状，粗与范诉相应。重核当伯、教子，列娘被夺，今在整处使，悉与海蛤列不异。以事诉法，令史潘僧尚议：整若辄略兄子逡分前婢货卖，及奴教子等私使，若无官令，辄收付近狱测治。诸所连逮缘应洗之源，委之狱官，悉以法制从事。如法所称，整即主。

臣谨案：新除中军参军臣刘整，闾阎阘茸，名教所绝。直以前代外戚，仕因纨绔，恶积衅稔，亲旧侧目。理绝通问，而妄肆丑辞；终夕不寐，而谬加大杖。薛包分财，取其老弱；高凤自秽，争讼寡嫂。未见孟尝之深心，唯教文通之伪迹。昔人睦亲，衣无常主；整之抚侄，食有故人。何其不能折契钟庾，而襜帷交质，人之无情，一何至此！臣等参议，请以见事免整所除官，辄勒外收付廷尉法狱治罪。诸所连逮应洗之源，委之狱官，悉以法制从事。婢采音不款偷车龙牵，请付狱测实。其宗长及地界职司，初无纠举，及诸连逮，请不足申尽。臣昉云云，诚惶诚恐以闻。①

　　任昉现存的文皆为骈体，这篇弹奏亦为骈体，但是文中大段的散句却是例外，文中引刘寅的妻子到御史台诉讼刘整以及查证的材料全是口语，另外为说明所诉属实，在叙述查证材料时不避重复地再说一遍，如此行文就是为了达到让事实说话的目的。文章大家任昉深知辞不害意的作文之道，不避俚语、口语，不避琐碎，用这些生活的细微末节揭露了刘整不顾兄弟亲情侵吞家产的丑恶行径。近人刘师培说："盖当时世俗之文，有质直序事，悉无浮躁者，如今本《文选》任昉《弹刘整文》所引刘寅妻范氏诣台诉词是也。"② 用平常语写奇崛文，炼劲有力。任昉的创作十分灵活。郭预衡先生认为这是一篇非常特异的文章，评论道："当骈文盛行的时期，虽'笔'亦骈。但这篇文章有些例外。即：中间刘寅妻范诣台斥辞以及查证材料，几乎都用当日的口语。这是很值得注意的。可以看出，当时文人凡写官场应酬之文，骈四俪六，不妨任情挥洒；可是一旦接触生活实际，则只能照录口语。这些口语似乎不文，但在那个时代，却是别有生气的文字。"③ 考虑到任昉在义兴、新安两任太守时的救贫安弱的行为，此文中所表现的其对范氏母子的同情是任昉的一贯为人，表现出任昉的博爱

----

① 严可均：《全梁文》卷四十三，商务印书馆1999年版，第457—458页。
② 刘师培：《中国中古文学史讲义》，上海古籍出版社2000年版，第109页。
③ 郭预衡：《中国散文史》，上海古籍出版社1986年版，第506页。

之心。《弹奏刘整》是为孤寡弱者主持正义。文中记录了中军参军刘整强夺寡嫂范氏财物的纠纷。本文很有特点，大量地采用了当时的口语，实录了当时的始末曲直，用事实本身说话，美丑自彰。

三 情真意切的书信

现存任昉的书信五篇，《为庾杲之与刘居士虯书》《为昭明太子答何胤书》《与江革书》《与沈约书》《吊乐永世书》。前两篇是替人代笔，《为庾杲之与刘居士虯书》一文在下一章讨论赠答诗《答刘居士诗》时引出。后三篇属于任昉的自作文。任昉与友人书既能表现任昉的文笔长于抒情，也能体现与友人感情的笃深。

《与沈约书》事不涉沈约事，而是在书中与沈约倾诉两人知己范云不幸病逝的悲痛。天监二年任昉出为义兴太守，离京不到二十天，范云卒于京城。任昉在去义兴郡的路上闻此噩耗，无以消解心中的悲痛，写下《出郡传舍哭范仆射》一诗，同时修书沈约，褒范云之高义，抒心中之悲情。此书正是以文当哭，哀情难抑。该书云：

> 范仆射遂不救疾。范侯淳孝睦友，在家必闻，直道正色，立朝斯著。一金之俸，必遍亲伦，钟瘝之秩，散之故旧。佐命兴王，心力俱尽，谋猷忠允，谅诚匪躬。破产而字死友之孤，开门而延故人之殡。则惟其常，无得而称矣。器用车马，无改平生之凭；素论款对，不易布素之交。若斯人者，岂云易遇？昉将莅此邦，务在遄速。虽解驾流连，再贻款顾，将乖之际，不忍告别。无益离悲，只

增今恨。永念平生，忽焉畴向曩。追寻笑绪，皆成悲端。①

《南史·范云传》："武帝九锡之处，云忽中疾，居二日半，召医徐文伯视之。文伯曰：'缓之一月乃复，欲速及时愈，政恐二年不可复救。'云曰：'朝闻夕死，而况二年。'文伯乃下火而壮焉，重衣以覆之。有顷，汗流于背即起，二年果卒。"② 任昉离京赴任时，想必范云已在病中。因二人情深意笃，恐离别的伤感增加了范云的病状。"将乖不忍，欲以遣离情"。可是意料不到，"不忍一辰意，千龄万恨生"。一朝暂别，竟成永诀。任昉赴任的义兴郡正是范云故土。物是人非，骤增悲凉。后来任昉在义兴任上所施善政，既是任昉对友人范云最好的纪念，也表明两人惺惺相惜的基础是正直有为的性格和理想。任昉对范云的怀念，既写了《与沈约书》，又作了《出郡传舍哭范仆射》三章。此诗是任昉现存诗中最长的一首，诗含三章，一咏三叹。"结欢三十年，生死一交情"，变成了"一朝万化尽，犹我故人情"。

对故人去世的悼念，任昉还曾作《吊乐永世书》、乐永世即乐预，曾任永世令，是任昉之友。《南齐书·乐预传》载："（预）建武中，为永世令，民怀其德。卒官。有一老妪行担榆薪叶将诣市，闻预死，弃担号泣。"③《南史·孝义传上·乐

① 严可均：《全梁文》卷四十三，商务印书馆1999年版，第462—463页。
② （唐）李延寿：《南史》卷五十七《范云传》，中华书局1975年版，第1420页。
③ （唐）李延寿：《南史》卷七十三《孝义传上·乐预传》，中华书局1975年版，第1827页。（梁）萧子显：《南齐书》卷五十五《乐预传》，中华书局1972年版，第962页。

预传》："预建武中为永世令，人怀其德，卒官。时有一媪年可六七十，担樀簌叶造市货之，闻预亡大泣，弃溪中，曰：'失乐令，我辈孤独老姥政应就死耳。'市人亦皆泣，其惠化如此。"① 任昉的这篇吊文全部采用四言，用古朴的形式表达了怀念之情，文短情长，任昉在文中褒扬的友人的人格之美也是任昉自己的真实写照。"永世孝友之至，发自天真。皎洁之操，曾非矫饰。意有所固，白刃不移。理有所托，淄渑自辨"，把友人质朴纯洁、威武不屈的性格以及明辨是非的能力刻画出来。友人品德越好，对其逝去就越会让人感到惋惜。"哀楚交至，宿草易滋，伤恨不灭，松价可拱，悲绪可穷。"以恨写悲伤离别之情，既写出了友人的值得怀念，也表现了悲情对作者影响之深。

---

① （唐）李延寿：《南史》卷七十三《孝义传上·乐预传》，中华书局 1975 年版，第 1827 页。

第四章　任昉诗歌的艺术特色

《任中丞集》收录任昉二十二首诗，许多人由"任笔沈诗"之称而得出任昉擅长笔作，不擅长诗作的结论。后虽也有人肯定任昉之诗，但不能改变这一局面，因此后人对任昉的诗注意不够。出现这种结果的原因有二：一是钟嵘对任昉诗作评论的影响，二是任昉诗的风格和当时提倡、后来流行的永明体格格不入。钟嵘在《诗品》中将任昉列入中品，评之曰：

> 彦升少年为诗不工，故世称沈诗任笔，昉深恨之。晚节爱好既笃，文亦遒变，善铨事理，拓体渊雅，得国士之风。故擢居中品。但任昉既博物，动辄用事，所以诗不得奇。少年士子，效其如此，弊矣。①

钟嵘的评语认为任昉在少年时诗作不工，但是后来"晚节爱好既笃，文亦遒变，善铨事理，拓体渊雅，得国士之风"，诗作变得很工了。任昉诗的特点是诗风遒劲，长于说理，体裁多变，因其博学多识，故多用典。用典和说理是相联

---

① （梁）钟嵘著，陈延杰注：《诗品注》卷中，人民文学出版社1961年版，第52页。

系的，一个典故蕴含着一个寓意，用得恰当，能引起读者联想，以事寓理，言简意丰。但是少年士子争相仿效，致使东施效颦，诗艺全无，画虎类犬有害诗美，这是不值得提倡的。

任昉生活的齐梁间的文学创作，人们常常首先提到永明文学。永明文学已变成了一个狭义专称的概念，那就是在诗歌创作中声律学的兴起和应用，即四声八病的理论和诗歌创作相结合的新体诗创作。非之就不是永明文学了，此种理解也是一个误会。首先永明中，周颙、沈约提倡四声说时，这毕竟只是一个崭新的东西。其创作群体和作品数量都是很少的，充斥于创作中的仍然是传统的方法和风格。后来的研究者总是认为在齐梁间运用四声八病的新体诗已经成为诗歌的主流了。事实并非如此。当时社会上的诗歌创作仍是以古体诗为主的。新体诗是有许多诗人在尝试，但只是尝试而已。当时的诗坛，这两种诗体创作各自自由地进行着，互相之间不是一场替代、反替代的冲突、斗争。从现存的诗歌分析，似乎任昉对新体诗创作没有太多的注意，虽然"四声说"的提倡者沈约是他的密友，但这种情形不难理解，像同为"竟陵八友"的萧衍，在代齐践祚后仍不知何谓四声，并且对四声也毫无兴趣。新体诗的发展导致了唐代近体诗的繁荣。后来研究诗歌者，多注意齐梁间新体诗创作的问题，对固守传统形式的诗人就忽视了。

再就是钟嵘《诗品》对诗人的品评问题。南朝诗人入上品者只谢灵运一人，齐梁入中品的还有任昉的文友谢朓、江淹、范云、丘迟和沈约。由此知中品不为低品，仍是上乘之作，"任笔沈诗"的任昉和沈约列在同品，何况还有谢朓、江淹等作陪。"任笔沈诗"应作如是的理解，"一代词宗"沈约长于诗亦长于笔，而任昉长于笔亦长于诗，同时又有侧重而已。

对任昉诗作大加赞扬的声音也是有的。清代诗坛领袖王士禛《分甘余话》卷二"沈诗任笔"条："六朝谓文为笔，齐梁间江左有'沈诗任笔'之语，谓沈约之诗，任昉之文也。然余观彦升之诗，实胜休文远甚；当时惟玄晖足匹敌耳，休文不足道也。"[1] 王士禛将任昉的成就提到与谢朓匹敌，一代诗宗的看法，虽是一家之言，固有其理。

第一节　赠答诗

任昉现存的二十二首诗，内容写与友人、同僚等互动往来的诗作占了很大数量。这些诗作不是孤零零的存在物，而是都有另一个、另几个的伴随共生物。其内容是较丰富的，有公宴酬唱、有奉和写景、有送别伤情等。这些诗作本身就反映了诗人在当时所处的人际环境。这种环境也较明确地反映了当时文人雅会、赋诗相赠的盛况。这类诗皆属于赠答诗，其中有《赠王僧孺诗》《答刘居士诗》《赠郭桐庐出溪口见候余既未至郭仍进村维舟久之郭生方至诗》《答何征君诗》《赠徐征君诗》《答刘孝绰诗》《答到建安饷杖诗》《寄到溉诗》八首诗，这些诗都是名副其实的赠答诗。而像《同谢朓花月诗》《别萧谘议诗》《奉和登景阳山诗》等，虽然也是诗人和友人在交往中，必是往来酬唱，但是《文选》对后面的这些诗有不同的归类界定，笔者为了介绍的方便，也不勉强将之归在一类。同时，笔者在关照任昉所有诗歌思想及艺术特点时，也不囿于《文选》的分类，适度地做些归纳，以适合我们现在的分类

---

① （清）王士禛著，张世林点校：《分甘余话》卷二《沈诗任笔》，中华书局1989年版，第31页。

习惯。

　　先说赠答诗。赠答诗就是有赠有答的诗，在赠答的往返回复中，完成了诗人与友人用语言表达的生活体验。将赠诗和答诗分别关照，它们既是自足的存在，放在一起欣赏，又是一个圆融贯通的整体。在赠答的交流中，围绕着一件事、一个话题分别从两个或几个方面进行描述。这样诗人所处的社会关系和在关系中的认同感就能有所表现。当然，在诗人们的赠答活动中，有赠诗不一定有答诗，但是有答诗必定有赠诗。

　　赠答诗的出现应该是很早的。《文选》收录的最早的赠答诗是王粲、刘桢等建安诗人的诗，数量众多，蔚然大观。经两晋到南朝，赠答诗的创作更是一个不可忽视的现象。赠答诗的渊源明显要比王粲等要早得多，像先秦时期的"临别赠言""赋诗言志"等活动应是赠答诗的滥觞。

　　赠答诗的产生一方面出于诗人的感情需要宣泄，另一方面也是社交场合的实际需要。诗人们作品亡佚的情况比较严重，细查任昉的诗就会发现，其中有些是任昉的赠诗存在，已没有了友人的答诗；有些是友人的赠诗存在，但是任昉的答诗已亡佚，自然有大量的赠诗和答诗皆亡佚的。如现存陆倕《赠任昉诗》、到洽《赠任昉诗》等，而现已不可见任昉的答诗了。

一　赠答居士诗

　　不满于社会的动荡，而又无力改变现实的矛盾，促使许多人远离仕途甚至隐居山林，图一个眼不见心不烦、耳根清静的栖居所在，在古代每个时期不乏其人。《南齐书》中有《高逸传》，《梁书》中有《处士传》，这说明在齐梁间这类人的数量是很多的，对士人的影响也是很大的，它像一个巨大的诱惑，使不得意的士子有一个可退的心灵的休憩地。和居士们的交往赠答无疑会提高交往者的身价。

《答刘居士诗》云：

> 君子之道，亦有其四。
>
> 高行绝俗，盛德出类。
>
> 才同文锦，学非书肆。
>
> 望之可阶，即之难至。
>
> 辍精天理，躔象少微。
>
> 人与俗异，道与人违。
>
> 庭飞熠耀，室满伊威。
>
> 行无辙迹，理绝心机。①

诗中的刘居士是南齐隐士刘虯，《南齐书·刘虯传》载："刘虯，字灵预，南阳涅阳人也。旧族，徙居江陵。虯少而抗节好学，须得禄便隐。宋泰始中，仕至晋平王骠骑记室，当阳令。罢官归家，静处断谷，饵术及胡麻。建元初，豫章王为荆州，教辟虯为别驾，与同郡宗测、新野庾易并遣书礼请，虯等各修笺答而不应辟命。永明三年，刺史庐陵王子卿表虯及同郡宗测、宗尚之、庾易、刘昭五人，请加蒲车束帛之命。诏征为通直郎，不就。"②

《答刘居士诗》是任昉对刘虯赠诗的答复，赠诗已不可见。任昉是一个儒家思想浓厚的人，在当时儒、道、玄、释等思想并行的环境里，任昉的言行仍然为修齐治平的理想所左

---

① 逯钦立：《先秦汉魏晋南北朝诗》，中华书局 1983 年版，第 1595—1596 页。

② （梁）萧子显：《南齐书》卷五十四《高逸传·刘虯传》，中华书局 1972 年版，第 939 页。

右，同时对隐居的向往的思想也是有的，虽他最终不会去隐居，可是偶尔想一想也是能抚慰心灵的忧伤。"君子之道，亦有其四。高行绝俗，盛德出类。才同文锦，学非学肆。"从行、德、才、学四个方面赞扬刘虬的为人。其洁身自好的品质让人感到可望不可及，"望之可阶，即之难至"。刘虬是重视生命存在价值的人，"人与俗异，道与人违"。一个人身上一旦没有区别他人的特质，那就只是一个数量的增加而已。"行无辙迹，理绝心机"，一个不受世俗所累的人，达到心灵的自由。任昉和刘虬交往密切，除了这首诗，任昉还为庾杲之代表撰写过《为庾杲之与刘居士虬书》，其文云：

　　自别荆南，迄将二纪，杲之牵滞形有，推迁物役，丈人没志外身，超然独善。虽心路咫尺，而事阻山河，悠悠白云，依然有道，金凉仵运，想恒纳宜。冲明在襟，履候无爽，体道为用，蹈理则和。杲之牵缀疲朽，愧心已多，访德则山林窅然，观道则风云自远，岁暮之期，指途衡岳，神虚气懑，无待怡和，江湖相望，安事行李。司徒竟陵王，懋于神者，言象所绝，接乎士者，退迩所宗，钟石非礼乐之本，缨褐岂朝野之谓。想暗投之怀，不以形体为阻，一日通籍梁邸，亲奉话言，梦想清尘，为岁已积。以丈人非羔雁所荣，故息蒲币之典，胜寄冥运，谅有风期之迟。君王卜居郊郭，萦带川阜，显不绚功，晦不标迹，从容乎人野之间，以穷二者之致。且弘护为心，广乎真俗，思闻系表，共剖众心，妙域筵山河，虚馆带川涘，实望贲然，少酬侧迟。昔东平乐善，旌君大于东阁，今王爱素，致吾子于西山，岂不盛欤！百龄飘骤，凝滞自物，千载一朝，为仁由己。且凌雪戒涂，非灭迹之郊，鸿钟在御，岂销声之道，已标异人之迹，故有同物之劳。夫山水无情，应之以会，爱闲在我，触目萧条，衡岳何亲？钟岭何薄？想弘思有在，不俟繁言。①

《为庾杲之与刘居士虬书》虽是代笔，但任昉熟悉且钦佩刘虬的高风峻节，表述出于真情，没有过誉之言。

《答何征君诗》云：

> 散诞羁鞿外，拘束名教里。
> 得性千乘同，山林无朝市。
> 勿以耕蚕贵，空笑易农士。
> 宿昔仰高山，超然绝尘轨。
> 倾壶已等药，命管亦齐喜。
> 无为叹独游，若终方同止。②

诗中何征君为何点，《梁书·何点传》载："永明元年，征中书郎。豫章王命驾造门，点从后门逃去。竟陵王子良闻之，曰：'豫章王尚不屈，非吾所议。'遗点嵇叔夜酒杯、徐景山酒枪以通意。点常自得，遇酒便醉，交游宴乐不隔也。"③在《答何征君诗》里，任昉系累于仕途，"散诞羁鞿外，拘束名教里"。对隐居生活是崇仰的，"宿昔仰高山，超然绝尘轨"。

---

① 严可均：《全梁文》卷四十三，商务印书馆 1999 年版，第 463—464 页。
② 逯钦立：《先秦汉魏晋南北朝诗》，中华书局 1983 年版，第 1597—1598 页。
③ （梁）萧子显：《南齐书》卷五十四《高逸传·何求传附何点传》，中华书局 1972 年版，第 938 页。

《赠徐征君诗》云：

> 促生悲永路，早交伤晚别。
>
> 自我隔容徽，于焉徂岁月。
>
> 情非山河阻，意似江湖悦。
>
> 东皋有儒素，杳与荣名绝。
>
> 曾是违赏心，曷用箴余缺。
>
> 眇焉追平生，尘书废不阅。
>
> 信此伊能已，怀抱岂暂辍。
>
> 何以表相思，贞松擅严节。①

《南齐书·高逸传》载："伯珍少孤贫，书竹叶及地学书。山水暴出，漂溺宅舍，村邻皆奔走，伯珍累床而止，读书不辍。叔父璠之与颜延之友善，还祛蒙山立精舍讲授，伯珍往从学，积十年，究寻经史，游学者多依之。太守琅邪王昙生、吴郡张淹并加礼辟，伯珍应召便退，如此者凡十二焉。征士沈俨造膝谈论，申以素交。吴郡顾欢摘出《尚书》滞义，伯珍训答甚有条理，儒者宗之。"②《赠徐征君诗》抒发了诗人对徐伯珍情谊的认同，"情非山河阻，意似江湖悦"。绝誉弃名是使人羡慕的，"东皋有儒素，杳与荣名绝"。对徐君的敬意，"何以表相思，贞松擅严节"。在《泛长溪诗》里，任昉也由衷地表露了对隐居的向往。"狗禄聚归粮，依隐谢羁勒，绝物甘离群，长怀思去国"。

---

① 逯钦立：《先秦汉魏晋南北朝诗》，中华书局1983年版，第1597—1598页。

② （梁）萧子显：《南齐书》卷五十四《高逸传·徐伯珍传》，中华书局1972年版，第945页。

二　赠答友人诗

友人间的赠答有轻松愉快的互相慰问，有离别时的依依不舍，更有对友人美德惠行的赞美。在这类诗中，人情美得到充分的阐述，情感得到淋漓尽致的宣泄。

先看《赠王僧孺诗》：

惟子见知，惟余知子。

观行视言，要终犹始。

敬之重之，如兰如芷。

形应影随，曩行今止。

百行之首，立人斯著。

子之有之，谁毁谁誉？

修名既立，老至何遽。

谁其有怀，吾为子卿。

刘《略》班《艺》，虞《志》荀《录》。

伊昔有怀，交相欣勖。

下惟无倦，升高有属。

嘉尔晨灯，惜余夜烛。①

诗先叙述两人相互引为知己。又说到言行之美，有善始善终的美德。诗人和友人一向形影不离，而至今要分手作别，心里的惆怅并没有提，而愁绪自见。友人已"立人""修名"，人生亦无憾，愿永伴友人左右。　"刘《略》班《艺》，虞《志》荀《录》"，用刘歆、班固、挚虞、荀勖故事喻指了友人

① 逯钦立：《先秦汉魏晋南北朝诗》，中华书局1983年版，第1595页。

在文献上的贡献，王僧孺和诗人一样是个大藏书家，友人明晨要登路，二人竟是要作彻夜长谈，友人有这样的品行，怎能让人舍得离开。

《答刘孝绰诗》云：

> 阅水既成澜，藏舟遂移壑。
> 彼美洛阳子，投我怀秋作。
> 久敬类诚言，吹嘘似嘲谑。
> 兼称夏云尽，复陈秋树索。
> 诋慰蓥嗟人，徒深老夫托。
> 直史兼褒贬，辖司专疾恶。
> 九折多美疹，匪报庶良药。
> 子其崇锋颖。春耕励秋获。①

史载任昉对刘孝绰"尤相赏爱"，天监初，孝绰起家著作郎，为归沐诗赠任昉。今择几句试看，"夫君各敬爱，蟠木滥吹嘘，时时释薄领，称驾入吾庐"，"但愿长闲暇，酌醴若焚鱼"。刘孝绰诗句表达了任昉对自己的关心和对任昉的敬意。任昉报曰："久敬类诚言，吹嘘似嘲谑"，"诋慰蓥嗟人，徒深老夫托"。也写出任昉对友人的关心和嘱托。后联任昉在给谢举的诗中曾用过，只是"徒"字换成"方"字，进一步印证了任昉对后辈友人关心之情是深沉而持久的。"直史兼褒贬，辖司专嫉恶"。此联点出了两人的任职不同。不同的任职就要有不同的处事原则。直史是指刘孝绰任著书郎。"辖司"是诗人自指任御史中丞一职。"子其崇锋颖，春耕励秋获"。对友

---

① 逯钦立：《先秦汉魏晋南北朝诗》，中华书局1983年版，第1598页。

人的积极勤奋的行为是首肯的，有耕耘必有收获。

《赠郭桐庐出溪口见候余既未至郭仍进村维舟久之郭生方至诗》云：

> 朝发富春渚，蓄意忍相思。
> 涿令行春返，冠盖溢川坻。
> 望久方来萃，悲欢不自持。
> 沧江路穷此，湍险方自兹。
> 叠嶂易成响，重以夜猿悲。
> 客心幸自弭，中道遇心期。
> 亲好自斯绝，孤游从此辞。①

郭桐庐名郭峙，任桐庐县令，故称。诗首句中"富春"与诗题中"桐庐"两地名可见千古绝唱《与宋元思书》中语句，"自富阳至桐庐，一百许里，奇山异水，天下独绝"。富春江山水之美为时人所共赏，但是任昉在诗中却没写秀丽的美景，因为他的心思不在景色上，无心看风景，而是刻意地忍耐对友人的相思之苦。"涿令行春返，冠盖溢川坻"，涿令是指东汉滕抚，《后汉书》云："为涿令，有文武理用。太守以其能，委任郡职，兼领六县，流爱于民。行春，两白鹿随车，挟毂而行。"这里以涿令喻指郭峙，在他的管理下，官员们都在沿岸劝课农桑。"望久方来萃，悲欢不自持"，写出了久别重逢喜不自胜的喜悦心情。沈德潜《古诗源》曾对诗前六句扣

---

① 逯钦立：《先秦汉魏晋南北朝诗》，中华书局1983年版，第1597页。

题的描写，称赞道："如题转落，不见痕迹。长题以此种为式。"① 中间六句写沧江、叠嶂、猿悲、客心，将对友人分别后前途牵挂表现得回肠荡气，与"大江流日月，客心悲未央"诗义同调。最后两句写聚后孤游之悲。全诗将聚欢别苦的人生体验表现得自然婉转，刘孝标《答郭峙书》也写友人间聚散无常情形，其表达的情感与任昉诗相通，其文曰：

> 闻君子旧矣，但人非豕鹿，转加蓬逝。波骇雨散，动间山川。故无由交羽觞，荐杂佩。睨浮云以搔首，临清风而浩歌。变燧回星，亦云劳止。②

《寄到溉诗》云：

> 铁钱两当一，百易代名实。
> 为惠当及时，无待凉秋日。③

任昉为新安太守时，因俸禄周济亲友而生活拮据，向到溉告急，求两个衣衫缎子云："铁钱两当一，百代易名实，为惠当及时，无待凉秋日。"到溉与任昉一样的为人，身无长物，答诗云："余衣本百结，闽中徒八蚕，假令金如粟，讵使廉夫贪。"④《梁书·到溉传》载："溉身长八尺，美风仪，善容

---

① （清）沈德潜选：《古诗源》卷十三《梁诗》，中华书局 2006 年版，第259 页。

② （梁）刘峻著，罗国威校注：《刘孝标集校注》，上海古籍出版社 1988 年版，第 17 页。

③ 逯钦立：《先秦汉魏晋南北朝诗》，中华书局 1983 年版，第 1599 页。

④ （唐）李延寿：《南史》卷二十五《到彦之传附到溉传》，中华书局 1975年版，第 678 页。

止，所莅以清白自修。性又率俭，不好声色，虚室单床，傍无
姬侍。自外车服，不事鲜华，冠履十年一易，朝服或至穿补，
传呼清路，示有朝章而已。"① 到溉只能寄给任昉一个竹杖作
为应酬，任昉就回诗酬答。

《答到建安饷杖诗》云：

> 故人有所赠，称以冒霜筠。
> 定是湘妃泪，潜洒遂邻彬。
> 扶危复防咽，事归薄暮人。
> 劳君尚齿意，矜此杖乡辰。
> 复资后坐彦，候余方欠伸。
> 献君千里笑，纾我百忧擘。
> 坐适虽有器，卧游苦无津。
> 何由乘此竹，直见平生亲。②

此诗用典贴切，读来觉似直白，写诗固不可无学。陈祚明
赞道："情事雅切，而但觉其质朴，如此俚近题，能写令高
古，洵老手也。用典故须极切，切而生动。"③

第二节　奉和公宴诗

任昉在萧齐时参与了竟陵王的文人集体，在萧梁初年又作

---

① （唐）姚思廉：《梁书》卷四十《到溉传》，中华书局 1973 年版，第
568 页。

② 逯钦立：《先秦汉魏晋南北朝诗》，中华书局 1983 年版，第 1599 页。

③ （清）陈祚明：《采菽堂古诗选》，《续修四库全书》第 1591 册，上海古
籍出版社 2002 年版，第 258 页。

为梁武帝信任依赖的文坛领袖，在这种君王、公侯为中心的文人雅会中，以吟诗作赋为风尚的酬答方式是非常经常的。

《南齐书·萧子良传》云：

> 子良少有清尚，礼才好士，居不疑之地，倾意宾客，天下才学皆游集焉。善立胜事，夏月客至，为设瓜饮及甘果，著之文教。士子文章及朝贵辞翰，皆发教撰录。①

《梁书·文学传上》云：

> 高祖聪明文思，光宅区宇，旁求儒雅，诏采异人，文章之盛，焕乎俱集。每所御幸，辄命群臣赋诗，其文善者，赐以金帛，诣阙庭而献赋颂者，或引见焉。其在位者，则沈约、江淹、任昉，并以文采，妙绝当时。至若彭城到沆、吴兴丘迟、东海王僧孺、吴郡张率等，或入直文德，通宴寿光，皆后来之选也。约、淹、昉、僧孺、率别以功迹论。②

《文选》在公宴诗类中采录了从魏晋南朝的曹植、刘桢、王粲、应场、陆机、应贞、范晔、颜延年、丘迟、沈约十个诗人的十四首诗。这十四首诗中有颜延年《皇太子释奠会诗》。按此标准，任昉的公宴诗有《九日侍宴乐游苑诗》《为王嫡子侍皇太子释奠宴》两首。任昉《奉和登景阳山诗》在题材上

---

① （梁）萧子显：《南齐书》卷四十《萧子良传》，中华书局1972年版，第694页。

② （唐）姚思廉：《梁书》卷四十九《文学传上》，中华书局1973年版，第686页。

虽然属于写景的，但是这类诗出现的机缘因与君王的宴游，不是单纯的写景诗，也不是单纯的和诗，而是奉命而作，将之归入公宴诗是合适的，也可以将这类诗名之为奉和公宴诗。

《为王嫡子侍皇太子释奠宴诗》用四言雅题，在任昉的现存二十二首诗中，四言诗只有三首，除是诗外，还有《赠王僧孺诗》和《答刘居士诗》两首，其他诗皆采用五言古体。这也表明五言诗确实在六朝逐渐成熟采用，在数量上已大大超过了四言诗。当时诗人主要创作五言诗和四言诗，七言诗不多，像任昉的七言诗只存《柏梁体》联句中一句。

皇太子作为国家的储君，其职责之一就是重视文教，亲临国学，主持祭奠孔子大典。这应该是一种定制，南朝刘宋、萧齐两朝皆有这样的活动，参加活动的文士作诗歌颂这种盛典。如《宋略》载："文帝元嘉二十年三月。皇太子劭释奠于国学。"

任昉《为王嫡子侍皇太子释奠宴诗》的创作背景，《南齐书·礼志》曰："永明三年，皇太子讲孝经，亲临释奠，车驾幸听。"皇太子就是齐文惠太子萧长懋。《礼记》："凡学，春，官释奠于先师。秋亦如之。"郑玄曰："官，谓礼乐诗书之官。"《周礼》："凡有德者使教焉。死则以为乐祖，祭于瞽宗，此之谓先师也。"释奠者，就是设荐馔酌奠。

任昉《为王嫡子侍皇太子释奠宴诗》云：

在昔归运，阻乱弘多。
夷山制宇，荡海为家。
风云改族，日月增华。
钦圣兹远，怀道兹冲。
践言动俗，果行移风。

　　　　进往一赍，启或三蒙。

　　　　冰实因水，金亦在镕。

　　　　惟神知化，在物立言。

　　　　乐正雅颂，咸被后昆。

　　　　告奠明祀，观道圣门。

　　　　日月不息，师表常尊。①

　　任昉在诗中首先提到宋末的混乱，歌颂了萧齐政权的重造之功，"在昔归运，阻乱弘多。夷山制宇，荡海为家。风云改族，日月增华"。然后颂萧齐政权重视儒教，提倡风化的雅事。"钦圣兹远，怀道兹冲。践言动俗，果行移风。""乐正雅颂，咸被后昆。"最后结题，落脚在释奠尊师的主题。"告奠明祀，观道圣门。日月不息，师表常尊。"与任昉同时同题的诗作还有萧子良《侍皇太子释奠宴诗》一首，王俭《侍皇太子释奠宴诗》一首，沈约《侍皇太子释奠宴诗》一首、《为南郡王侍皇太子释奠诗》二首，王思远《皇太子释尊诗》一首，王僧令《皇太子释奠会诗》六章，袁浮丘《皇太子释奠会诗》七章等。王俭诗中云："降冕上庠，升宴东序"，"时彦莘莘，国胄楚楚"。如沈约诗中云："尊学尚矣，道亦迟哉"，"事高东序，义迈云台"。这类诗皆采用四言雅体，虽然诗篇是质木无文，却也是雍容雅正，符合国家释奠活动应有的严肃气氛。

　　《九日侍宴乐游苑诗》：

　　　　帝德峻韶夏，王功书颂平。

　　　　共贯沿五胜，独道迈三英。

---

① 逯钦立：《先秦汉魏晋南北朝诗》，中华书局 1983 年版，第 1595 页。

我皇抚归运。时乘信告成。

一唱华钟石，再抚被丝笙。

黄草归雒木，梯山荐玉荣。

时来浊河变，瑞起温洛清。

物色动宸眷，民豫降皇情。①

乐游苑，据《文选》李善注引《丹阳志图经》云："乐游苑，宫城北三里。"自晋至南朝在乐游苑侍宴应是一种习俗。并有三日、九日侍宴的传统。故同题诗作甚多。任昉的这首公宴诗当作于梁初，侍奉的是梁武帝萧衍，这种君臣游处，歌舞升平，其乐也融融，"帝德峻韶夏，王功书颂平。共贯沿五胜，独道迈三英。我皇抚归运，时乘信告成"。赞颂武帝功德已经"迈三英"，此诗语言流畅，但缺乏真情的抒发。且"归运"一词在这首诗中赞梁，在上首诗中赞的却是齐。不修善政"归运"终究会离开的。和任昉同时侍宴题诗的还有丘迟、沈约、刘苞、何逊、王僧孺等，阵容可谓大矣，而诗味和任昉的类同，也不用对比诸君的诗作了。

奉和诗是诗人们宴会互动的结果，这类诗以赞扬歌颂为主，感情沉稳不浮，风格雍容典雅。参加宴会的人不限于两人，而是多人参加。能参与其中的诗人应是当时的精英集团，以文名世，职位清高。并能得到最高统治集团赏识的一个群体，或者说本身就是上层社会的成员。这种场合任昉应参与的不在少数，任昉的这类诗现存只有一首《奉和登景阳山诗》。

这是任昉奉和梁武帝萧衍《登景阳楼》诗时撰写的，同时参加奉和的还有柳恽。《梁书·柳恽传》载：

---

① 逯钦立：《先秦汉魏晋南北朝诗》，中华书局 1983 年版，第 1596 页。

恽立行贞素，以贵公子早有令名，少工篇什。始为诗曰："亭皋本叶下，陇首秋云飞。"琅邪王元长见而嗟赏，因书斋壁。至是预曲宴，必被诏赋诗。尝奉和高祖《登景阳楼》中篇云："太液沧波起，长杨高树秋。翠华承汉远，雕辇逐风游。"深为高祖所美。当时咸共称传。①

萧衍的原诗今已不见，柳恽、任昉的奉和诗皆在，任昉的诗《奉和登景阳山诗》写道：

物色感神游，升高怅有阅。
南望铜驼街，北走长楸埒。
别涧宛沧溟，疏山驾瀛碣。
奔鲸吐华浪，司南动轻枻。
日下重门照，云开九华澈。
观阁隆旧恩，奉图愧前哲。②

诗的内容是写君臣登景阳楼远眺秋景抒发情志的。《建康实录》载：宋文帝元嘉二十三年（446）"兴景阳山于华林园"。③华林园南京台内，在景阳山上修建了景阳楼以通天观。后来不断增建，极尽奇妙，为君王宴游登临之处。任昉的奉和诗写于天监元年（502）秋天。由任昉的诗可知，萧衍的《登

---

① （唐）姚思廉：《梁书》卷二十一《柳恽传》，中华书局1973年版，第331页。

② 逯钦立：《先秦汉魏晋南北朝诗》，中华书局1983年版，第1596页。

③ （唐）许嵩撰，张忱石点校：《建康实录》卷十二《太祖文皇帝》，中华书局1986年版，第444页。

景阳楼》是十二句诗，柳恽的中篇四句因写出了梁祚初建国运繁华生机，遣词中将表地点"华"和表族系的"华"不露痕迹地联系在一起，展示了君臣志满意得的情形，所以为梁武帝所喜爱。

任昉《奉和登景阳山诗》亦有特点，"物色感神游，升高怅有阅"，美丽的景色引起诗人内心的感受，登高望远并且有淡淡的怀忧。"南望铜驼街，北走长楸垺。别涧宛沧溟，疏山驾瀛碣。奔鲸吐华浪，司南动轻柂"。意境大，有气势，且每联之间对仗，自然天成。在描写景物时用拟人的手法把景物写的动了，其中比喻也新颖，"奔鲸吐华浪"一句，有惊心动魄之感。这样人处其间，就不单单是人观物，而是达到物我交融、人境合一的状态。"日下重门照，云开九华潋"，不仅对仗工整，语义运用也非常巧妙。"日下"本来是指京城，而京城是皇帝居住的地方，此句中的"日"就暗指皇帝，此联的诗意对皇帝的赞美是这样巧妙。"观阁隆旧恩，奉图愧前哲"，以"愧"字回应起句中的"怅"字，使全诗浑然一体。

至于《清暑殿联句柏梁体》一诗，任昉只有"言惭辐辏政无术"，属于一般性应酬之作，没有什么诗艺可言。这首诗有众人参与，可见任昉的交往之广。

第三节　哀伤诗

《文选》第二十三卷《哀伤诗》收录了任昉《出郡传舍哭范仆射诗》三章，诗云：

> 平生礼数绝，式瞻在国桢。
> 一朝万化尽，犹我故人情。

待时属兴运，王佐俟民英。

结欢三十载，生死一交情。

携手遁衰暮，接景事休明。

运阻衡言革，时泰玉阶平。

浚冲得茂彦，夫子值狂生。

伊人有泾渭，非余扬浊清。

将乖不忍别，欲以遣离情。

不忍一辰意，千龄万恨生。

已矣平生事，咏歌盈箧笥。

兼复相嘲谑，常与虚舟值。

何时见范侯，还叙平生意。

与子别几辰，经途不盈旬。

弗睹朱颜改，徒想平生人。

宁知安歌日，非君撤瑟晨？

已矣余何叹，辍春哀国均。①

这是一首哀伤诗，范仆射即是任昉的好友范云，诗人在赋诗时，友人在诗人心里的印象，已经引起强烈的激荡。诗人不平的思绪，伴着对友人的怀念，已经是情感的交流，并进而共鸣了。"平生礼数绝，式瞻在国桢。一朝万化尽，犹我故人情。"哭诉友人离去的无奈和悲痛，人死了也就罢了，只是情意绵绵难以割舍。"结欢三十载，生死一交情。"点明两人交

---

① （梁）萧统编，（唐）李善注：《文选》，上海古籍出版社1986年版，第1100—1101页。

往时间长，心心相通成生死之交。"携手遁衰孽，接景事休明，运阻衡言革，时泰玉阶平"，叙述了两人在齐末乱世的遭遇，终于迎来了梁代的休明。哪知友人正值志向抱负得以施展之际，却不幸永诀。这首诗是诗人现存诗中最长的一首，也是一首三章诗，三章诗表明的诗人对友人道不尽的思念。

"与子别几辰，经途不盈旬。"诗人与友人分手不过几日，竟成永别。"弗睹朱颜改，徒想平生人"，"何时见范侯？还叙平生意"。"徒想""何时见"等看似矛盾的句意，已经把情深意笃的知己关系，友人逝去的刻骨悲痛，表达得无以复加了，真性情的诗作是发自内心，自由的宣泄。

历代对此诗评价甚高，下面列出以助理解。

钟惺评论"弗睹朱颜改"诗句云："不惟存没之悲，并聚散之感，亦在其中，下三句之妙从此生。"又云："情辞宛至，几与'生平少年日'一首同妙。然觉沈诗是全副做到极妙处，此诗是逐句做到极妙处。"①

陆时雍云："此诗多促数声，是哀悼语致，一怆一诀，如对平生。'情'字三用，'生'字二用，何妨古道。风人尚多叠语，何况于韵，韵其诗之末节耳。'一朝万化尽，犹我故人情'、'不忍一辰意，千龄万恨生'，言之莫宣，痛有余恨，缠绵凄恻，追感无已。②

孙鑛云："悲思淋漓，是情至之语。"方伯海云："此篇可哀处，全在行时握手送别，归时途中闻讣，为期不及一旬，竟

---

① （明）钟惺、谭元春：《古诗归》卷十四，《续修四库全书》第1589册，上海古籍出版社2002年版，第500页。

② （明）陆时雍：《古诗镜》卷二十，影印文渊阁《四库全书》第1411册，上海古籍出版社1989年版，第175页。

尔生死异路，情真语质，恻恻动人。"①

陈祚明云："发端便作一折，言平生于他人已复不关礼数，而于君不能亦尔也。'一朝'二句，意稍晦，总是足上意，言君之死犹然是我故人之情，故无容不悲。'结欢'二句，率直哀伤，亦开少陵之先。"又云："'浚冲'二句，笔意横恣，真若天下之大，相知只有两人，古有是事，今复有是事，又若千秋之远，交情只此二事者。夫天下大矣，何独舍置一世而独取君，盖人自有泾渭之殊，非余好为浊清之别也。此回语命意甚曲，子子之旨，正应起句'平生礼数绝'。"又云："其用意委折如此，吾谓开少陵之先，当不诬也。"②

何焯云："位高年促，有哀有讽，隐约言表。末句仍为时惜，而不徒以其私也。"③

沈德潜云："'宁知安歌日'一联，令人几不敢言欢娱，情辞极为深宛。"④

张玉穀云："（第三章）前四以别未盈句，宛然心目翻起，五、六，痛其死出意外，以上句跌出下句，疑真疑假，愈觉难堪。后二，反将己叹撇开，就国人皆哀，显出斯人关系之重，切范身分。"⑤

黄侃云："'不忍一辰意'二句，言不忍别者，一辰之意，

①　（清）于光华：《重订文选集评》，北京图书馆出版社 2012 年版。

②　（明）陈祚明：《采菽堂古诗选》卷二十五，《续修四库全书》第 1591 册，上海古籍出版社 2002 年版，第 258 页。

③　（清）何焯著，崔高维点校：《义门读书记》卷四十六，中华书局 1987 年版，第 904—905 页。

④　（清）沈德潜选：《古诗源》卷十三《梁诗》，中华书局 2006 年版，第 260 页。

⑤　（清）张玉穀：《古诗赏析》卷十九《梁诗》，《续修四库全书》第 1592 册，上海古籍出版社 2002 年版，第 95 页。

今则千龄永别，令人万恨俱生也。"①

任昉现存的诗作数量较少，题材也较狭窄，但叙事、写景、抒情兼备，诗艺较浓，其诗作皆为古体诗，可见他并未尝试永明新体诗，其作诗的态度是很严肃的。

第四节　咏景咏物诗

自咏诗是相对于赠答诗而言，不是以题材分。赠答诗是一组诗，在相互观照中，既是心声的呼唤，也是这种呼唤的回应。自咏诗与此相异，从诗体文本上看，它是完整自足，是诗人低吟浅唱，是面对身外的客体，由主观感受的文体所具有的独特的审视。诗言志抒怀，因角度的不同，可以分成咏景诗、咏物诗等小类。

一　咏景诗

任昉的咏景诗有：《落日泛舟东溪诗》《泛长溪诗》《严陵濑诗》和《济浙江诗》四首。这四首诗作于任昉新安太守任上。

《水经注》卷四十载："浙江又左合绝细溪，溪水出始新县西，东经县故城南，为东、西长溪。溪有四十七濑，浚流惊急，奔波聒天……立始新之府与歙之华乡……后移出新亭，晋太康元年，改曰新安郡……紫溪东南流经桐庐县东为桐溪，孙权藉溪之名以为县目，割富春之地理桐庐县。自县至潜，凡十有六濑。第二是严陵濑，濑带山，山下有一石室，汉光武帝

――――――――――

① 黄侃平点，黄焯编次：《文选平点》，上海古籍出版社1985年版，第102页。

时，严子陵之所居也。故山及濑皆即人姓名之。"①《水经注》对新安郡及向下游一段的记载提到的一些地名都与任昉的四首咏景诗有关，另外，任昉《赠郭桐庐出溪口见候余既未至郭仍进村维舟久之郭生方至诗》提到郭桐庐任职的桐庐县，任昉是在新安太守的任上写下来与郭桐庐交往的诗作。

《落日泛舟东溪诗》云：

> 黝黝桑柘繁，芃芃麻麦盛。
> 交柯溪易阴，反景澄余映。
> 吾生虽有待，乐天庶知命。
> 不学梁甫吟，唯识沧浪咏。
> 田荒我有役，秩满余谢病。②

《落日泛舟东溪诗》中，先描绘了溪边的景致，"黝黝""芃芃"叠词的采用，逼真地重现了溪边桑柘麻麦繁盛的情况，后两句道出了阴阳相间宁静迷人的特点。这种环境和世俗的烦躁喧噪形成鲜明的对比。此境能息世俗功利之心。"不学梁甫吟，唯识沧浪咏。"此意象表现诗人洁身自好的情怀。有欲隐、或者说羡慕隐居生活的想法，任昉本是个积极入世的人，但在这些诗里都含有一点遁世的倾向。

《泛长溪诗》云：

> 徇禄聚归粮，依隐谢羁勒。

---

① （北魏）郦道元著，陈桥驿校证：《水经注校证》，中华书局2007年版，第935—936页。
② 逯钦立：《先秦汉魏晋南北朝诗》，中华书局1983年版，第1597页。

　　　　　绝物甘离群，长怀思去国。
　　　　　长溪永东舍，震区穷水域。
　　　　　道遇垂纶叟，聊访问津惑。
　　　　　弭楫申九言，无为累牵缠。
　　　　　长泛沧浪水，平明至曛黑。①

　　同样是泛舟溪水，《泛长溪诗》和《落日泛舟东溪诗》两
首的侧重点并不相同，《泛长溪诗》没有写溪水及其周围的情
形，只表达了"绝物甘离群，长怀思去国"的欲隐心声，"聊
访问津惑"中的问津，不仅仅是实指的津渡，也暗指人生的
津梁。这就融入了人生的思考。"长泛沧浪水，平明至曛黑"
句中"沧浪水"出自《孟子》的"沧浪之水浊兮，可以濯我
足；沧浪之水清兮，可以濯我缨"，表现了诗人洁身自好的
情怀。

　　《济浙江》与上两首在写作手法上迥异。诗曰：

　　　　　昧旦乘轻风，江湖互来往。
　　　　　或与归波送，乍逐翻流上。
　　　　　近岸无暇目，远峰更兴想。
　　　　　绿树悬宿根，丹崖颓久壤。②

　　这首诗描写了浙江一泻千里的汹涌波澜，写出了动态，和
上两首写溪水的静形成鲜明的对比。这首诗和李白《早发白
帝城》在文意上是有相通之处，李诗更形象。李诗写的是顺

---

　　① 逯钦立：《先秦汉魏晋南北朝诗》，中华书局 1983 年版，第 1596 页。
　　② 同上书，第 1597 页。

流而下、一泻千里的气势。任诗写的是横渡浙江的便宜，"乘轻风""互来往"是写诗人的感受，这反映了诗人的心境是轻快的、闲适的。"归波""翻流"是写水的情态，结合起来看就表现了浙江的湍流怒涛的特点，而波涛总的特点依然是优美的，不是凶险的。诗人历经官场，仕途的沉浮和人生的无常体验颇多，而他表现的一直是积极有为的人生态度。当置身于波澜壮丽的山水之间时，体验到的感觉是赏心悦目，容万物于胸中，这正是诗人达观态度的表现。"近岸无暇目，远峰更兴想"，"无暇"不是无空闲的时间，而是应接不暇中的"不暇"之义。就是说近岸景色之美使人感到目不暇接。远处的山峰更是引领诗人思绪万千。诗人对近岸、远峰的景物描写采用了避实就虚的手法，不是具体描写，而是写内心的体验，非身临其境者，难悟其妙。同时，诗人的表现手法是富于变化的，最后一联的景物采用了"白描"写实的手法，这就达到了前后虚实结合的艺术效果。"绿树悬宿根，丹崖颓久壤"一联只写了"绿树""丹崖"两种事物，色彩对比鲜明，因为存在的环境的特殊，其特征极为突出，"悬宿根""颓久壤"，这亦是写江水的急，给人震撼之感，带来视觉的张力。后两联对仗工整，后联尤工。

谭元春《古诗归》云："串读始知为济江真境。"[1]

陆时雍《古诗镜》云："'或与归波送，乍逐翻流上'实境自然，不可复过。"[2]

---

[1]　（明）钟惺、谭元春：《古诗归》卷十四，《续修四库全书》第1589册，上海古籍出版社2002年版，第500页。

[2]　（明）陆时雍：《古诗镜》卷二十，影印文渊阁《四库全书》第1411册，上海古籍出版社1989年版，第175页。

陈祚明《采菽堂古诗选》云："轻率之中颇有清况。"①

王夫之《船山古诗评选》云： "全写人中之景，遂含灵气。"②

潘啸龙先生评价说："任昉这首诗，写船行钱塘江上的景象，重在表现主观的感觉和印象。诗中对山水的描述，并无形象逼真的精妙刻画，也无玄理式的顿悟，使你只感到那景象的亲切美好，感到一股轻快欢悦的情绪，在水波间、绿树上、峰崖端流漾。钟嵘曾批评任昉作诗'动辄用事，所以诗不得奇'。这首诗不用一事，语言如同口语自然流出。虽'不得奇'，却亲切感人、富有余味。其得力处，大约正在于诗人感受的真切和毫不矫情吧。"③

《严陵濑诗》云：

> 群峰此峻极，参差百重嶂。
> 清浅既涟漪，激石复奔壮。
> 神物徒有造，终然莫能状。④

《严陵濑诗》同样写水，又异于写浙江。欲写水，先写山，"群峰此峻极，参差百重嶂"，峰峻重叠，水随峰转。水就成千姿百态，"清浅既涟漪，激石复奔壮"。优美和壮美的意境同时并存，难怪诗人感叹"神物徒有造，终然莫能状"

---

① （明）陈祚明：《采菽堂古诗选》卷二十五，《续修四库全书》第 1591 册，上海古籍出版社 2002 年版，第 257 页。

② （清）王夫之：《古诗评选》，《船山全书》第 14 册，岳麓书社 1996 年版，第 791 页。

③ 吴小如、王运熙等撰写：《汉魏六朝诗鉴赏辞典》，上海辞书出版社 1997 年版，第 977 页。

④ 逯钦立：《先秦汉魏晋南北朝诗》，中华书局 1983 年版，第 1601 页。

了。王夫之《古诗评选》云："不图复见太元以上诗！"①

二　咏物诗

任昉的咏物诗也很有特点，《咏池边树诗》云：

> 已谢西王苑，复揖绥山枝。
> 聊逢赏者爱，栖趾傍莲池。
> 开红春灼灼，结实夏离离。②

首两句中的西王苑是指古代神话中西王母的桃园，绥山枝是指绥山（今四川峨眉山西南）的桃枝，传说周成王时葛由骑羊入蜀，当地人追随他上绥山皆成仙，谚曰："得绥山一桃，虽不得仙，亦足自豪。"诗人通过两个典故就把桃树不凡的仙家意象描写出来。陶渊明《桃花源记》更是强化了桃花开放的地方是美好人间的联想。三、四句描写的桃花已经有了人格化的特征，栖居莲池旁，等待爱己者欣赏。自从东晋高僧慧远在庐山东林寺结成莲社创立净土宗以来，莲花的高洁形象也为世人所熟知。桃树在莲池旁生长，给人们的感觉就是伴随着美，仙家和佛家相伴。结局的"灼灼红""离离实"是一派勃勃生机的景象，和《诗经》中"桃之夭夭"意境同。

《苦热诗》云：

> 旭旦烟云卷，烈景入东轩。

---

① （清）王夫之：《古诗评选》，《船山全书》第 14 册，岳麓书社 1996 年版，第 791 页。

② 逯钦立：《先秦汉魏晋南北朝诗》，中华书局 1983 年版，第 1601 页。

> 倾光望转蕙，斜日照西垣。
> 既卷蕉梧叶，复倾葵藿根。
> 重簟无冷气，挟石似怀温。
> 霡霂类珠缀，喘吓状雷奔。①

南朝时，南京一带大旱天热难耐，时人以热为苦。以"苦热"为题的诗作成为一类诗。现存最早的有曹植《苦热行》，但诗写的是南疆的日南、交趾地区，"行游到日南，经历交趾乡"。鲍照《代苦热行》"身热头且痛，鸟坠魂来归"，也是描写的交趾的炎热。任昉同时代的诗人何逊《苦热诗》"昔闻草木焦，今窥沙石烂"是应当和任昉一样描写的南京地区的焦热。萧纲、王筠、庾信等也都写过《苦热诗》，庾信的诗题是《和乐仪同苦热诗》，这个话题一直得到诗人们的关注，如唐代杜甫、柳宗元等都曾写下苦热的感受。任昉苦热诗描写了旭日东升、斜阳西照的情形，晒枯了的芭蕉、梧桐、葵豆等植物。双重的竹垫没有凉气，石头都晒得发热了。人们大汗淋漓像小雨一样流淌，喘气像雷声一样吼叫。总之，任昉选择的事物表现苦热是很典型的，写出了所见所感，没有用典，可见任昉的作诗手法是多样的。正因为任昉在这首诗中写出了苦热大旱，下面一首写大雪时，就写出雪后的喜悦，也许这两首诗在时间上是前后相继的。

《同谢朏花雪诗》云：

> 土膏候年动，积雪表晨暮。
> 散葩似浮玉，飞英若总素。

---

① 逯钦立：《先秦汉魏晋南北朝诗》，中华书局 1983 年版，第 1600 页。

东序皆白珩，西雍尽翔鹭。
山经陋蜜荣，骚人贬琼树。①

这首诗大约作于天监二年（503），是与谢朓同题作的《花雪诗》，对雪花的描写很逼真，将雪和花互相比拟的例子是很多的，尤其值得一提的是任昉的好友范云《别诗》中"昔去雪如花，今来花似雪"的诗句，既写出时间的转换，也喻朋友间纯洁的友谊。而任昉的诗句"散葩似浮玉，飞英若总素"，在修辞上喻中有喻，空中飘的不是雪花而是散葩、飞英，将雪花的动态、形态很新颖地描绘出来。"浮玉""总素"又描写雪花的颜色和晶莹，这种语言是很新颖、清新的。同时，诗中土膏语是指大雪润泽的田地利于稼穑，有"雪兆丰年"的喜悦。诗末两句是诗人赞美友人谢朓陋室不陋，质洁胜过琼树。

第五节　杂诗

《文选》将诗题带"和""应"等字的诗归入杂诗类，按此标准，任昉的《同谢朓花雪诗》亦可归入此类，我们已经将它看作咏物诗进行了分析。除此之外，《别萧谘议诗》这种赠别诗就姑且放到杂诗中，《历吏人讲学诗》也以杂诗视之。

《别萧谘议诗》云：

离烛有穷辉，别念无终绪。
歧言未及申，离目已先举。

---

① 逯钦立：《先秦汉魏晋南北朝诗》，中华书局1983年版，第1600页。

> 揆景巫衡阿，临风长楸浦。
>
> 浮云难嗣音，徘徊怅谁与。
>
> 傥有关外驿，聊访狎鸥渚。①

任昉与萧衍的交往始于永明初年，皆为"竟陵八友"成员。永明九年（491），萧衍作为随王萧子隆镇西谘议参军赴荆州任，任昉作诗赠别，同时以诗作别的还有王融、宗夬、虞羲、萧琛等人。任昉诗紧扣诗题，用"离烛""别念""歧言""离目"等词语渲染了离别的愁绪。任昉诗境是"哀而不伤"，合古诗意境。"离目已先举"有嵇康"目送归鸿"的放达风姿，先举的离目带着诗人的思绪好像是看到了萧衍到达任所荆州的情形，独自"揆景""临风"，知音不在身边的惆怅徘徊。不说自己对友人的思念，而是想到友人的感受，写出了诗人对友人的关心、牵挂。最后写出了对友人的劝慰，"傥有关外驿，聊访狎鸥渚"说的是可以访问乡间隐逸的高士，暗喻友人也是超凡脱俗高士。王夫之《古诗评选》云："结体净，遣句雅，高于休文者数十辈以上。'沈诗''任笔'之云，卖菜求益者之言也。"②

《厉吏人讲学诗》云：

> 暮烛迫西榆，将落诫南亩。
>
> 曰余本疏惰，颓暮积榆柳。
>
> 践境渴师臣，临政钦益友。

---

① 逯钦立：《先秦汉魏晋南北朝诗》，中华书局1983年版，第1599页。

② （清）王夫之：《古诗评选》，《船山全书》第14册，岳麓书社1996年版，第791页。

　　旰食愿横经，终朝思拥帚。
　　虽欣辨兰艾，何用辟蒿莠。①

　　诗一二句是说诗人白天劝耕，傍晚劝学。三四句中"榆柳"指人才，陶渊明《归园田居》云："榆柳荫后檐，桃李罗堂前。"榆柳成荫成栋梁，桃李累累结硕果，皆有益于人。由五六句中的"践境""临政"词语可知，此诗当为任昉为郡守时所作，任昉两任太守，一是天监二年（503）任义兴太守，另一是天监六年（507）任新安太守。从诗中看不出写作的具体时间和地点，这不妨碍我们对这首诗的分析，不论作于何时，都反映出任昉勤政有为的思想。太守有权自主选用掾吏，汉代时，郡吏之于太守本有君臣名分，《汉书·何并传》载："（严）诩本以孝行为官，谓掾史为师友，有过辄闭阁自责，终不大言。"②任昉深知吏清民便的道理，希望自己属吏是师臣、益友。怎样才能做到呢？就要"横经""拥帚"，横经就是横陈经籍，指读书，拥帚就是执弟子礼要恭敬。《礼记·曲礼上》："凡为长者粪之礼，必加帚于箕上，袂拘而退，其尘不及长者。"郑玄注："谓扫时也，以袂拥帚之前，扫而却行之。"这两个词为当时人所熟知，如何逊《七召·儒学》："横经者比肩，拥帚者继足。"③诗最后两句用"兰艾""蒿莠"比喻君子小人之分。诗人对人才培养的认识很清楚，只要将优秀的人才挑选出来就可以了，何必在意顽石不化的劣质之徒的存在呢。

---

　　①　逯钦立：《先秦汉魏晋南北朝诗》，中华书局1983年版，第1599—1699页。
　　②　（汉）班固：《汉书》卷七十七《何并传》，中华书局1962年版，第3267页。
　　③　（梁）何逊：《何逊集》卷三《七》，中华书局1980年版，第67页。

南朝时，重视讲学教化的措施，甚至皇太子亲自讲学，《艺文类聚》收录梁元帝《皇太子讲学碑》、隋江总《皇太子太学讲学碑》。姑将梁元帝《皇太子讲学碑》文胪列于下，以观讲学在文教中的意义，其文曰：

> 皇太子浹雷种德，重离作两。业观孟侯，道高上嗣。宫坛累仞，高山仰止。承华之闼，更似通德之门；博望之园，反类华阴之市。家丞庶子，并入四科；洗马后车，俱通六学。转金路而下璧雍，晬王裕而经槐市。详其悬镜高堂，衢樽待酌，瞻后思前，博文约礼。将使东极长男之宫，不独铭于银榜，南皮太子之序，岂徒擅于金碑。①

---

① （唐）欧阳询撰，汪绍楹校：《艺文类聚》卷五十五《杂文部一》，上海古籍出版社 1982 年版，第 988 页。

第五章　任昉在文献学上的贡献

任昉是南朝时的文学家，同时它还是一位文献学家。他在藏书、目录学、校雠和丛书编纂等方面都有贡献。

第一节　在书籍典藏方面的贡献

中国向来就有重视书籍收藏的传统。每次战乱兵火中，书籍文献都遭到惨痛的损害，随后就有国家和私人抢救残存的书籍的活动。往往伴随着书籍文献的增多，学术也得到发展。东汉造纸术发明后，到了东晋，纸基本上取代了简牍，成为主要的文献载体。由此一直到唐五代，在印刷术发明以前，书籍的概念就是手抄的纸本。

齐梁间，藏书抄书非常盛行。任昉父辈皆为文职高官，读书甚多自不必说。家中藏书，史虽无载，想必定有可观之数。任昉少时诵读诗篇也是一证。这个时期读书和抄书密切相连，书籍的来源是借、抄和买。借书和抄书总是不分的。任昉在天监三年任秘书监，他利用职务之便和能看到国家藏书秘本的机会，定会抄了大量书籍。再就是任昉的很多朋友是藏书家，从友人处借书抄书也是当时的时尚。这种抄书活动无疑也提高了任昉的学术水平。《梁书·任昉传》载："籍无所不见，家虽贫，聚书至万卷，率多异本。"① 这句话也表明了任昉嗜书如命，购买书籍花费了大量的钱财，虽至贫穷，亦在所不惜。

任昉是南朝梁代三大藏书家之一，另外两个是沈约和王僧孺。三人既是大学者，也是好朋友。沈约藏书以数量巨大著称，多达两万余卷，几乎与皇家藏书相当。任昉、王僧孺藏书均多达万卷，他们的藏书不但数量相近，而且还有共同点，即史书上所说的"率多异本"。任、王两人还意气相投，引为知己。王僧孺曾评价任昉："过于董生、扬子。昉乐人之乐，忧人之忧，虚往实归，忘贫去吝。行可以厉风俗，义可以厚人伦。能使贪夫不取，懦夫有立。"任昉也曾赠诗王僧孺："惟子见知，惟余知子。观行察言，要终犹始。敬之重之，如兰如芷。"任昉并不是为藏书而藏书，他能对自己丰富的藏书充分利用，"籍无所不见"，知识渊博，文笔甚美，能博古通今，下笔如意。这种知识储备也为他进行书籍编目、校雠整理等工作提供了便利。另外，任昉的藏书还能补国家藏书之缺漏。"昉卒后，高祖使学士贺纵共沈约勘其书目，官所无者，就昉家取之"。② 这种私家藏书补国家藏书之缺，起到了保存典籍、传承文化的功用。

第二节　在目录学方面的贡献

目录起源于《书》《诗》的序，这与司马迁《史记》的《自序》一样，只是一书的篇目而已。中国的国家书目始于西汉

---

① （唐）姚思廉：《梁书》卷十四《任昉传》，中华书局 1973 年版，第254 页。

② 同上。

刘向、刘歆的《七录》，将书籍分为六类：六艺、诸子、诗赋、兵家、数术、方技。在目录史上开辟了新纪元。三国魏郑默编皇家书目《中经》，分类不明。西晋秘书监荀勖在《中经》的基础上编成《中经新簿》，将书籍分为甲、乙、丙、丁四大类，约同于后来的经、子、史、集。东晋李充编《晋元帝书目》，也分甲、乙、丙、丁四大类，但顺序有所调整，约同于后来的经、史、子、集。从此以后作为国家藏书目录分类的方法就固定下来。而东晋南朝的私人藏书目录在分类上，仍继承《七录》的分类传统，并有所发展，这本身就反映了学术自由的良性探索，学者们用自己的聪明才智为目录学的成熟做出了贡献。

　　任昉参与了国家书目的编写。梁朝是南朝文化事业最发达的时期，图书目录事业也有显著的发展与成就。齐梁之交，图书损失比较严重。《隋书·经籍志序》载："齐末兵火，延烧秘阁，经籍遗散。梁初，秘书监任昉，躬加部集，又于文德殿内列藏众书，华林园中总集释典，大凡二万三千一百六卷，而释氏不豫焉。梁有秘书监任昉、殷钧《四部目录》，又《文德殿目录》。其术数之书，更为一部，使奉朝请祖暅撰其名。故梁有《五部目录》。"①　天监五年（506），任昉为秘书监，受命整理秘阁图书。《梁书》及《南史》本传皆云："自齐末永元以来，秘阁四部，篇卷纷杂，昉手自雠校，由是篇目定焉。"梁朝的国家书目有三部，任昉参与了两部。其一是《天监四年四部书目》。此目两《唐志》著录作四卷，丘宾卿撰。"及详考之，实即《隋志》之刘孝标梁《文德殿四部目录》

―――――――――

　　①　（唐）魏征等：《隋书》卷三十二《经籍志一》，中华书局1973年版，第907页。

也"。① 阮孝绪《七录序》云："有梁之初，爰命任昉躬自部集之秘阁目录矣。"《七录》又称"《文德》书二万三千一百六部。"《隋志》同。胡应麟《经籍会通》云："梁有二万三千一百六卷，任昉部籍，凡释书不豫焉"。由此可知任昉实际上也参加了此书目的编写。其二是《梁天监六年四部书目录》四卷。《隋志序》云："梁有秘书监任昉、殷钧四部目录。"但是《隋志》簿录类只著录殷钧一人，《七录序》也只视为殷钧一人而作，个中原因让人费解。但是考虑到任昉，渊博的学识和秘书监的任职。任昉参加此书编写是可信的。

任昉编写了梁朝最早的私人目录。观《七录序》遍致宋齐以来王公缙绅坟籍之名簿，知当时私家藏书皆有目录，其见于史者皆早于任昉。其最著者当属王俭《七志》。任昉受王俭赏识，心存感激，在这方面定受到影响。任昉藏书万余卷，"率多异本"，在他死后，梁武帝派沈约、贺纵来"勘其书目"，这肯定是任昉的私人藏书目，但已经失传。任昉之后阮孝绪的《七录》是在广泛吸收宋、齐、梁时期的国家藏书目和私人藏书目的基础上编写的。他一定看到和利用了离他时间较近的任昉编写的国家藏书目和私人藏书目。《七录》也失传了，但《隋志》又吸收了《七录》的成果。因此可以说，任昉在目录编纂上的贡献保存在《隋志》之中，成为历代了解研究唐以前图书的主要根据之一。

第三节　在书籍校雠方面的贡献

梁武帝称帝后，特别重视图书的搜集、典藏和整理。不仅

---

① 余嘉锡：《目录学发微》，巴蜀书社 1991 年版，第 95 页。

在文德殿列藏众书二万三千一百六卷，还在华林园中集中了佛教经典，由任昉亲自主持整理工作。并广征异本校订藏书，经过任昉的"手自雠校"，原来"篇卷纷杂"的混乱情况，一变而为"由是篇目定焉"。这种理乱复顺、变讹为真之功对当时和后世都是有很大影响的。

任昉在编写国家藏书目和私人藏书目同时，也就从事了国家和私人藏书的校雠工作。当时的书籍是抄本，其在传抄的过程中出现脱夺衍漏等错误是不可避免的。任昉在对这些书籍的编目时进行校雠也是密不可分的过程。

任昉的藏书是重视书籍的内容，其首先要保证文字没有错误，使文章保存其本来的面目。任昉聚书阅读编目，必然在校雠上付出了辛勤的劳动。使其藏书不仅在数量上多而且质量高，以致能为国家藏书提供书源。

对任昉的校雠书籍的成就，姚名达在其《中国目录学史》一书中给以较高的评价。书中云："古人藏书，能自读书，莫不善于校雠，所谓校雠，即取众本比堪字句篇卷之异同也。如梁之任昉，唐之韦述，宋之李淑、宋祁、王钦臣，其藏本之善，每胜于秘阁。盖秘阁之书全由官校，每多敷衍了事。而此诸家则本是专门学者，其博闻精识足以校定伪误也。"[①] 而任昉在所列的各校雠大家中是最早的。

第四节　在丛书编纂方面的贡献

丛书编纂由来已久，学术界大都把南宋俞鼎孙、俞经《儒学警悟》作为丛书编纂之始。杜泽逊先生在其《文献学概

---

① 姚名达：《中国目录学史》，上海古籍出版社 2002 年版，第 164 页。

要》中提到，丛书之实可上推到先秦两汉，如在先秦时期，"三易"之称的《连山》《归藏》和《周易》；"六经"代表的《诗》《书》《礼》《易》《乐》和《春秋》等。两汉的"三史"代表的《史记》《汉书》和《东观汉记》等都已经是丛书性质了。此说甚是。

但是谈到个人编纂丛书时，《四库提要》把任昉的《地记》称作"丛书之祖"。六朝时的"地记"得到很大的发展，各个重要地区都有"风俗记"或"风土记"，边远地区则有"异物志"。此外，记山水还有"水道记""山水记"。如王范的《交广二州记》、顾启期的《娄地志》、韦昭的《三吴郡国志》等。这个时期由于"地记"的数量很多，且卷数少，不便于保存和流传，因此，南朝陆澄搜集了一百六十家地记著作，按地区编成《地理书》一百四十九卷，目录一卷。任昉又在陆澄《地理书》的基础上，增加八十四家著作，编成《地记》二百五十二卷。可惜这些著作都失传了，清人有所辑佚。有文章云，陆任二人之书是属于专门目录书中的地理目录，此说值得商榷。陆任二人之书，不是只搜地理书的书目，而是收集一本本的地理著作，是属于丛书性质的书，并具有开创之功。

第六章　任昉年谱

对任昉生平及诗文系年的整理考证研究皆属于行状、年谱类的研究，这是对任昉综合研究的一个基础，涉及到这方面内容的论文有：熊清元《任昉诗文系年考证》①，罗国威《任昉年谱》②，罗国威《沈约任昉年谱》③，张顶政《任昉年谱略稿》④，陈伟娜《任昉诗歌系年》⑤，陈伟娜《沈约任昉年谱》⑥，冯源《任昉诗歌研究》⑦，张金平《任昉年谱》⑧，杨赛《任昉年谱》⑨。另外，刘跃进《门阀士族与永明文学》⑩，曹

---

① 熊清元：《任昉诗文系年考证》，《黄冈师专学报》1992年第2期，第35—41页转46页。

② 罗国威：《任昉年谱》，《四川大学学报》（哲学社会科学版）1994年第1期，第69—77页。

③ 罗国威：《沈约任昉年谱》，刘跃进、范子烨编《六朝作家年谱辑要》，黑龙江教育出版社1999年版，第383—447页。

④ 张顶政：《任昉年谱略稿》，《西南民族学院学报》（哲学社会科学版）1999年增刊，第77—84页。

⑤ 见陈伟娜《任昉诗歌研究》，广西师范大学2006年硕士学位论文。

⑥ 见陈伟娜《"沈诗任笔"——沈约任昉比较研究》，浙江大学2009年博士学位论文，第240—291页。

⑦ 见冯源《任昉诗歌研究》，郑州大学2006年硕士学位论文。

⑧ 见张金平《任昉研究》，山东大学2006年硕士学位论文。

⑨ 见杨赛《任昉研究》，上海师范大学2006年博士学位论文。

⑩ 刘跃进：《门阀士族与永明文学》，生活·读书·新知三联书店1996年版。

道衡、刘跃进《南北朝文学编年史》① 等对任昉的生平系年也作出了整理。以上论文在撰写中，虽然后出者有可资参考的条件，但是每位研究者在梳理原始文献时，考量并不一致，对任昉生平及诗文系年各有差异。

本年谱是将本书各章论述的任昉的事迹整理而成，同时将本书所述及的与任昉有关系的人物的主要生活节点亦附于后，以见任昉生活的时代背景、学术圈子，为更全面地理解任昉思想、作品特色提供一个较大的视野。在系年归属上，适当借鉴上述所列年谱类论文成果。

宋孝武帝刘骏大明四年（460）庚子，一岁

任昉生。

《梁书·任昉传》："（天监）六年春，出为宁朔将军、新安太守……视事期年，卒于官舍，时年四十九。"

《南史·任昉传》："出为新安太守……卒于官舍……武帝闻问，方食西苑沈瓜，投之于盘，悲不自胜，因屈指曰：'昉少时常恐不满五十，今四十九，可谓知天命。'"任昉卒于天监七年，上推生于本年。

任昉祖籍属青州乐安郡，永嘉乱后，家族应南迁过江。

《元和姓纂》卷五载："黄帝二十五子，十二子各以德为姓，一为任氏。六代至奚仲，封薛。魏有任座，秦任鄙，汉御史大夫广阿侯任敖，武帝时任安"，下载乐安博昌一支，"任敖之后，晋尚书任恺，梁新安太守任昉，生东里"。

据史籍载，乐安任氏在魏晋为显族。魏有任昊拜太常。晋有任恺，恺乃昊子，恺拜侍中，封昌国县侯。恺尚魏明帝女，

---

① 曹道衡、刘跃进：《南北朝文学编年史》，人民文学出版社 2000 年版。

又为晋武帝舅父，有国戚之重。① 恺子罕，字子伦，历官黄门
侍郎，散骑常侍，兖州刺史，大鸿胪。② 乐安为其郡望，但其
家已迁居兖州，且户籍从此一直隶属兖州，后乃有任昉举兖州
秀才。

任昉父辈史书有载，未载其祖辈，用材料可略推知其
身世。

《梁书》本传："任昉字彦升，乐安博昌人。汉御史大夫
任敖之后也。父遥，齐中散大夫。遥兄遐字景远，少敦学业，
家行甚谨，位御史中丞，金紫光禄大夫……遥妻河东裴氏，高
明有德行。"③

《梁书·裴子野传》："子野与任昉为从中表兄弟。"任昉
之母裴氏为史学家裴松之之孙女，裴骃之侄女。任昉之祖辈不
应无闻。任昉应为士族之家。沈约与任昉交往甚密可作为一旁
证。王元化在《刘勰身世与士庶区别问题》一文论道："沈约
本人就是极重士、庶区别的人物，《文选》载他所写的《奏弹
王源》一文可证。"④

萧子良生。

《南齐书·萧子良传》："竟陵文宣王子良，字云英，世祖
第二子也。"隆昌元年（494）卒，年三十五。上推生于本年。

沈约二十岁。

《梁书·沈约传》："沈约字休文，吴兴武康人。"卒于梁

① （唐）房玄龄等：《晋书》卷四十五《任恺传》，中华书局1974年版，第1285页。
② （唐）房玄龄等：《晋书》卷四十五《任恺传附任罕传》，中华书局1974年版，第1287页。
③ 按：应为光禄大夫，在第一章有考证。
④ 王元化：《文心雕龙讲疏》，上海古籍出版社1992年版，第8页。

天监十二年（513），时年七十三。上推生于宋文帝元嘉十八年（441）。

江淹十七岁。

《南齐书·江淹传》："江淹字文通，济阳考城人。"卒于梁天监四年（505）。上推生于宋文帝元嘉二十一年（444）。

范云十岁。

《梁书·范云传》："范云字彦龙，南乡舞阴人。"卒于梁天监二年（503），年五十三。上推生于宋文帝元嘉二十八年（451）。

王俭九岁。

《南齐书·王俭传》："王俭字仲宝，琅邪临沂人。"卒于齐永明七年，年三十八。上推生于宋文帝元嘉二十九年（452）。

宗夬五岁。

《梁书·宗夬传》："宗夬，字明扬，南阳涅阳人。"梁天监三年（504）卒，年四十九。上推生于宋孝武帝孝建三年（456）。

刘绘三岁。

《南齐书·刘绘传》："刘绘字士章，彭城人。"齐中兴二年（502）卒，年四十五。上推生于宋孝武帝大明三年（458）。

宋孝武帝大明六年（462）壬寅，三岁

刘孝标生。

《梁书·刘峻传》："刘峻字孝标，平原平原人。"卒于梁普通二年（521），年六十。上推生于本年。

沈约二十二岁。江淹十九岁。范云十二岁。王俭十一岁。宗夬七岁。刘绘五岁。萧子良三岁。

宋孝武帝大明七年（463）癸卯，四岁

《梁书》本传："四岁，诵诗数十篇。"

沈约二十三岁。江淹二十岁。范云十三岁。王俭十二岁。宗夬八岁。刘绘六岁。萧子良四岁。刘孝标二岁。

宋孝武帝大明八年（464）甲辰，五岁

萧衍生。

《梁书·武帝纪上》："高祖武皇帝，讳衍，字叔达，小字练儿，南兰陵中都里人……以宋孝武大明八年甲辰岁生于秣陵县同夏里三桥宅。"太清三年（549）卒，年八十六。

谢朓生。

《南齐书·谢朓传》："谢朓，字玄晖，陈郡阳夏人。"谢朓于永元元年（499）下狱死，年三十六。上推生于本年。

沈约二十四岁。江淹二十一岁。范云十四岁。王俭十三岁。宗夬九岁。刘绘七岁。萧子良五岁。刘孝标三岁。

宋明帝刘彧泰始元年（465）乙巳，六岁

王僧孺生。

《梁书·王僧孺传》："王僧孺，字僧孺，东海郯人。"《梁书·王僧孺传》云王僧孺卒于普通三年（522），年五十八。而《南史·王僧孺传》云卒于普通二年。今依《梁书》，上推生于本年。

萧琛生。

《梁书·萧琛传》："萧琛，字彦瑜，南兰陵人。"《梁书·萧琛状》及《梁书·武帝纪上》记载萧琛卒年不一致，前文已经对此问题进行了考析，此不赘述。考析的结论是姑将萧琛生年系于此。

沈约二十五岁。江淹二十二岁。范云十五岁。王俭十四岁。宗夬十岁。刘绘八岁。萧子良六岁。刘孝标四岁。萧衍二岁。谢朓二岁。

宋明帝泰始三年（467）丁未，八岁

自制《月仪》，辞义甚美。褚渊赞之。

《南史·任昉传》："八岁能属文，自制《月仪》，辞义甚美。褚彦回尝谓遥曰：'闻卿有令子，相为喜之，所谓百不为多，一不为少。'由是闻声籍甚。"

王融生。

《南齐书·王融传》："王融，字元长，琅邪临沂人。"王融于齐永明十一年被害，年二十七。上推生于本年。

沈约二十七岁。江淹二十四岁。范云十七岁。王俭十六岁。宗夬十二岁。刘绘十岁。萧子良八岁。刘孝标六岁。萧衍四岁。谢朓四岁。王僧孺三岁。

宋明帝泰始四年（468）戊申，九岁

江革生。

《梁书·江革传》："江革，字休映，济阳考城人。"卒于大同元年（535），年约五十八。上推大约生于本年，姑系于此。

沈约二十八岁。江淹二十五岁。范云十八岁。王俭十七岁。宗夬十三岁。刘绘十一岁。萧子良九岁。刘孝标七岁。萧衍五岁。谢朓五岁。王僧孺四岁。王融二岁。

宋明帝泰始五年（469）丁未，十岁

孔休源生。

《梁书·孔休源传》："孔休源，字庆绪，会稽山阴人。"卒于中大通四年（532），年六十四。上推生于本年。

吴均生。

《梁书·吴均传》："吴均，字叔庠，吴兴故鄣人。"卒于梁普通元年（520），年五十二。上推生于本年。

裴子野生。

《梁书·裴子野传》："裴子野，字几原，河东闻喜人。"卒于梁中大通二年（530），年六十二。上推生于本年。

柳憕生。

《梁书·柳憕传》："柳憕，字文深，河东解县人。"卒于梁天监十二年（513），约四十五岁。上推大约生于本年，姑系于此。

沈约二十九岁。江淹二十六岁。范云十九岁。王俭十八岁。宗夬十四岁。刘绘十二岁。萧子良十岁。刘孝标八岁。萧衍六岁。谢朓六岁。王僧孺五岁。王融三岁。江革二岁。

泰始六年（470）庚戌，十一岁

是岁，陆倕生。

《梁书·陆倕传》："陆倕，字公佐，吴郡吴人也。"卒于普通七年（526），年五十七。上推生于本年。

沈约三十岁。江淹二十七岁。范云二十岁。王俭十九岁。宗夬十五岁。刘绘十三岁。萧子良十一岁。刘孝标九岁。萧衍七岁。谢朓七岁。王僧孺六岁。王融四岁。江革三岁。孔休源二岁。吴均二岁。裴子野二岁。柳憕二岁。

泰始七年（471）辛亥，十二岁

任昉得到从叔任暠赏赞。

《南史·任昉传》："年十二，从叔暠有知人之量，见而称其小名曰：'阿堆，吾家千里驹也。'昉孝友纯至，每侍亲疾，衣不解带，言与泪并，汤药饮食必先经口。"

殷芸生。

《梁书·殷芸传》："殷芸，字灌蔬，陈郡长平人也。"卒于梁大通三年，年五十九。上推生于本年。

沈约三十一岁。江淹二十八岁。范云二十一岁。王俭二十岁。宗夬十六岁。刘绘十四岁。萧子良十二岁。刘孝标十岁。萧衍八岁。谢朓八岁。王僧孺七岁。王融五岁。江革四岁。孔休源三岁。吴均三岁。裴子野三岁。柳恽三岁。陆倕二岁。

宋后废帝元徽三年（475）乙卯，十六岁

为丹阳主簿。

《梁书·任昉传》："宋丹阳尹刘秉为主簿。时年十六，以气忤秉子。又《宋书·刘秉传》载，秉于元徽二年除散骑常侍，领丹阳尹。

张率生。

《梁书·张率传》："张率，字士简，吴郡吴人。"卒于大通元年（527），年五十三。上推生于本年。

沈约三十五岁。江淹三十二岁。范云二十五岁。王俭二十四岁。宗夬二十岁。刘绘十八岁。萧子良十六岁。刘孝标十四岁。萧衍十二岁。谢朓十二岁。王僧孺十一岁。王融九岁。江革八岁。孔休源七岁。吴均七岁。裴子野七岁。柳恽七岁。陆倕六岁。殷芸五岁。

宋后废帝元徽五年，宋顺帝昇明元年（477）丁巳，十八岁

到溉生。

《梁书·到溉传》："到溉，字茂灌，彭城武原人。"卒于太清二年（548），年七十二。上推生于本年。

到洽生。

《梁书·到洽传》："到洽，字茂讼，彭城武原人也。"到溉弟。梁大通元年（527）卒于寻阳郡任上，年五十一岁。上推生于本年。

到沆生。

《梁书·到沆传》："到沆，字茂瀣，彭城武原人。"到溉、到洽从父弟。卒于梁天监五年（506），年三十。上推生于本年。

刘之遴生。

《梁书·刘之遴传》："刘之遴，字思贞，南阳涅阳人。"卒于太清二年（548），年七十二岁。上推生于本年。

王暕生。

《梁书·王籍传》："王暕，字思晦，琅邪临沂人。"普通四年（523）卒，年四十七。上推生于本年。

沈约三十七岁。江淹三十四岁。范云二十七岁。王俭二十六岁。宗夬二十二岁。刘绘二十岁。萧子良十八岁。刘孝标十六岁。萧衍十四岁。谢朓十四岁。王僧孺十三岁。王融十一岁。江革十岁。孔休源九岁。吴均九岁。裴子野九岁。柳憕九岁。陆倕八岁。殷芸七岁。

宋顺帝昇明三年，齐高帝萧道成建元元年（479）己未，二十岁

任昉起家奉朝请，除仪曹郎，举兖州秀才，拜太常博士。

《梁书·任昉传》："久之，为奉朝请。"依"甲族二十而仕"的规定，任昉当于二十岁时起家奉朝请。齐高帝于是年夏即皇帝位。因此姑系任昉起家为齐官。

《南齐书·礼志上》："建元元年，太常上朝堂讳训。"又《南齐书·王慈传》载有仪曹郎任昉所上《朝堂讳榜议》。

《梁书·任昉传》："久之，为奉朝请，举兖州秀才，拜太常博士。迁征北行参军。"《南史·任昉传》："初为奉朝请，举兖州秀才，拜太学博士。"由后来任征北行参军时间上推，可知任昉"举兖州秀才，拜太常博士"，当在建元元、二、三、四年，姑系于此。

刘杳生。

《梁书·刘杳传》："刘杳，字士深，平原平原人也。"卒于大同二年（538），年五十八。上推生于本年。

阮孝绪生。

《梁书·阮孝绪传》："阮孝绪，字士宗，陈留尉氏人也。"卒于大同二年（538），年五十八。上推生于本年。

谢举生。

《梁书·谢举传》："谢举，字言扬，陈郡阳夏人。"卒于太清二年（548），年七十。上推生于本年。

沈约三十九岁。江淹三十六岁。范云二十九岁。王俭二十八岁。宗夬二十四岁。刘绘二十二岁。萧子良二十岁。刘孝标十八岁。萧衍十六岁。谢朓十六岁。王僧孺十五岁。王融十三岁。江革十二岁。孔休源十一岁。吴均十一岁。裴子野十一岁。柳憕十一岁。陆倕十岁。殷芸九岁。到溉三岁。到洽三岁。到沆三岁。刘之遴三岁。王暕三岁。

齐高帝建元二年（480）庚申，二十一岁

王籍生。

《梁书·王籍传》："王籍，字文海，琅邪临沂人。"梁元帝萧绎作《法宝联璧序》云，中大通六年（534），"中散大夫琅邪王籍，年五十五。"[1] 上推生于本年。

沈约四十岁。江淹三十七岁。范云三十岁。王俭二十九岁。宗夬二十五岁。刘绘二十三岁。萧子良二十一岁。刘孝标十九岁。萧衍十七岁。谢朓十七岁。王僧孺十六岁。王融十四岁。江革十三岁。孔休源十二岁。吴均十二岁。裴子野十二岁。柳憕十二岁。陆倕十一岁。殷芸十岁。到溉四岁。到洽四

---

① （梁）萧绎：《法宝联璧序》，（唐）释道宣：《广弘明集》卷二十，影印文渊阁《四库全书》第1048册，上海古籍出版社1989年版，第553页。

岁。到洽四岁。刘之遴四岁。王暕四岁。刘杳二岁。阮孝绪二岁。谢举二岁。

齐高帝建元三年（481）辛酉，二十二岁

刘孝绰生。

《梁书·刘孝绰传》："刘孝绰，字孝绰，彭城人，本名冉。"卒于梁大同五年（539），年五十九。上推生于本年。

刘显生。

《梁书·刘显传》："刘显，字嗣芳，沛国相人。"《南史·刘显传》："大同九年终于夏口，时年六十三。"上推生于本年。

沈约四十一岁。江淹三十八岁。范云三十一岁。王俭三十岁。宗夬二十六岁。刘绘二十四岁。萧子良二十二岁。刘孝标二十岁。萧衍十八岁。谢朓十八岁。王僧孺十七岁。王融十五岁。江革十四岁。孔休源十三岁。吴均十三岁。裴子野十三岁。柳恽十三岁。陆倕十二岁。殷芸十一岁。到溉五岁。到洽五岁。到沆五岁。刘之遴五岁。王暕五岁。刘杳三岁。阮孝绪三岁。谢举三岁。王籍二岁。

齐高帝建元四年（482）壬戌，二十三岁

刘苞生。

《梁书·刘苞传》："刘苞，字孝尝，彭城人。"卒于梁天监十三年（514），年三十。上推生于本年。

沈约四十二岁。江淹三十九岁。范云三十二岁。王俭三十一岁。宗夬二十七岁。刘绘二十五岁。萧子良二十三岁。刘孝标二十一岁。萧衍十九岁。谢朓十九岁。王僧孺十八岁。王融十六岁。江革十五岁。孔休源十四岁。吴均十四岁。裴子野十四岁。柳恽十四岁。陆倕十三岁。殷芸十二岁。到溉六岁。到洽六岁。到沆六岁。刘之遴六岁。王暕六岁。刘杳四岁。阮孝绪四岁。谢举四岁。王籍三岁。刘孝绰二岁。刘显二岁。

齐武帝永明元年（483）癸亥，二十四岁

迁征北行参军，第一次入萧子良幕府。

《梁书》本传未载昉"迁征北行参军"于何年。检《南齐书·萧子良传》载萧子良为征北将军在永明元年。

作《为卞彬谢修卞忠贞墓启》（载《文选》卷三十九）。

《南齐书·武帝纪》载齐永明元年四月下诏修前朝名臣袁粲、刘秉墓。卞壸，字望之，东晋名臣，谥号"忠贞"。罗国威先生认为："卞壸为西晋忠臣，亦当在旌表之列，其墓当为是年下诏修复。"① 姑系于此。

沈约四十三岁。江淹四十岁。范云三十三岁。王俭三十二岁。宗夬二十八岁。刘绘二十六岁。萧子良二十四岁。刘孝标二十二岁。萧衍二十岁。谢朓二十岁。王僧孺十九岁。王融十七岁。江革十六岁。孔休源十五岁。吴均十五岁。裴子野十五岁。柳憕十五岁。陆倕十四岁。殷芸十三岁。到溉七岁。到洽七岁。到沆七岁。刘之遴七岁。王暕七岁。刘杳五岁。阮孝绪五岁。谢举五岁。王籍四岁。刘孝绰三岁。刘显三岁。

永明二年（484）甲子，二十五岁

卫将军王俭领丹阳尹，引昉为主簿。

《梁书·任昉传》："永明初，卫将军王俭领丹阳尹，复引为主簿。"史载王俭于永明三年八月解丹阳尹。

伏挺生。

《梁书·伏挺传》："伏挺，字士标。"《梁书》《南史》伏

---

① 罗国威：《任昉年谱》，《四川大学学报》（哲学社会科学版）1994 年第 1 期，第 70 页。

挺本传皆载，中兴元年（501），伏挺于新林迎谒镇东将军萧衍的军队时，"时年十八"，由此上推，知伏挺生于齐武帝永明二年（484）。卒于太清二年（548）。

殷钧生。

《梁书·殷钧传》："殷钧，字季和，陈郡长平人。"卒于中大通四年（532），年四十九。上推生于本年。

沈约四十四岁。江淹四十一岁。范云三十四岁。王俭三十三岁。宗夬二十九岁。刘绘二十七岁。萧子良二十五岁。刘孝标二十三岁。萧衍二十一岁。谢朓二十一岁。王僧孺二十岁。王融十八岁。江革十七岁。孔休源十六岁。吴均十六岁。裴子野十六岁。柳恽十六岁。陆倕十五岁。殷芸十四岁。到溉八岁。到洽八岁。到沆八岁。刘之遴八岁。王暕八岁。刘杳六岁。阮孝绪六岁。谢举六岁。王籍五岁。刘孝绰四岁。刘显四岁。

永明三年（485）乙丑，二十六岁

迁司徒刑狱参军，第二次入萧子良幕府。

《南齐书·王俭传》："（永明）三年，领国子祭酒……又领太子少傅，本州中正，解丹阳尹。"又任昉《王文宪集序》："（永明三年）解丹阳尹，领太子少傅。"

作《为庾杲之与刘居士虬书》（载《艺文类聚》卷三十七）。

《南齐书·刘虬传》："永明三年，刺史庐陵王子卿表虬及同郡宗测、宗尚之、庾易、刘昭五人，请加蒲车束帛之命。诏征为通直郎，不就。竟陵王子良致书通意。"刘虬亦婉言谢绝。又《南齐书·庾杲之传》："永明中，诸王年少，不得妄与人接，敕杲之与济阳江淹五日一诣诸王，使申游好。"萧子良延纳刘虬不至，让庾杲之请之，任昉代庾杲之作书，当在是年。

并作《答刘居士诗》（载《艺文类聚》卷三十八，《诗纪》卷七十八）。

作《为王嫡子侍皇太子释奠宴》（载《艺文类聚》卷三十八，题为《侍皇太子释奠宴诗》。《初学记》卷十四，题为《为王子侍皇太子释奠宴诗》。《诗纪》卷七十八）。

《南齐书·武帝纪》："（永明三年）冬，十月，壬戌，诏曰：'皇太子长懋讲毕，当释奠，王公以下可悉往观礼。'"又《南齐书·礼志上》："（永明三年）冬，皇太子讲《孝经》，（上）亲临释奠，在驾幸听。"

刘孺生。

《梁书·刘孺传》："刘孺，字孝稚，彭城安上里人。"卒于大同七年（541），年五十九。上推生于本年。

沈约四十五岁。江淹四十二岁。范云三十五岁。王俭三十四岁。宗夬三十岁。刘绘二十八岁。萧子良二十六岁。刘孝标二十四岁。萧衍二十二岁。谢朓二十二岁。王僧孺二十一岁。王融十九岁。江革十八岁。孔休源十七岁。吴均十七岁。裴子野十七岁。柳憕十七岁。陆倕十六岁。殷芸十五岁。到溉九岁。到洽九岁。到沆九岁。刘之遴九岁。王暕九岁。刘杳七岁。阮孝绪七岁。谢举七岁。王籍六岁。刘孝绰五岁。刘显五岁。伏挺二岁。殷钧二岁。

永明四年（486）丙寅，二十七岁

入为尚书殿中郎。

《梁书》本传："迁司徒刑狱参军，入为殿中郎。"王俭接丹阳尹后为尚书令，参掌选事。武帝亦赏识才气。"入为殿中郎"或在此年。永明五年（487）丁卯，二十八岁。

沈约四十六岁。江淹四十三岁。范云三十六岁。王俭三十

五岁。宗夬三十一岁。刘绘二十九岁。萧子良二十七岁。刘孝
标二十五岁。萧衍二十三岁。谢朓二十三岁。王僧孺二十二
岁。王融二十岁。江革十九岁。孔休源十八岁。吴均十八岁。
裴子野十八岁。柳恽十八岁。陆倕十七岁。殷芸十六岁。到溉
十岁。到洽十岁。到沆十岁。刘之遴十岁。王暕十岁。刘杳八
岁。阮孝绪八岁。谢举八岁。王籍七岁。刘孝绰六岁。刘显六
岁。伏挺三岁。殷钧三岁。刘孺二岁。

转司徒竟陵王记室参军。第三次入萧子良幕府。"竟陵八
友"游于此时。

《梁书·萧子良传》:"(永明)五年,正位司徒,给班剑
二十人,侍中如故。"又《梁书·武帝纪》:"竟陵王子良开西
邸,招文学,高祖(萧衍)与沈约、谢朓、王融、萧琛、范
云、任昉、陆倕等并游焉,号曰'八友'"。以父忧去职,其
父当卒于是年末,或明年春初。

《梁书》本传:"以父忧去职,性尽孝,居丧守礼。"其父
卒于何年,《梁书》《南史》均未载,系于是年的原因,在第
一章中有详考。

永明六年(488)戊辰,二十九岁

作《为褚蓁代兄袭封表》(载《文选》卷三十八)。

作《为褚谘议代兄袭封表》(载《艺文类聚》卷五十一,
题为《为褚谘议代兄袭封表二》)。

《南齐书·褚渊传附褚蓁传》:"(永明)六年,(贲)上
表称疾,让封于弟蓁。"胡耀震先生对这两个表的异同关系论
述很有道理,云:"永明六年褚贲让封褚蓁之时,任昉代褚蓁
所作的两篇不同的文章,虽然因为同出任昉一人之手,写作时
间相距很近,事件背景又一样,使得两文的词句有相同之处,
但它们的确是两篇不同的文章。它们相互之间不存在同一篇文

章的别稿或别本的问题。"①

沈约四十八岁。江淹四十五岁。范云三十八岁。王俭三十七岁。宗夬三十三岁。刘绘三十一岁。萧子良二十九岁。刘孝标二十七岁。萧衍二十五岁。谢朓二十五岁。王僧孺二十四岁。王融二十二岁。江革二十一岁。孔休源二十岁。吴均二十岁。裴子野二十岁。柳憕二十岁。陆倕十九岁。殷芸十八岁。到溉十二岁。到洽十二岁。到沆十二岁。刘之遴十二岁。王暕十二岁。刘杳十岁。阮孝绪十岁。谢举十岁。王籍九岁。刘孝绰八岁。刘显八岁。伏挺五岁。殷钧五岁。刘孺四岁。

永明七年（489）己巳，三十岁

起为建武将军骠骑记室，不就。

《文选》李善注引刘璠《梁典》："昉时殿中郎，父忧去职，居丧，不知盐味。冬月单衫，庐于墓侧。齐明作相，乃起为建武将军骠骑记室，再三固辞，帝见其辞切，亦不能夺。"又《南齐书·明帝纪》载，萧鸾于永明七年拜尚书左仆射，则鸾起为建武将军骠骑记室当在是年。

是年末，或明年初，服除。重除尚书殿中郎。

《梁书·宗夬传》："永明中，与魏和亲，敕夬与尚书殿中郎任昉同接魏使，皆时选也。"《资治通鉴》卷一百三十六《齐纪二》："（永明七年）八月乙亥，（魏）遣兼员外散骑常侍邢产等来聘。"又《资治通鉴》卷一百三十七《齐纪三》："（永明八年）甲午，魏遣兼员外散骑常侍邢产等来聘。"魏与永明七、八年皆遣使来聘。鉴于任昉应于七年末或八年初服除任职，则昉当参与永明八年的接待魏使。

---

① 胡耀震：《任昉代褚蓁表和相关的〈文选〉旧注》，《山东大学学报》（哲社版）1998 年第 4 期，第 68 页。

作《王文宪集序》（载《文选》卷四十六，《艺文类聚》卷五十五，《四六法海》卷九）。

《南齐书·王俭传》：永明七年，"改领中书监，参掌选事。其年疾，上亲临视，薨，年三十八。"又《南齐书·武帝纪》及《王文宪集序》均载王俭薨于永明七年五月乙巳。昉素为王俭所知，任昉尽后死之责，整理其文集并作序当于王俭卒后不久。

作《求为刘瓛立馆启》（载《艺文类聚》卷三十八）。

《南齐书·刘瓛传》："（永明）七年，表世祖为瓛立馆，以扬烈桥故主第给之，生徒皆贺。"

作《刘先生夫人墓志铭》（载《文选》卷五十九）。

刘瓛娶王法施女（李善注引《刘氏谱》），后被出，瓛卒后，为王氏族人合葬。

沈约四十九岁。江淹四十六岁。范云三十九岁。王俭三十八岁。宗夬三十四岁。刘绘三十二岁。萧子良三十岁。刘孝标二十八岁。萧衍二十六岁。谢朓二十六岁。王僧孺二十五岁。王融二十三岁。江革二十二岁。孔休源二十一岁。吴均二十一岁。裴子野二十一岁。柳恽二十一岁。陆倕二十岁。殷芸十九岁。到溉十三岁。到洽十三岁。到沆十三岁。刘之遴十三岁。王暕十三岁。刘杳十一岁。阮孝绪十一岁。谢举十一岁。王籍十岁。刘孝绰九岁。刘显九岁。伏挺六岁。殷钧六岁。刘孺五岁。

永明八年（490）庚午，三十一岁

续遭母忧。

《梁书》本传："续遭母忧。"《南史》本传："遭继母忧。"今从《梁书》。昉遭母忧应在是年末或明年初。

作《为竟陵王世子临会稽郡教》（载《艺文类聚》卷五

十）。

《南齐书·萧昭胄传》：萧子良之子萧昭胄"永明八年，自竟陵王世子为宁朔将军、会稽太守"。

沈约五十岁。江淹四十七岁。范云四十岁。王俭三十九岁。宗夬三十五岁。刘绘三十三岁。萧子良三十一岁。刘孝标二十九岁。萧衍二十七岁。谢朓二十七岁。王僧孺二十六岁。王融二十四岁。江革二十三岁。孔休源二十二岁。吴均二十二岁。裴子野二十二岁。柳憕二十二岁。陆倕二十一岁。殷芸二十岁。到溉十四岁。到洽十四岁。到沆十四岁。刘之遴十四岁。王暕十四岁。刘杳十二岁。阮孝绪十二岁。谢举十二岁。王籍十一岁。刘孝绰十岁。刘显十岁。伏挺七岁。殷钧七岁。刘孺六岁。

永明九年（491）辛未，三十二岁

作《又表》（载《艺文类聚》卷五十一，题为《为褚谘议让代兄袭封表二》）。

《艺文类聚》卷五十一收录任昉《为褚蓁代兄袭封表》后，又收录同名的另一篇文章，故名《又表》。胡耀震先生认为："这篇《又表》是任昉于永明九年代褚蓁让封给褚贲的儿子褚霁所作。"①

永明十年（492）壬申，三十三岁

是年，或明年初服除，拜太子步兵校尉，掌东宫书记。

作《为王金紫谢齐武帝示皇太子律序启》（载《艺文类聚》卷五十四）。

王晏本年被授予金紫光禄大夫。文惠太子下年正月卒，知

---

① 胡耀震：《任昉代褚蓁表和相关的〈文选〉旧注》，《山东大学学报》（哲社版）1998 年第 4 期，第 68 页。

此文当作于本年。①

　　沈约五十二岁。江淹四十九岁。范云四十二岁。王俭四十一岁。宗夬三十七岁。刘绘三十五岁。萧子良三十四岁。刘孝标三十一岁。萧衍二十九岁。谢朓二十九岁。王僧孺二十八岁。王融二十六岁。江革二十五岁。孔休源二十四岁。吴均二十四岁。裴子野二十四岁。柳恽二十四岁。陆倕二十三岁。殷芸二十二岁。到溉十六岁。到洽十六岁。到沆十六岁。刘之遴十六岁。王暕十六岁。刘杳十四岁。阮孝绪十四岁。谢举十四岁。王籍十三岁。刘孝绰十二岁。刘显十二岁。伏挺九岁。殷钧九岁。刘孺八岁。

永明十年（493）癸酉，三十四岁

王融卒。

齐郁林王隆昌元年·海陵王延兴元年·明帝建武元年（494）甲戌，三十五岁

　　作《齐竟陵文宣王行状》（载《文选》卷六十，《艺文类聚》卷四十五）。

　　《南齐书·郁林王纪》："隆昌元年夏四月戊子，太傅竟陵王子良薨。"子良为任昉故主，交往甚密。

　　作《为齐明帝让宣城郡公表》（载《文选》卷三十八，《梁书·任昉传》，《艺文类聚》卷五十一）。

　　《南史》本纪："齐明帝废郁林王，始为侍中、中书监、骠骑大将军、开府仪同三司、扬州刺史、录尚书事、封宣城郡公。使昉具表草……帝恶其辞斥，甚惺，昉由是终建武中，位不过列校。《南齐书·郁林王纪》《南齐书·海陵王纪》均载

_____

　　① 曹道衡、刘跃进：《南北朝文学编年史》，人民文学出版社2000年版，第294页。

萧鸾废郁林王，封宣城郡公载隆昌元年秋七月。

作《为萧侍中拜袭封表》（载《艺文类聚》卷五十）。

《表》云："诏书拜臣袭封竟陵郡王。"则知萧侍中指竟陵王萧子良的世子萧昭胄。

作《萧扬州荐士表》（载《文选》卷三十八）。

《文选》卷三十八李善注引刘璠《梁典》云："齐建武初，有诏荐士，始安王表荐琅玡王暕及王僧孺。"《南齐书·萧遥光传》云建武元年十一月，以始安王萧遥光为扬州刺史。

作《赠王僧孺诗》（载《梁书》《南史》之《王僧孺传》）。

《梁书·王僧孺传》："初，僧孺与乐安任昉遇竟陵王西邸，以文学友会，及是，将之县，昉赠诗。"《南史·王僧孺传》："建武初举士，为始安王遥光所荐，除仪曹郎，迁治书侍御史，出为唐令。"

萧子良卒。

沈约五十四岁。江淹五十一岁。范云四十四岁。王俭四十三岁。宗夬三十九岁。刘绘三十七岁。刘孝标三十三岁。萧衍三十一岁。谢朓三十一岁。王僧孺三十岁。江革二十七岁。孔休源二十六岁。吴均二十六岁。裴子野二十六岁。柳憕二十六岁。陆倕二十五岁。殷芸二十四岁。到溉十八岁。到洽十八岁。到沆十八岁。刘之遴十八岁。王暕十八岁。刘杳十六岁。阮孝绪十六岁。谢举十六岁。王籍十五岁。刘孝绰十四岁。刘显十四岁。伏挺十一岁。殷钧十一岁。刘孺十岁。

建武四年（497）丁丑，三十八岁

作《为王思远让侍中表》（载《艺文类聚》卷四十八，《初学记》卷十二节引）。

《南齐书·明帝纪》："四年春正月……尚书令王晏伏诛。"

又《南齐书·王思远传》："尚书令王晏宗弟也……上既诛晏，迁（思远）为侍中，掌优策及起居注。"

作《为范始兴作求立太宰碑表》（载《文选》卷三十八）。

《南齐书·萧子良传》："建武中，太傅、竟陵王子良卒，故吏范云求立碑，事不行。"萧子良于建武元年卒，在建元四年中，史传无载求立碑事，姑系于此。

作《吊乐永世书》（载《艺文类聚》卷三十四）。

《南齐书·孝义传》载乐预为乐颐弟，"建武中为永世令，民怀其德。卒官。"姑系于此。

齐明帝永泰元年（498）戊寅，三十九岁

作《齐明帝谥议》（载《艺文类聚》卷十四）。

《南齐书·明帝纪》："秋七月……帝崩于正福殿，年四十七。"

迁中书侍郎。

《梁书·任昉传》："明帝崩，迁中书侍郎。"

沈约五十八岁。江淹五十五岁。范云四十八岁。王俭四十七岁。宗夬四十六岁。刘绘四十一岁。刘孝标三十七岁。萧衍三十五岁。谢朓三十五岁。王僧孺三十四岁。江革三十一岁。孔休源三十岁。吴均三十岁。裴子野三十岁。柳恽三十岁。陆倕二十九岁。殷芸二十八岁。到溉二十二岁。到洽二十二岁。到沆二十二岁。刘之遴二十二岁。王暕二十二岁。刘杳二十岁。阮孝绪二十岁。谢举二十岁。王籍十九岁。刘孝绰十八岁。刘显十八岁。伏挺十五岁。殷钧十五岁。刘孺十四岁。

齐东昏永元元年（499）己卯，四十岁

作《齐司空曲江公行状》（载《艺文类聚》卷四十七）。

《南齐书·萧遥欣传》："永元元年卒，年三十一，赠侍中、司空。"

谢朓卒。

作《赠王僧孺诗》（载《梁书·王僧孺传》《南史·王僧孺传》）。

《梁书·王僧孺传》载王僧孺三十五，出为钱塘令，任昉作赠别诗。

永元三年、齐和帝中兴元年（501）辛巳，四十二岁

拜司徒右长史。

《梁书》本传："永元末，为司徒右长史。"

十二月，为萧衍骠骑记室参军。

《梁书·武帝纪》："（永元三年）十二月……授高祖中书监、骠骑大将军，扬州刺史，封建安郡公。"又《南齐书·东昏侯纪》《南齐书·和帝纪》及《梁书·武帝纪上》均载萧衍克京邑，霸府初开在永元三年十二月。又《梁书·任昉传》："高祖克京邑，以昉为骠骑记事参军。"

作《到大司马记室笺》（载《文选》卷四十，《梁书·任昉传》）。

《梁书》《南史》本传："始高祖与昉遇竟陵王西邸，从容谓昉曰：'我等三府，当以卿为记室。'昉亦戏高祖曰：'我若等三事，当以卿为骑兵。'"萧衍履行前言。

作《与江革书》（载《文选》卷四十，《梁书·任昉传》）。

《梁书·江革传》："（中兴元年）昉与革书。"

中兴二年、梁武帝天监元年（502）壬午，四十三岁

梁王府记室，四月梁王称帝，任昉为黄门侍郎，迁吏部郎中并掌著作。

梁台建，禅让文诰，多昉所具。昉所撰文诰依月份先后次序有：

正月所撰者：

《封梁公诏》（载《梁书·武帝纪上》，系于正月戊戌）。

《为梁武帝断华侈令》（载《梁书·武帝纪上》，系于正月）。

《策梁公九锡文》（载《梁书·武帝纪上》，系于正月戊戌）。

《为府僚劝进梁公笺》（载《梁书·武帝纪上》，系于正月）。

二月所撰者：

《为梁公请刊改律令表》（载《艺文类聚》卷五十四）。

《进梁公为梁王诏》（载《梁书·武帝纪上》，系于二月丙戌）。

《府僚重请笺》（载《文选》卷四十，题为《百辟劝进今上笺》。载《梁书·武帝纪上》，系于二月辛酉）。

《齐宣德皇后答梁王令》（载《艺文类聚》卷十四）。

《宣德皇后敦劝梁王令》（载《文选》卷三十六、《艺文类聚》卷十四）。

《宣德皇后重敦劝梁王令》（载《艺文类聚》卷十四）。

三月所撰者：

《禅位诏》（载《梁书·武帝纪上》，系于三月丙辰）。

《梁书·武帝纪上》："（三月）丙辰，齐帝禅位于梁王。"

四月所撰者：

《为齐宣德皇后令》（载《梁书·武帝纪上》《南史·梁武帝纪》）。

《禅位梁王策》（载《梁书·武帝纪上》《南史·梁武帝纪》）。

《禅位梁王玺书》（载《梁书·武帝纪》）。

《吏部郎表》（载《艺文类聚》卷四十八）。

《梁武帝初封功臣诏》（载《艺文类聚》卷五十一）。

《追封丞相长沙王诏》（《艺文类聚》卷五十一）。

《追封永阳王诏》（《艺文类聚》卷五十一）。

《追封衡阳王桂阳王诏》（《艺文类聚》卷五十一）。

《封临川安兴建安等五王诏》（载《艺文类聚》卷五十一）。

《为范尚书让吏部封侯第一表》（载《文选》卷三十八，《艺文类聚》四十八，《初学记》卷十二，有删节）。

《为梁武帝集坟籍令》（载《文馆词林》卷六百九十五）。

《奏请郊庙备六代礼》（载《隋书·音乐志上》，《通典》卷一百四十七）。

《求荐士诏》（载《艺文类聚》卷五十三、《初学记》卷二十）。

《为昭明太子答何胤书》（载《艺文类聚》卷三十七）。

《丞相长沙宣武王碑》（载艺文类聚）卷四十五）。

《抚军桂阳王墓志铭》（载《艺文类聚》卷四十五）。

《奉答敕示七夕诗启》（载《文选》卷三十九）。

《静思堂秋竹应诏诗》（载《艺文类聚》卷八十九）。

《九日侍宴乐游苑诗》（载《艺文类聚》卷四）。

《奉和登景阳山诗》（载《艺文类聚》卷七、《文苑英华》卷一百五十九）。

《赋体》（载《艺文类聚》卷五十六）

沈约六十二岁。江淹五十九岁。范云五十二岁。王俭五十一岁。宗夬四十七岁。刘绘四十五岁。刘孝标四十一岁。萧衍三十九岁。王僧孺三十八岁。江革三十五岁。孔休源三十四岁。吴均三十四岁。裴子野三十四岁。柳恽三十四岁。陆倕三十三岁。殷芸三十二岁。到溉二十六岁。到洽二十六岁。到沆二十六岁。刘之遴二十六岁。王暕二十六岁。刘杳二十四岁。阮孝绪二十四岁。谢举二十四岁。王籍二十三岁。刘孝绰二十二岁。刘显二十二岁。伏挺十九岁。殷钧十九岁。刘孺十八岁。

天监二年（503）癸巳，四十四岁

出为义兴太守。

《梁书》《南史》均载："（天监二年）出为义兴太守。"

作《与沈约书》（载《艺文类聚》卷三十四）。

范云卒。

《梁书·范云传》载：范云卒于天监二年五月，昉遂作书与约。

作《出郡舍哭范仆射诗》（载《文选》卷二十三，《艺文类聚》卷三十四，《初学记》卷十一）。

天监三年（504）甲申，四十五岁

重除吏部郎，寻转御史中丞。

《梁书》《南史》本传均载：昉重除吏部郎，参掌大选，居职不称。寻转御史中丞、秘书简，未具其年。检《梁书·曹景宗传》载：天监三年八月司州城陷，（景宗）为御史中丞任昉所奏，则昉转御史中丞当在是年。

作《答陆倕感知己赋》（载《梁书·陆倕传》，《艺文类聚》卷三十一）。

《南史·陆倕传》："梁天监初，（陆倕）为右将军安成王主簿，与乐安任昉友，为《感知己赋》以赠昉，昉因以此名以报之。"《梁书·安成康王传》载：天监三年，进号右将军。则倕为秀主簿当在天监三年。

作《天监三年策秀才文》（载《文选》卷三十六）。

作《求荐士诏》（载《艺文类聚》卷五十三，《初学记》卷二十）。

作《奏弹曹景宗》（载《文选》卷四十）。

宗夬卒。

沈约六十四岁。江淹六十一岁。王俭五十三岁。刘绘四十七岁。刘孝标四十三岁。萧衍四十一岁。王僧孺四十岁。江革三十七岁。孔休源三十六岁。吴均三十六岁。裴子野三十六岁。柳恽三十六岁。陆倕三十五岁。殷芸三十四岁。到溉二十八岁。到洽二十八岁。到沆二十八岁。刘之遴二十八岁。王暕二十八岁。刘杳二十六岁。阮孝绪二十六岁。谢举二十六岁。王籍二十五岁。刘孝绰二十四岁。刘显二十四岁。伏挺二十一岁。殷钧二十一岁。刘孺二十岁。

天监四年（505）乙酉，四十六岁

仍官御史中丞。

作《奏弹范缜》（载《梁书·王亮传》，《册府元龟》卷五百一十九）。

《南史·王亮传》载：天监四年，昉奏缜妄陈褒贬，请免缜官，诏可。

作《奏弹萧颖达》（载《梁书·萧颖达传》，《册府元龟》卷五百一十九）。

作《奏弹刘整》（载《文选》卷四十）。

作《寄到建安饷杖诗》（载《艺文类聚》卷六十九，《诗纪》卷七十八）。

作《寄到溉诗》（载《南史·到彦之传附到溉传》，《诗纪》卷七十八）。

天监五年（506）丙戌，四十七岁

官秘书监。

《梁书》《南史》本传皆载："寻转御史中丞，秘书监，领前军将军。"昉在天监四年官御史中丞，六年出为新安太守，则官秘书监当在天监五年。

作《为皇太子一日一人朝表》（载《艺文类聚》卷十六）。

作《同谢朏花雪诗》（载《艺文类聚》卷十六）。

到沆卒。

沈约六十六岁。江淹六十三岁。王俭五十五岁。刘绘四十九岁。刘孝标四十五岁。萧衍四十三岁。王僧孺四十二岁。江革三十九岁。孔休源三十八岁。吴均三十八岁。裴子野三十八岁。柳恽三十八岁。陆倕三十七岁。殷芸三十六岁。到溉三十岁。到洽三十岁。刘之遴三十岁。王暕三十岁。刘杳二十八岁。阮孝绪二十八岁。谢举二十八岁。王籍二十七岁。刘孝绰二十六岁。刘显二十六岁。伏挺二十三岁。殷钧二十三岁。刘孺二十二岁。

天监六年（507）丁亥，四十八岁

为宁朔将军，新安太守。

作《答刘孝绰诗》（载《南史·刘勔传附刘孝绰传》，《艺文类聚》卷三十一，《文苑英华》卷二百四十）。

天监七年（508）戊子，四十九岁

卒于新安官舍。赠太常卿，谥敬子。

《梁书·任昉传》"六年春，出为宁朔将军、新安太守……视事期年，卒于官舍，时年四十九。"

参考文献

B

白本松、王利锁、张进德主编：《中国古代应用文甄体赏鉴》，河南大学出版社 1997 年版。

柏俊才：《"竟陵八友"考论》，华中师范大学 2008 年博士学位论文。

柏俊才：《任昉浙江行踪及创作考述》，《山西师大学报》（社会科学版）2008 年第 4 期。

（汉）班固：《汉书》，中华书局 1962 年版。

C

曹道衡、刘跃进：《南北朝文学编年史》，人民文学出版社 2000 年版。

曹道衡、沈玉成：《南北朝文学史》，人民文学出版社 1991 年版。

曹道衡、沈玉成：《中国文学家大辞典·先秦汉魏晋南北朝卷》，中华书局 1996 年版。

曹道衡：《汉魏六朝辞赋》，上海古籍出版社 1989 年版。

曹道衡：《兰陵萧氏与南朝文学》，中华书局 2004 年版。

曹道衡：《论任昉在文学史上的地位》，《齐鲁学刊》1993 年
　　第 4 期。

曹道衡：《中古文学史论文集》，中华书局 2002 年版。

（清）曹庭栋：《宋百家诗存》，影印文渊阁《四库全书》第
　　1477 册，上海古籍出版社 1989 年版。

陈鼓应、赵建伟：《周易今注今译》，商务印书馆 2005 年版。

（晋）陈寿：《三国志》，中华书局 1959 年版。

陈伟娜：《"沈诗任笔"——沈约任昉比较研究》，浙江大学
　　2009 年博士学位论文。

陈伟娜：《任昉诗歌研究》，广西师范大学 2006 年硕士学位
　　论文。

陈伟娜：《任昉文章"文体本疏"与破体辨析》，《温州大学学
　　报》（社会科学版）2009 年第 6 期。

陈伟娜：《因王士禛语试论任昉诗歌》，《西南交通大学学报》
　　（社会科学版）2008 年第 5 期。

陈寅恪：《金明馆丛稿初编》，生活·读书·新知三联书店
　　2001 年版。

陈振鹏、章培恒主编：《古文鉴赏辞典》，上海辞书出版社
　　1997 年版。

陈钟凡：《汉魏六朝文学》，（上海）商务印书馆 1929 年版。

（清）陈祚明：《采菽堂古诗选》，《续修四库全书》第 1591
　　册，上海古籍出版社 1986 年版。

程千帆、徐有富：《校雠广义·版本编》，齐鲁书社 1991
　　年版。

程千帆、徐有富：《校雠广义·典藏编》，齐鲁书社 1998
　　年版。

程千帆、徐有富：《校雠广义·目录编》，齐鲁书社 1988
　　年版。

程千帆、徐有富：《校雠广义·校勘编》，齐鲁书社 1998
　　年版。

程章灿：《魏晋南北朝赋史》，江苏古籍出版社 2001 年版。

D

戴丽：《南朝学者任昉的文献学成就》，《云梦学刊》2003 年
　　第 5 期。

丁福保：《历代诗话续编》，中华书局 1983 年版。

（唐）杜佑撰，王文锦等点校：《通典》，中华书局 1988 年版。

杜泽逊、程远芬：《山东著名藏书家》，山东文艺出版社 2004
　　年版。

F

范文澜：《文心雕龙注》，人民文学出版社 1958 年版。

范秀美：《任昉〈文章缘起〉之著录体例及其特色》，《潍坊学
　　院学报》2013 年第 1 期。

（南朝宋）范晔：《后汉书》，中华书局 1965 年版。

（唐）房玄龄等：《晋书》，中华书局 1974 年版。

冯源：《任昉诗歌研究》，郑州大学 2006 年硕士学位论文。

冯源：《任昉晚年作诗"欲以倾沈"考论》，《河南师范大学学
　　报》（哲学社会科学版）2012 年第 3 期。

傅璇琮等主编：《全宋诗》卷 3520（第 67 册），北京大学出版
　　社 1995 年版。

G

高步瀛选注：《南北朝文举要》，中华书局 1998 年版。

高步瀛选注：《魏晋文举要》，中华书局 1989 年版。

高步瀛著，曹道衡、沈玉成点校：《文选李注义疏》，中华书局 1985 年版。

高亨：《老子正诂》，清华大学出版社 2011 年版。

高亨：《老子注译》，清华大学出版社 2010 年版。

高亨：《周易大传今注》，齐鲁书社 1979 年版。

高亨：《周易古经今注》，中华书局 1984 年版。

高亨：《周易杂论》，齐鲁书社 1979 年版。

高路明：《古籍目录与中国古代学术研究》，江苏古籍出版社 1997 年版。

高文强：《佛教与永明文学批评》，湖北教育出版社 2006 年版。

葛兆光：《增订本中国禅思想史》，上海古籍出版社 2008 年版。

葛兆光：《中国思想史》，复旦大学出版社 2005 年版。

顾颉刚：《汉代学术史略》，人民出版社 2008 年版。

（清）顾嗣立编：《元诗选》（三集），中华书局 1987 年版。

郭预衡：《中国散文史》，上海古籍出版社 1986 年版。

H

（清）何焯著，崔高维点校：《义门读书记》，中华书局 1987 年版。

（梁）何逊：《何逊集》，中华书局 1980 年版。

胡旭：《〈文选〉选文"任昉现象"之成因探析》，《文史哲》2009 年第 4 期。

胡耀震：《任昉代褚蓁表和相关的〈文选〉旧注》，《山东大学学报》（哲学社会科学版），1998 年第 4 期。

胡耀震：《任昉为褚蓁表若干问题考辨》，《聊城师范学院学报》（哲学社会科学版）1998 年第 3 期。

黄侃平点，黄焯编次：《文选平点》，上海古籍出版社 1985 年版。

（清）黄宗羲：《明文海》，影印文渊阁《四库全书》第 1455 册，上海古籍出版社 1989 年版。

（唐）惠能著，郭朋校释：《坛经校释》，中华书局 1983 年版。

J

姜东波：《竟陵八友交游对其文学创作的影响》，中南民族大学 2013 年硕士学位论文。

L

来新夏：《古典目录学浅说》，中华书局 1981 年版。

（唐）李吉甫：《元和郡县图志》，中华书局 1983 年版。

李乃龙：《文体样板与形象意义——论任昉〈王文宪集序〉的双重价值》，《广西民族学院学报》2011 年第 6 期。

李文初：《汉魏六朝文学研究》，广东人民出版社 2000 年版。

（唐）李延寿：《南史》，中华书局 1975 年版。

李泽厚、刘纲纪：《中国美学史》，安徽文艺出版社 1981

年版。

李兆禄:《任昉"终建武中位不过列校"原因探隐》,《广西社会科学》2013年第2期。

李兆禄:《任昉研究》,中国社会科学出版社2014年版。

(清)李兆洛:《骈体文钞》,岳麓书社1992年版。

李智会:《任昉研究》,湖北大学2007年硕士学位论文。

(北魏)郦道元著,陈桥驿校证:《水经注校证》,中华书局2007年版。

(唐)林宝撰,岑仲勉校记,郁贤皓、陶敏整理:《元和姓纂》,中华书局1994年版。

刘静:《萧子良与"竟陵八友"》,华东师范大学2007年硕士学位论文。

(梁)刘峻著,罗国威校注:《刘孝标集校注》,上海古籍出版社1988年版。

刘师培:《中国中古文学史讲义》,上海古籍出版社2000年版。

(唐)刘肃撰,许德楠、李鼎霞点校:《大唐新语》,中华书局1984年版。

刘涛:《六朝表策文流变及其文学史意蕴——以傅亮、任昉、徐陵文章为考察对象》,《广西社会科学》2013年第4期。

刘涛:《任昉骈文论略》,《宜宾学院学报》2008年第2期。

刘晓丽:《任昉〈述异记〉研究》,西北师范大学2011年硕士学位论文。

(梁)刘勰著,陆侃如、牟世金译注:《文心雕龙译注》,齐鲁书社1995年版。

刘学锴、余恕诚:《李商隐诗歌集解》,中华书局2004年版。

刘永济:《十四朝文学要略》,黑龙江人民出版社1984年版。

刘跃进：《门阀士族与永明文学》，生活·读书·新知三联书店 1996 年版。

刘跃进：《中古文学文献学》，江苏古籍出版社 2000 年版。

（唐）刘知幾撰，（清）浦起龙释：《史通通释》，上海古籍出版社 1978 年版。

（明）陆时雍：《古诗镜》，影印文渊阁《四库全书》第 1411 册，上海古籍出版社 1989 年版。

逯钦立：《汉魏六朝文学论集》，陕西人民出版社 1984 年版。

逯钦立：《先秦汉魏晋南北朝诗》，中华书局 1983 年版。

吕慧娟等主编：《山东历代作家传略》，山东教育出版社 1983 年版。

罗国威：《任昉年谱》，《四川大学学报》（哲学社会科学版）1994 年第 1 期。

罗国威：《沈约任昉年谱》，刘跃进、范子烨编《六朝作家年谱辑要》，黑龙江教育出版社 1999 年版。

罗宗强：《魏晋南北朝文学思想史》，中华书局 1996 年版。

M

梅家玲：《汉魏六朝文学新论——拟代与赠答篇》，北京大学出版社 2004 年版。

马积高：《历代辞赋研究史料概述》，中华书局 2001 年版。

O

（宋）欧阳修、宋祁：《新唐书》，中华书局 1975 年版。

（唐）欧阳询撰，汪绍楹校：《艺文类聚》，上海古籍出版社

1982 年版。

P

普慧:《南朝佛教与文学》,中华书局 2002 年版。

(清) 皮锡瑞:《经学通论》,中华书局 1954 年版。

(清) 皮锡瑞:《经学历史》,中华书局 1959 年版。

Q

钱钟书:《管锥编》,中华书局 1986 年版。

钱钟书:《谈艺录》,中华书局 1996 年版。

瞿同祖:《中国法律与中国社会》,中华书局 2003 年版。

R

(梁) 任昉:《任中丞集》,(明) 张燮编《七十二家集》,《续修四库全书》第 1587 册,上海古籍出版社 2002 年版。

(梁) 任昉:《文章缘起》,影印文渊阁《四库全书》第 1478 册,上海古籍出版社 1989 年版。

(梁) 任昉:《述异记》,影印文渊阁《四库全书》第 1047 册,上海古籍出版社 1989 年版。

任继愈:《中国道教史》,上海人民出版社 1990 年版。

任继愈:《中国佛教史》(第三卷),中国社会科学出版社 1988 年版。

任佑之等纂:《任氏宗谱》,上海图书馆家谱收藏室藏 1950 年思敬堂铅印本。

S

（清）沈德潜：《古诗源》，中华书局 2006 年版。

（梁）沈约：《宋书》，中华书局 1974 年版。

（梁）释慧皎撰，汤用彤校注：《高僧传》，中华书局 1992 年版。

（唐）释道宣：《广弘明集》，影印文渊阁《四库全书》第 1048 册，上海古籍出版社 1989 年版。

（宋）司马光编著，（元）胡三省音注：《资治通鉴》，中华书局 1956 年版。

（汉）司马迁：《史记》，中华书局 1959 年版。

宋华礼：《〈广绝交论〉任昉事质疑》，《现代语文》（文学研究版）2008 年第 8 期。

孙昌武：《文坛佛影》，中华书局 2001 年版。

孙昌武：《中国佛教文化史》，中华书局 2010 年版。

孙振田：《〈隋志序〉"梁有五部目录"再考释——兼释"任昉、殷钧〈四部目录〉"》，《文史哲》2015 年第 1 期。

T

谭家健：《六朝文章新论》，北京燕山出版社 2002 年版。

谭家健：《试论任昉》，《文学评论丛刊》第 16 辑，中国社会科学出版社 1982 年版。

汤用彤：《汉魏两晋南北朝佛教史》，北京大学出版社 1997 年版。

汤用彤：《魏晋玄学论稿》，上海古籍出版社 2001 年版。

唐长孺：《魏晋南北朝史论丛》，商务印书馆 2010 年版。

唐长孺：《魏晋南北朝史论拾遗》，中华书局 1983 年版。

田余庆：《东晋门阀政治》，北京大学出版社 1991 年版。

W

（清）王夫之：《古诗评选》，《船山全书》第 14 册，岳麓书社 1996 年版。

王郡：《"竟陵八友"赠答诗研究》，湖北大学 2014 年硕士学位论文。

王利器：《颜氏家训集解》（增补本），中华书局 1993 年版。

（清）王士禛著，张世林点校：《分甘余话》，中华书局 1989 年版。

（隋）王通撰，（宋）阮逸注：《中说》，影印文渊阁《四库全书》第 698 册，上海古籍出版社 1989 年版。

王欣夫：《王欣夫说文献学》，上海古籍出版社 2000 年版。

王瑶：《中古文学史论》，北京大学出版社 1986 年版。

王瑶：《中古文学史论集》，上海古籍出版社 1982 年版。

王永平：《六朝江东世族之家风学研究》，江苏古籍出版社 2003 年版。

王元化：《文心雕龙讲疏》，上海古籍出版社 1992 年版。

王运熙：《汉魏六朝唐代文学论丛》（增订本），复旦大学出版社 2002 年版。

（明）王志坚：《四六法海》，影印文渊阁《四库全书》第 1394 册，上海古籍出版社 1989 年版。

王仲荦：《魏晋南北朝史》，上海人民出版社 1979 年版。

（北魏）魏收：《魏书》，中华书局 1974 年版。

（唐）魏征等：《隋书》，中华书局 1973 年版。

（宋）文与可撰，（宋）家诚之编：《丹渊集》，影印文渊阁
　　《四库全书》第 1096 册，上海古籍出版社 1989 年版。

吴承学、李晓红：《任昉〈文章缘起〉考论》，《文学遗产》
　　2007 年第 4 期。

（清）吴绮：《林蕙堂全集》，影印文渊阁《四库全书》第
　　1314 册，上海古籍出版社 1989 年版。

吴文治主编：《中国古代文学理论名著题解》，黄山书社 1987
　　年版。

X

萧涤非：《汉魏六朝乐府文学史》，人民文学出版社 1993
　　年版。

（梁）萧统编，（唐）李善注：《文选》，上海古籍出版社 1986
　　年版。

（梁）萧衍：《梁武帝集》，（明）张燮编《七十二家集》，《续
　　修四库全书》第 1585 册，上海古籍出版社 2002 年版。

（梁）萧绎撰，许逸民校笺：《金楼子校笺》，中华书局 2011
　　年版。

（梁）萧子显：《南齐书》，中华书局 1972 年版。

熊清元：《任昉诗文系年考证》，《黄冈师专学报》1992 年第
　　2 期。

熊清元：《任昉在南齐的仕历及其相关问题》，《中国史研究》
　　2008 年第 1 期。

徐传武：《左思左棻研究》，中国文联出版公司 1999 年版。

徐传武译注：《世说新语选译》，齐鲁书社 1991 年版。

徐传武主编：《中国历代文献学家论考》，群言出版社 2005
　　年版。

徐传武：《中国古代天文历法》，山东教育出版社 1991 年版。

徐公持：《魏晋文学史》，人民文学出版社 1999 年版。

（陈）徐陵编，（清）吴兆宜注，（清）程琰删补，穆克宏点
　　校：《玉台新咏笺注》，中华书局 1985 年版。

徐震堮：《世说新语校笺》，中华书局 1984 年版。

（清）许梿评选，（清）黎经诰笺：《六朝文絜笺疏》，上海古
　　籍出版社 1962 年版。

（唐）许嵩撰，张忱石点校：《建康实录》，中华书局 1986
　　年版。

Y

严耕望：《治史三书》，上海人民出版社 2011 年版。

严耕望：《中国地方行政制度史：魏晋南北朝地方行政制度》，
　　上海古籍出版社 2007 年版。

严可均：《全梁文》，商务印书馆 1999 年版。

严可均：《全上古三代秦汉三国六朝文》，中华书局 1958
　　年版。

（宋）严羽著，郭绍虞校释：《沧浪诗话校释》，人民文学出版
　　社 1983 年版。

阎步克：《从爵本位到官本位：秦汉官僚品位结构研究》，生
　　活·读书·新知三联书店 2009 年版。

阎步克：《品位与职位：秦汉魏晋南北朝官阶制度研究》，中
　　华书局 2002 年版。

阎步克：《士大夫政治演生史稿》，北京大学出版社 1996

年版。

杨伯峻：《春秋左传注》，中华书局 1990 年版。

杨光辉：《汉唐封爵制度》，学苑出版社 2001 年版。

杨剑宇：《中国历代宰相录》，上海文化出版社 1999 年版。

杨赛：《任昉研究》，上海师范大学 2006 年博士学位论文。

杨赛：《任昉与南朝士风》，上海古籍出版社 2011 年版。

杨树森：《文笔之分的见证人——任昉》，《秘书》2007 年第
　　4 期。

（北魏）杨衒之著，周祖谟校释：《洛阳伽蓝记校释》，中华书
　　局 2010 年版。

（北魏）杨衒之著，周振甫释译：《洛阳伽蓝记校释今译》，学
　　苑出版社 2001 年版。

杨效雷、张金平：《苏颂所撰碑铭题跋选集》，吉林文史出版
　　社 2012 年版。

姚名达：《中国目录学史》，上海古籍出版社 2002 年版。

（唐）姚思廉：《陈书》，中华书局 1973 年版。

（唐）姚思廉：《梁书》，中华书局 1973 年版。

宜兴市政协文史资料委员会：《宜兴人物志》上，《宜兴市政
　　协文史资料》第 22 辑，1987 年。

佚名编：《六朝诗集》，《续修四库全书》第 1589 册，上海古
　　籍出版社 2002 年版。

（清）于光华：《重订文选集评》，北京图书馆出版社 2012
　　年版。

余嘉锡：《目录学发微》，巴蜀书社 1991 年版。

余嘉锡：《余嘉锡说文献学》，上海古籍出版社 2001 年版。

余嘉锡笺疏：《世说新语笺疏》，上海古籍出版社 1995 年版。

余英时：《士与中国文化》，上海人民出版社 2003 年版。

袁世硕主编：《山东古代文学家评传》，山东人民出版社 1983
　年版。

Z

张蓓蓓：《任昉〈地记〉编纂初探》，《中国地方志》2014 年
　第 2 期。

张翅：《才思无穷、正直刚方——南朝秘书任昉与〈奏弹曹景
　宗〉》，《秘书》2002 年第 12 期。

张顶政：《任昉交游形成的人脉与文脉》，《西南民族大学学
　报》（人文社会科学版）2012 年第 11 期。

张顶政：《任昉年谱略稿》，《西南民族学院学报》（哲学社会
　科学版）1999 年增刊。

张顶政：《任昉年谱略稿及任昉骈文刍议》，四川师范大学
　1997 年硕士学位论文。

张㧑之：《世说新语译注》，上海古籍出版社 1996 年版。

张金平：《才思无穷寄载笔——试论任昉笔体作品的思想和艺
　术》，《辽东学院学报》（社会科学版）2010 年第 2 期。

张金平：《任昉研究》，山东大学 2006 年硕士学位论文。

张金平：《试论南朝学者任昉的诗歌创作特色》，《德州学院学
　报》2009 年第 3 期。

张金平：《试论文献学家任昉的突出成就》，《安徽工业大学学
　报》（社会科学版）2008 年第 3 期。

（明）张溥著，殷孟伦注：《汉魏六朝百三家集题辞注》，人民
　文学出版社 1960 年版。

张舜徽：《中国古典文献学》，上海古籍出版社 2005 年版。

张涛：《中国古代婚姻》，山东教育出版社 1990 年版。

张政烺：《张政烺文史论集》，中华书局 2004 年版。

张中行：《禅外说禅》，中华书局 2006 年版。

（清）章学诚，叶瑛校注：《文史通义校注》，中华书局 1985
年版。

（清）章学诚，王重民通解：《校雠通义通解》，上海古籍出版
社 2009 年版。

（宋）郑樵撰，王树民点校：《通志二十略》，中华书局 1995
年版。

（汉）郑玄注，（唐）孔颖达疏：《礼记正义》，北京大学出版
社 2000 年版。

（梁）钟嵘著，陈延杰注：《诗品注》，人民文学出版社 1961
年版。

（梁）钟嵘著，周振甫译注：《诗品译注》，中华书局 1987 年版。

钟仕伦：《南北朝诗话校释》，中华书局 2007 年版。

钟涛：《任昉骈文略论》，《青海师范大学学报》（社会科学
版）1993 年第 3 期。

（明）钟惺、谭元春辑：《古诗归》，《续修四库全书》第 1589
册，上海古籍出版社 2002 年版。

周一良：《魏晋南北朝史论集》，北京大学出版社 1997 年版。

周一良：《魏晋南北朝史札记》，中华书局 1985 年版。

朱伯崑：《易学哲学史》，华夏出版社 1995 年版。

朱绍侯：《军功爵制考论》，商务印书馆 2008 年版。

朱绍侯主编：《中国历代宰相传略》，大象出版社 1997 年版。

祝总斌：《两汉魏晋南北朝宰相制度研究》，中国社会科学出
版社 1998 年版。

邹晓霞：《刘师培论任昉骈文之"隐秀"》，《文艺评论》2011
年第 10 期。

附录一

历代对任昉的评论举隅

【梁代】

沈约《太常卿任昉墓志铭》：

> 天才俊逸，文雅弘备。心为学府，辞同锦肆。含华振藻，郁焉高政。川溪望归，岩阿待阙。幽光忽断，穷灯黯灭。尔有令问，兰薰无绝。①

萧绎《金楼子》：

> 任彦升甲部阙如，才长笔翰，善缉流略，遂有龙门之名，斯亦一时之盛。②

王僧孺《太常敬子任府君传》：

---

① （唐）欧阳询撰，汪绍楹校：《艺文类聚》卷四十九《职官部五》，上海古籍出版社 1982 年版，第 879 页。

② （梁）萧绎撰，许逸民校笺：《金楼子校笺》卷四《立言篇下》，中华书局 2011 年版，第 966 页。

耻一物之不知，惜寸阴之徒靡，下帷闭户，投爷想梁，虽玄晏书淫，文胜经溢，康成之忽忘所往，公叔之颠坠硎岸，无以异也。若夫天才卓尔，动称绝妙，辞赋极其清深，笔记尤尽典实，若闻金石，似注河海。少孺速而未工，长卿工而未速，孟坚辞不逮理，平子意不及文，孔璋伤于健，仲宣病于弱。其有集论借书，穷文质之敏，驻马停信，极亹亹之功，莫尚于斯焉。君职等曹、张，声高左、陆，时乃高辟雪宫，广开云殿，秋窗春户，冬燠夏清，九酝斯浮，百羞并荐，云销月朗，聿兹游客，朋来旅见，辞人才子，辩圃学林，莫不含毫咀思，争高竞敏，乃整袂端襟，翰飞纸落，豪人贵仕，先达后进，莫不心服貌惭，袖气将尽。顾余不敏，厕夫君子之末，可称冥契，是为神交，二三君子，唯以从游日暮，亭号昭仁。庶子云咫尺，康成斯在，借此嘉言，将无绝乎千载。①

陆倕《赠任昉诗》：

和风杂美气，下有真人游，
壮矣荀文若，贤哉陈太丘。
今则兰台聚，方古信为俦。
任君本达识，张子复清修，
既有绝尘到，复见黄中刘。②

---

① （唐）欧阳询撰，汪绍楹校：《艺文类聚》第四十九卷《职官部五》，上海古籍出版社 1982 年版，第 879—880 页。
② （唐）李延寿：《南史》卷二十五《到彦之传附到溉传》，中华书局 1975 年版，第 678 页。

吴均《赠任黄门诗二首》

其一
相如体英彦，左右生容晖。
已纡汉帝组，复解梁王衣。
经过云母扇，出入千门扉。
连洲茂芳杜，长山郁翠微。
欲言终未敢，徒然独依依。
其二
纷吾少驰骋，自来乏名德。
白玉镂衢鞍，黄金玛瑙勒。
射雕灵丘下，驱马雁门北。
殷勤尽日华，留连穷景黑。
岁暮竟无成，忧来坐默默。[①]

刘孝标《广绝交论》：

近世有乐安任昉，海内髦杰，早绾银黄，夙招民誉。
道文丽藻，方驾曹、王；英特俊迈，联衡许、郭。类田文
之爱客，同郑庄之好贤。见一善则盱衡扼腕，遇一才则扬
眉抵掌。雌黄出其唇吻，朱紫由其月旦。于是冠盖辐凑，
衣裳云合，辒轩击辖，坐客恒满。蹈其闉阓，若升阙里之
堂；入其奥隅，谓登龙门之坂。至于顾盼增其倍价，剪拂
使其长鸣，影组云台者摩肩，趋走丹墀者叠迹。莫不缔恩

---

① 逯钦立：《先秦汉魏晋南北朝诗》，中华书局 1983 年版，第 1731—1732 页。

狎，结绸缪，想惠、庄之清尘，庶羊、左之徽烈。①

萧纲《与湘东王书》：

> 谢朓、沈约之诗，任昉、陆倕之笔，斯实文章之冠冕，述作之楷模。②

【隋代】
王通《中说》卷三：

> 颜延之、王俭、任昉，有君子之心焉，其文约以则。③

【唐代】
杜甫《八哀诗·故右仆射相国张公九龄》（节选）：

> 一阳发阴管，淑气含公鼎。
> 乃知君子心，用才文章境。
> 散帙起翠螭，倚薄巫庐并。
> 绮丽玄晖拥，笺诔任昉骋。④

---

① （唐）姚思廉：《梁书》卷十四《任昉传》，中华书局1973年版，第257—258页。

② （唐）姚思廉：《梁书》卷四十九《文学传上·庾肩吾传》，中华书局1973年版。

③ （隋）王通撰，（宋）阮逸注：《中说》，影印文渊阁《四库全书》第698册，上海古籍出版社1989年版，第538页。

④ （唐）杜甫著，（清）仇兆鳌注：《杜诗详注》卷十六，中华书局1979年版，第1417页。

李商隐《读任彦升碑》：

> 任昉当年有美名，可怜才调最纵横。
> 梁台初建应惆怅，不得萧公作骑兵。①

刘肃《大唐新语·聪敏》：

> 秦府仓曹李守素尤桉氏族，时人号为"肉谱"。虞世南语人曰："昔任彦异善谈经籍，称为'五经笥'，今宜改仓曹为'人物志'。"②

【宋代】
邓林《任彦升》：

> 铃悬四角五彩旗，分明天产真英奇。
> 阿堆文章妙一时，士林往往推元龟。
> 杨梅蜜领仁且慈，桃米麦饭清堪师。
> 何愁不得中书为，半生纤意梅虫儿。③

敖陶孙《臞翁集·次韵萍乡文叔章访别》（节选）：

---

①　刘学锴、余恕诚：《李商隐诗歌集解》，中华书局 2004 年版，第 1123 页。

②　（唐）刘肃撰，许德楠、李鼎霞点校：《大唐新语》卷八《聪敏》，中华书局 1984 年版，第 117 页。按：事亦见（唐）刘悚《隋唐嘉话》卷上与（后晋）刘昫等《旧五代史·李守素传》两书。

③　傅璇琮等主编：《全宋诗》卷 3520（第 67 册），北京大学出版社 1995 年版，第 42035 页。按："悬"，原诗误作"縣"，据《南史·任昉传》改。

书林无浅植，笔未有深耨

纷纷青紫植，后进渠领袖。

结交两任昉，设客一阴就。

卑官惭处赠，俚语致公寿。①

【元代】

周砥《过任彦升钓台》：

雪树参差短，寒山迢递明。

春流钓台没，残照夕岚轻。

万化同澌尽，孤名似水清。

谁悲范仆射，千载见交情。②

【明代】

钟惺、谭元春《古诗归》评任昉《出郡传舍哭范仆射诗》
"与子别几辰"：

情辞宛至，几与"生平少年日"一首同妙，然沈诗
是全副做到极妙处，任诗是逐句做到极妙处。③

薛应旂《六朝诗集序》：

---

① （清）曹庭栋：《宋百家诗存》卷二十一，影印文渊阁《四库全书》第
1477 册，上海古籍出版社 1989 年版，第 532 页。

② （清）顾嗣立编：《元诗选》（三集），中华书局 1987 年版，第 539—
540 页。

③ （明）钟惺、谭元春辑：《古诗归》第十四卷，《续修四库全书》第 1589
册，上海古籍出版社 2002 年版，第 500 页。

齐梁间人士，独非闾巷歌谣弃妻思妇类耶。昔王通氏圣之修者也，其所续诗今不概见，然观其称士衡之文，以及灵运之傲，休文之冶，鲍照、江淹之急，以怨吴筠、孔珪之怪，以怒谢庄、王融之纤碎，徐陵、庾信之夸诞，孝绰兄弟之淫，湘东诸王之繁，谢朓之防，江总之虚，颜延之、王俭、任昉之约，以则是其所续者，大都皆夫人之诗耳，四名五志意义所系岂防乎哉？①

张燮《重纂任中丞集引》：

任彦升衿契龙潜提契之旨，善谑不渝风云之感，幸矣！翊戴兴运，禅让文多出其手耳。半生勋旧，靡列要津，岂素淡荣利，乐为亲臣而不觊为重臣？故帝亦不复以肩钜相苦，聊观其典郡清贫，儿仅食麦，身不能具裙衫，帝诅不堪以尚方余沥，稍为濡沫？则犹之山巨源"欲者无多与者忘少"耳。龙门昼启，饶所奖拔，至今忆兰台聚，尚令人神骨奋飞焉。一片素心，元匪责报于后嗣之津梁。自孝标著论悼世，王河汾反归罪任君之不知人。此中较量，不几于市心哉！彦升文三十三卷，今存者无多，满觉流晖荫宇，较世本微有增益云尔。②

皇甫汸《徐文敏公集序》：

① 佚名编：《六朝诗集》，《续修四库全书》第 1589 册，上海古籍出版社 2002 年版，第 2 页。
② （梁）任昉：《任中丞集》，（明）张燮编《七十二家集》，《续修四库全书》第 1587 册，上海古籍出版社 2002 年版，第 59—60 页。

嗟乎！龙门罢御，愧任昉之非才；凤池有毛，慨公业之不死。①

屠隆《畲王胤昌太史》：

乃圣门自游、夏而下，屈大夫、左丘明、贾长沙、董江都、郑康成、服子慎、孔安国、班叔皮、张平子、孔文举、皇甫玄晏、张茂先、陆平原、束广微、夏侯孝若、陶靖节、萧统、子云、任彦升、徐孝穆、张曲江、苏许公、杜少陵、韩昌黎、白香山、孟襄阳、司空文明、欧阳文忠、苏端明诸公，行义踔绝，粹美无瑕者。②

刘绘《与王翰林槐野论文书》：

六朝如二陆、三谢至任彦升、颜延年、沈休文、薛道衡辈，世人往往俱以纤绮眂之，然铸景凝华隐隐十二国风之变也。③

郑以伟《自叙》：

---

①　（清）黄宗羲：《明文海》卷二百四十二，影印文渊阁《四库全书》第1455 册，上海古籍出版社 1989 年版，第 685 页。

②　（清）黄宗羲：《明文海》卷二百八，影印文渊阁《四库全书》第 1455 册，上海古籍出版社 1989 年版，第 296 页。

③　（清）黄宗羲：《明文海》卷一百五十二，影印文渊阁《四库全书》第1455 册，上海古籍出版社 1989 年版，第 599 页。

余才非子野，速成于心；客阻任昉，文谁与定。①

王志坚《四六法海》：

按史称任昉有盛名，游其门者，昉必推荐。裴子野于昉为从中表，独不至，昉亦恨焉，故不之善。观此，则到溉辈固为负心，而昉于取士之道，亦未尽也。②

陆时雍《古诗镜》：

昉诗清素，嫌于幅窄。③

【清代】

吴绮《徐健庵先生六衮序》：

至于身标物望，德重儒林，所至而车马群归多于林宗之槐市；在座而人才广聚盛于任昉之兰台。后进仰为楷模，群贤奉为宗主。④

吴绮《任昉》：

---

① （清）黄宗羲：《明文海》卷二百五十一，影印文渊阁《四库全书》第1455册，上海古籍出版社1989年版，第788页。
② （明）王志坚：《四六法海》卷十，影印文渊阁《四库全书》第1394册，上海古籍出版社1989年版，第691页。
③ （明）陆时雍：《古诗镜》卷二十，影印文渊阁《四库全书》第1411册，上海古籍出版社1989年版，第175页。
④ （清）吴绮：《林蕙堂全集》卷八，影印文渊阁《四库全书》第1314册，上海古籍出版社1989年版，第366页。

宾客兰台一代稀，桃花载米亦空归。

而今茂灌寻常见，不负西华有葛衣。①

王士禛《分甘余话》：

六朝人谓文为笔。齐梁间江左有"沈诗任笔"之语，谓沈约之诗，任昉之文也。然余观彦升之诗，实胜休文远甚；当时惟玄晖足相匹敌耳，休文不足道也。②

吴伟业《致云间同社诸子书》：

汉室虽迁，犹识郑玄之子弟；萧梁已往，尚留任昉之故人。③

---

① （清）吴绮：《林蕙堂全集》卷二十二，影印文渊阁《四库全书》第1314册，上海古籍出版社1989年版，第656页。

② （清）王士禛著，张世林点校：《分甘余话》卷二《沈诗任笔》，中华书局1989年版，第31页。

③ （清）吴伟业：《吴梅村全集》卷五十四，上海古籍出版社1990年版，第1084页。

附录二

《梁书·任昉传》与《南史·任昉传》①

一　《梁书·任昉传》

任昉字彦升，乐安博昌人，汉御史大夫敖之后也。父遥，齐中散大夫。遥妻裴氏，尝昼寝，梦有彩旗盖四角悬铃，自天而坠，其一铃落入裴怀中，心悸动，既而有娠，生昉。身长七尺五寸。幼而好学，早知名。宋丹阳尹刘秉辟为主簿。时昉年十六，以气忤秉子。久之，为奉朝请，举兖州秀才，拜太常博士，迁征北行参军。

永明初，卫将军王俭领丹阳尹，复引为主簿。俭雅钦重昉，以为当时无辈。迁司徒刑狱参军事，入为尚书殿中郎，转司徒竟陵王记室参军，以父忧去职。性至孝，居丧尽礼。服阕，续遭母忧，常庐于墓侧，哭泣之地，草为不生。服除，拜太子步兵校尉、管东宫书记。

---

① 按：本书在撰写过程中，多次引用《梁书·任昉传》《南史·任昉传》的材料，今特将两篇全文附录，以便检索研究。《梁书·任昉传》录自中华书局1973年排印本，《南史·任昉传》录自中华书局1975年排印本。

　　初，齐明帝既废郁林王，始为侍中、中书监、骠骑大将
军、开府仪同三司、扬州刺史、录尚书事，封宣城郡公，加兵
五千，使昉具表草。其辞曰："臣本庸才，智力浅短。太祖高
皇帝笃犹子之爱，降家人之慈；世祖武皇帝情等布衣，寄深同
气。武皇大渐，实奉诏言。虽自见之明，庸近所蔽，愚夫一
至，偶识量己，实不忍自固于缀衣之辰，拒违于玉几之侧，遂
荷顾托，导扬末命。虽嗣君弃常，获罪宣德，王室不造，职臣
之由。何者？亲则东牟，任惟博陆，徒怀子孟社稷之对，何救
昌邑争臣之讥。四海之议，于何逃责。陵土未干，训誓在耳，
家国之事，一至于斯，非臣之尤，谁任其咎！将何以肃拜高
寝，虔奉武园？悼心失图，泣血待旦。宁容复徼荣于家耻，宴
安于国危。骠骑上将之元勋，神州仪刑之列岳，尚书是称司
会，中书实管王言。且虚饰宠章，委成御侮，臣知不愜，物谁
谓宜。但命轻鸿毛，责重山岳，存没同归，毁誉一贯。辞一官
不减身累，增一职已黩朝经。便当自同体国，不为饰让。至于
功均一匡，赏同千室，光宅近甸，奄有全邦，殒越为期，不敢
闻命，亦愿曲留降鉴，即垂听许。钜平之恳诚必固，永昌之丹
慊获申，乃知君臣之道，绰有余裕，苟曰易昭，敢守难夺。"
帝恶其辞斥，甚愠，昉由是终建武中，位不过列校。

　　昉雅善属文，尤长载笔，才思无穷，当世王公表奏，莫不
请焉。昉起草即成，不加点窜。沈约一代词宗，深所推挹。明
帝崩，迁中书侍郎。永元末，为司徒右长史。

　　高祖克京邑，霸府初开，以昉为骠骑记室参军。始高祖与
昉遇竟陵王西邸，从容谓昉曰："我登三府，当以卿为记室。"
昉亦戏高祖曰："我若登三事，当以卿为骑兵。"谓高祖善骑
也。至是，故引昉符昔言焉。昉奉笺曰："伏承以今月令辰，
肃膺典策，德显功高，光副四海，含生之伦，庇身有地；况昉

受教君子，将二十年，咳唾为恩，眄睐成饰，小人怀惠，顾知死所。昔承清宴，属有绪言，提挈之旨，形乎善谑，岂谓多幸，斯言不渝。虽情谬先觉，而迹沦骄饵，汤沐具而非吊，大厦构而相骤。明公道冠二仪，勋超邃古，将使伊周奉辔，桓文扶毂，神功无纪，化物何称。府朝初建，俊贤骧首，惟此鱼目，唐突玙璠。顾己循涯，实知尘忝，千载一逢，再造难答。虽则殒越，且知非报。"

梁台建，禅让文诰，多昉所具。高祖践阼，拜黄门侍郎，迁吏部郎中，寻以本官掌著作。

天监二年，出为义兴太守。在任清洁，儿妾食麦而已。友人彭城到溉，溉弟洽，从昉共为山泽游。及被代登舟，止有米五斛。既至无衣，镇军将军沈约遣裙衫迎之。重除吏部郎中，参掌大选，居职不称。寻转御史中丞，秘书监，领前军将军。自齐永元以来，秘阁四部，篇卷纷杂，昉手自雠校，由是篇目定焉。

六年春，出为宁朔将军、新安太守。在郡不事边幅，率然曳杖，徒行邑郭，民通辞讼者，就路决焉。为政清省，吏民便之。视事期岁，卒于官舍，时年四十九。阖境痛惜，百姓共立祠堂于城南。高祖闻问，即日举哀，哭之甚恸。追赠太常卿，谥曰敬子。

昉好交结，奖进士友，得其延誉者，率多升擢，故衣冠贵游，莫不争与交好，坐上宾客，恒有数十。时人慕之，号曰任君，言如汉之三君也。陈郡殷芸与建安太守到溉书曰："哲人云亡，仪表长谢。元龟何寄？指南谁托？"其为士友所推如此。昉不治生产，至乃居无室宅。世或讥其多乞贷，亦随复散之亲故。昉常叹曰："知我亦以叔则，不知我亦以叔则。"昉坟籍无所不见，家虽贫，聚书至万余卷，率多异本。昉卒后，高祖使学士贺纵共沈约勘其书目，官所无者，就昉家取之。昉所著文章数十万言，盛行于世。

初，昉立于士大夫间，多所汲引，有善己者则厚其声名。及卒，诸子皆幼，人罕赡恤之。平原刘孝标为著论曰：

> 客问主人曰："朱公叔《绝交论》，为是乎？为非乎？"主人曰："客奚此之问？"客曰："夫草虫鸣则阜螽跃，雕虎啸而清风起。故绀缊相感，雾涌云蒸；嘤鸣相召，星流电激。是以王阳登则贡公喜，罕生逝而国子悲。且心同琴瑟，言郁郁于兰茝，道叶胶漆，志婉娈于埙篪。圣贤以此镂金版而镌盘盂，书玉牒而刻钟鼎。若匠人辍成风之妙巧，伯牙息流波之雅引。范、张款款于下泉，尹、班陶陶于永夕。骆驿纵横，烟霏雨散，皆巧历所不知，心计莫能测。而朱益州汨彝叙，越谟训，捶直切，绝交游，视黔首以鹰鹯，媲人伦于豺虎。蒙有猜焉，请辨其惑。"

> 主人听然曰："客所谓抚弦徽音，未达燥湿变响；张罗沮泽，不睹鹄雁高飞。盖圣人握金镜，阐风烈，龙骧蠖屈，从道污隆。日月联璧，叹嘒嘒之弘致；云飞电薄，显棣华之微旨。若五音之变化，济九成之妙曲。此朱生得玄珠于赤水，谟神睿而为言。至夫组织仁义，琢磨道德，骊其愉乐，恤其陵夷。寄通灵台之下，遗迹江湖之上，风雨急而不辍其音，霜雪零而不渝其色，斯贤达之素交，历万古而一遇。逮叔世民讹，狙诈飙起，谿谷不能逾其险，鬼神无以究其变，竞毛羽之轻，趋锥刀之末。于是素交尽，利交兴，天下蚩蚩，鸟惊雷骇。然利交同源，派流则异，较言其略，有五术焉：

> '若其宠钧董、石，权压梁、窦。雕刻百工，炉锤万

物，吐漱兴云雨，呼吸下霜露，九域耸其风尘，四海叠其熏灼。靡不望影星奔，藉响川鹜，鸡人始唱，鹤盖成阴，高门旦开，流水接轸。皆愿摩顶至踵，隳胆抽肠，约同要离焚妻子，誓狥荆卿湛七族。是曰势交，其流一也。'

'富埒陶、白，赀巨程、罗，山擅铜陵，家藏金穴，出平原而联骑，居里闬而鸣钟。则有穷巷之宾，绳枢之士，冀宵烛之末光，邀润屋之微泽，鱼贯凫踊，飒沓鳞萃，分雁鹜之稻粱，沾玉斝之余沥。衔恩遇，进款诚，援青松以示心，指白水而旌信。是曰贿交，其流二也。'

'陆大夫宴喜西都，郭有道人伦东国，公卿贵其籍甚，搢绅羡其登仙。加以颐瞻颐，涕唾流沫，骋黄马之剧谈，纵碧鸡之雄辩，叙温燠则寒谷成暄，论严枯则春丛零叶，飞沉出其顾指，荣辱定其一言。于是弱冠王孙，绮纨公子，道不挂于通人，声未遒于云阁，攀其鳞翼，丐其余论，附骥骥之髦端，轶归鸿于碣石。是曰谈交，其流三也。'

'阳舒阴惨，生民大情，忧合欢离，品物恒性。故鱼以泉涸而呴沫，鸟因将死而悲鸣。同病相怜，缀河上之悲曲；恐惧置怀，昭《谷风》之盛典。斯则断金由于湫隘，刎颈起于苦盖。是以伍员濯溉于宰嚭，张王抚翼于陈相。是曰穷交，其流四也。'

'驰鹜之俗，浇薄之伦，无不操权衡，秉纤纩。衡所以揣其轻重，纩所以属其鼻息。若衡不能举，纩不能飞，虽颜、冉龙翰凤雏，曾、史兰熏雪白，舒、向金玉渊海，卿、云黼黻河汉，视若游尘，遇同土梗，莫肯费其半菽，罕有落其一毛。若衡重锱铢，纩微影撇，虽共工之蒐慝，讙兜之掩义，南荆之跋扈，东陵之巨猾，皆为匍匐委蛇，折枝舐痔，金膏翠羽将其意，脂韦便辟导其诚。故轮盖所游，必非夷、惠之室；苞苴所入，实行张、霍之家。谋而后动，芒毫寡忒。是曰量交，其流五也。'

'凡斯五交，义同贾鬻，故桓谭譬之于阛阓，林回喻之于甘醴。夫寒暑递进，盛衰相袭，或前荣而后瘁，或始富而终贫，或初存而末亡，或古约而今泰，循环翻覆，迅若波澜。此则徇利之情未尝异，变化之道不得一。由是观之，张、陈所以凶终，萧、朱所以隙末，断焉可知矣。而翟公方规规然勒门以箴客，何所见之晚乎？'

'然因此五交，是生三衅：败德殄义，禽兽相若，一衅也；难固易携，仇讼所聚，二衅也；名陷饕餮，贞介所羞，三衅也。古人知三衅之为梗，惧五交之速尤。故王丹威子以檟楚，朱穆昌言而示绝，有旨哉！'

'近世有乐安任昉，海内髦杰，早缩银黄，夙招民誉。道文丽藻，方驾曹、王；英特俊迈，联衡许、郭。类田文之爱客，同郑庄之好贤。见一善则盱衡扼腕，遇一才则扬眉抵掌。雌黄出其唇吻，朱紫由其月旦。于是冠盖辐凑，衣裳云合，辎轩击辖，坐客恒满。蹈其阃阈，若升阙里之堂；入其奥隅，谓登龙门之坂。至于顾盼增其倍价，剪拂使其长鸣，影组云台者摩肩，趋走丹墀者叠迹。莫不缔恩狎，结绸缪，想惠、庄之清尘，庶羊、左之徽烈。及瞑目东越，归骸雒浦，缞帐犹悬，门罕渍酒之彦；坟未宿草，野绝动轮之宾。藐尔诸孤，朝不谋夕，流离大海之南，寄命瘴疠之地。自昔把臂之英，金兰之友，曾无羊舌下泣之仁，宁慕郈成分宅之德。呜呼！世路险巇，一至于此！太行孟门，宁云崭绝。是以耿介之士，疾其若斯，裂裳裹足，弃之若骛。独立高山之顶，驩与麋鹿同群，嗷嗷然绝其雰浊，诚耻之也，诚畏之也。'"

昉撰《杂传》二百四十七卷，《地记》二百五十二卷，文章三十三卷。

昉第四子东里，颇有父风，官至尚书外兵郎。

二　《南史·任昉传》

任昉字彦升，乐安博昌人也。父遥，齐中散大夫。遥兄遐字景远，少敦学业，家行甚谨，位御史中丞、金紫光禄大夫。永明中，遐以罪将徙荒裔，遥怀名请诉，言泪交下，齐武帝闻而哀之，竟得免。

遥妻河东裴氏，高明有德行，尝昼卧，梦有五色采旗盖四角悬铃，自天而坠，其一铃落入怀中，心悸因而有娠。占者曰："必生才子。"及生昉，身长七尺五寸，幼而聪敏，早称神悟。四岁诵诗数十篇，八岁能属文，自制《月仪》，辞义甚美。褚彦回尝谓遥曰："闻卿有令子，相为喜之。所谓百不为多，一不为少。"由是闻声藉甚。年十二，从叔昪有知人之量，见而称其小名曰："阿堆，吾家千里驹也。"昉孝友纯至，每侍亲疾，衣不解带，言与泪并，汤药饮食必先经口。

初为奉朝请，举兖州秀才，拜太学博士。永明初，卫将军王俭领丹阳尹，复引为主簿。俭每见其文，必三复殷勤，以为当时无辈，曰："自傅季友以来，始复见于任子。若孔门是用，其入室升堂。"于是令昉作一文，及见，曰："正得吾腹中之欲。"乃出自作文，令昉点正，昉因定数字。俭拊几叹曰："后世谁知子定吾文！"其见知如此。

后为司徒竟陵王记室参军。时琅邪王融有才俊，自谓无对当时，见昉之文，怳然自失。以父丧去官，泣血三年，杖而后起。齐武帝谓昉伯退曰："闻昉哀瘠过礼，使人忧之，非直亡卿之宝，亦时才可惜。宜深相全譬。"退使进饮食，当时勉励，回即欧出。昉父本性重槟榔，以为常饵，临终尝求之，剖百许口，不得好者，昉亦所嗜好，深以为恨，遂终身不尝槟榔。遭继母忧，昉先以毁瘠，每一恸绝，良久乃苏，因庐于墓侧，以终丧礼。哭泣之地，草为不生。昉素强壮，腰带甚充，服阕后不复可识。

齐明帝深加器异，欲大相擢引，为爱憎所白，乃除太子步兵校尉，掌东宫书记。齐明帝废郁林王，始为侍中、中书监、骠骑大将军、开府仪同三司、扬州刺史、录尚书事，封宣城郡公，使昉具草。帝恶其辞斥，甚愠，昉亦由是终建武中位不过列校。

昉尤长为笔，颇慕傅亮才思无穷，当时王公表奏无不请焉。昉起草即成，不加点窜。沈约一代辞宗，深所推挹。永元中，纡意于梅虫儿，东昏中旨用为中书郎。谢尚书令王亮，亮曰："卿宜谢梅，那忽谢我。"昉惭而退。末为司徒右长史。

梁武帝克建邺，霸府初开，以为骠骑记室参军，专主文翰。每制书草，沈约辄求同署。尝被急召，昉出而约在，是后文笔，约参制焉。

始梁武与昉遇竟陵王西邸，从容谓昉曰："我登三府，当以卿为记室。"昉亦戏帝曰："我若登三事，当以卿为骑兵。"以帝善骑也。至是引昉符昔言焉。昉奉笺云："昔承清宴，属有绪言，提契之旨，形乎善谑。岂谓多幸，斯言不渝。"盖为此也。梁台建，禅让文诰，多昉所具。

奉世叔父母不异严亲，事兄嫂恭谨。外氏贫阙，恒营奉供养。禄奉所收，四方饷遗，皆班之亲戚，即日便尽。性通脱，不事仪形，喜愠未尝形于色，车服亦不鲜明。

武帝践阼，历给事黄门侍郎，吏部郎。出为义兴太守。岁荒民散，以私奉米豆为粥，活三千余人。时产子者不举，昉严其制，罪同杀人。孕者供其资费，济者千室。在郡所得公田奉秩八百余石，昉五分督一，余者悉原，儿妾食麦而已。友人彭城到溉、溉弟洽从昉共为山泽游。及被代登舟，止有绢七匹，米五石。至都无衣，镇军将军沈约遣裙衫迎之。

重除吏部郎，参掌大选，居职不称。寻转御史中丞、秘书监。自齐永元以来，秘阁四部，篇卷纷杂，昉手自雠校，由是篇目定焉。

出为新安太守，在郡不事边幅，率然曳杖，徒行邑郭。人通辞讼者，就路决焉。为政清省，吏人便之。卒于官，唯有桃花米二十石，无以为敛。遗言不许以新安一物还都，杂木为棺，浣衣为敛。阖境痛惜，百姓共立祠堂于城南，岁时祠之。武帝闻问，方食西苑绿沈瓜，投之于盘，悲不自胜。因屈指曰：“昉少时常恐不满五十，今四十九，可谓知命。”即日举哀，哭之甚恸。追赠太常，谥曰敬子。

昉好交结，奖进士友，不附之者亦不称述，得其延誉者多见升擢，故衣冠贵游莫不多与交好，坐上客恒有数十。时人慕之，号曰任君，言如汉之三君也。在郡尤以清洁著名，百姓年八十以上者，遣户曹掾访其寒温。尝欲营佛斋，调枫香二石，始入三斗，便出教长断，曰：“与夺自己，不欲贻之后人。”郡有蜜岭及杨梅，旧为太守所采，昉以冒险多物故，即时停绝，吏人咸以百余年未之有也。为《家诫》，殷勤甚有条贯。陈郡殷芸与建安太守到溉书曰：“哲人云亡，仪表长谢。元龟何寄，指南何托？”其为士友所推如此。

昉不事生产，至乃居无室宅。时或讥其多乞贷，亦随复散之亲故，常自叹曰：“知我者亦以叔则，不知我者亦以叔则。”

既以文才见知，时人云"任笔沈诗"。昉闻甚以为病。晚节转好著诗，欲以倾沈，用事过多，属辞不得流便，自尔都下士子慕之，转为穿凿，于是有才尽之谈矣。博学，于书无所不见，家虽贫，聚书至万余卷，率多异本。及卒后，武帝使学士贺纵共沈约勘其书目，官无者就其家取之。所著文章数十万言，盛行于时。东海王僧孺尝论之，以为"过于董生、扬子。昉乐人之乐，忧人之忧，虚往实归，忘贫去吝，行可以厉风俗，义可以厚人伦，能使贪夫不取，懦夫有立"。其见重如此。

有子东里、西华、南容、北叟，并无术业，坠其家声。兄弟流离不能自振，生平旧交莫有收恤。西华冬月着葛帔练裙，道逢平原刘孝标，泫然矜之，谓曰："我当为卿作计。"乃著《广绝交论》以讥其旧交曰：

客问主人曰："朱公叔《绝交论》，为是乎？为非乎？"主人曰："客奚此之问？"客曰："夫草虫鸣则阜螽跃，雕虎啸而清风起。故絪缊相感，雾涌云蒸；嘤鸣相召，星流电激。是以王阳登则贡公喜，罕生逝而国子悲。且心同琴瑟，言郁郁于兰茝，道叶胶漆，志婉娈于埙篪。圣贤以此镂金版而镂盘盂，书玉牒而刻钟鼎。若乃匠石辍成风之妙巧，伯牙息流波之雅引。范、张款款于下泉，尹、班陶陶于永夕。骆驿纵横，烟霏雨散，巧历所不知，心计莫能测。而朱益州汩彝叙，粤谟训，捶直切，绝交游，视黔首以鹰鹯，媲人灵于豺虎。蒙有猜焉，请辩其惑。"

主人听然曰："客所谓抚弦徽音，未达燥湿变响，张罗沮泽，不睹鸿雁高飞。盖圣人握金镜，阐风烈，龙骧蠖屈，从道污隆。日月连璧，赞尧尧之弘致，云飞雷薄，显棣华之微旨。若五音之变化，济九成之妙曲。此朱生得玄珠于赤水，谟神睿而为言。至夫组织仁义，琢磨道德，欢其愉乐，恤其陵夷，寄通灵台之下，遗迹江湖之上，风雨急而不辍其音，霜雪零而不渝其色，斯贤达之素交，历万古而一遇。逮叔世民讹，狙诈飙起，溪谷不能喻其险，鬼神无以究其变，竞毛羽之轻，趋锥刀之末。于是素交尽，利交兴，天下蚩蚩，鸟惊雷骇。然利交同源，派流则异，较言其略，有五术焉：

'若其宠钧董、石，权压梁、窦。彫刻百工，炉锤万物，吐漱兴云雨，呼噏下霜露，九域耸其风尘，四海叠其熏灼。靡不望影星奔，藉响川鹜。鸡人始唱，鹤盖成阴，高门旦开，流水接轸。皆愿摩顶至踵，隳胆抽肠，约同要离焚妻子，誓殉荆卿湛七族。是曰势交，其流一也。'

'富埒陶、白，贵巨程、罗，山擅铜陵，家藏金穴，出平原而联骑，居里闬而鸣钟。则有穷巷之宾，绳枢之士，冀宵烛之末光，邀润屋之微泽，鱼贯凫踊，飒沓鳞萃，分雁鹜之稻粱，沾玉斝之余沥。衔恩遇，进款诚，援青松以示心，指白水而旌信。是曰贿交，其流二也。'

'陆大夫宴喜西都，郭有道人伦东国，公卿贵其籍甚，搢绅羡其登仙。加以颐蹙颦，涕唾流沫，骋黄马之剧谈，纵碧鸡之雄辩，叙温燠则寒谷成暄，论严枯则春丛零叶，飞沉出其顾指，荣辱定其一言。于是弱冠王孙，绮纨公子，道不挂于通人，声未道于云阁，攀其鳞翼，丐其余论，附骐骥之髦端，轶归鸿于碣石。是曰谈交，其流三也。'

'阳舒阴惨，生灵大情，忧合欢离，品物恒性。故鱼以泉涸而呴沫，鸟因将死而鸣哀。同病相怜，缀河上之悲曲，恐惧置怀，昭《谷风》之盛典，斯则断金由于淑隘，刎颈起于苦盖。是以伍员濯溉于宰嚭，张王抚翼于陈相。是曰穷交，其流四也。'

'驰骛之俗，浇薄之伦，无不操权衡，执纤纩，衡所以揣其轻重，纩所以属其鼻息。若衡不能举，纩不能飞，虽颜、冉龙翰凤雏，曾、史兰熏雪白，舒、向金玉泉海，卿、云黼黻河汉，视若游尘，遇同土梗，莫肯费其半菽，罕有落其一毛。若衡重锱铢，纩微影撇，虽共工之蒐慝，骧兜之掩义，南荆之跋扈，东陵之巨猾，皆为匍匐委蛇，折枝舐痔，金膏翠羽将其意，脂韦便辟导其诚。故轮盖所游，必非夷、惠之室，苞苴所入，实行张、霍之家。谋而后动，芒毫寡忒。是曰量交，其流五也。'

'凡斯五交，义同贾鬻，故桓谭譬之于阛阓，林回喻之于甘醴。夫寒暑递进，盛衰相袭，或前荣而后悴，或始富而终贫，或初存而末亡，或古约而今泰，循环翻覆，迅若波澜，此则徇利之情未尝异，变化之道不得一。由是观之，张、陈所以凶终，萧、朱所以隙末，断焉可知矣。而翟公方规规然勒门以箴客，何所见之晚乎？然因此五交，是生三衅：败德殄义，禽兽相若，一衅也；难固易携，仇讼所聚，二衅也；名陷饕餮，贞介所羞，三衅也。古人知三衅之为梗，惧五交之速尤，故王丹威子以榎楚，朱穆昌言而示绝，有旨哉！有旨哉！'

'近世有乐安任昉，海内髦杰，早绾银黄，凤招人誉。遒文丽藻，方驾曹、王，英特俊迈，联衡许、郭。类田文之爱客，同郑庄之好贤。见一善则盱衡扼腕，遇一才则扬眉抵掌。雌黄出其唇吻，朱紫由其月旦。于是冠盖辐凑，衣裳云合，辒辌击辖，坐客恒满。蹈其阃

阌，若升阙里之堂，入其隩隅，谓登龙门之坂。至于顾
盼增其倍价，剪拂使其长鸣，影组云台者摩肩，趋走丹
墀者叠迹。莫不缔恩狎，结绸缪，想惠、庄之清尘，庶
羊、左之徽烈。及瞑目东粤，归骸洛浦，緰帐犹悬，门
罕渍酒之彦，坟未宿草，野绝动轮之宾。藐尔诸孤，朝
不谋夕，流离大海之南，寄命瘴疠之地。自昔把臂之
英，金兰之友，曾无羊舌下泣之仁，宁慕郈成分宅之
德。呜呼！世路险巇，一至于此！太行孟门，宁云崭
绝。是以耿介之士，疾其若斯，裂裳裹足，弃之长骛。
独立高山之顶，欢与麋鹿同群，嗷嗷然绝其雾浊，诚耻
之也，诚畏之也。'"

到溉见其论，抵几于地，终身恨之。

昉撰杂传二百四十七卷，《地记》二百五十二卷，文章三
十三卷。东里位尚书外兵郎。

附录三

《梁书·沈约传》与《南史·沈约传》考异一则^①

中华书局点校本《梁书》是现在研究南朝梁代最好的本子，且每卷后附有校勘记，可谓校点精审。尽管如此里面还是有小的讹误漏校漏改。笔者在查阅《梁书》时，发现《梁书·沈约传》所记范云出任尚书右仆射时间有误，且校勘记虽做了考证而错误依然没有改正。现据《梁书》《南史》中《武帝纪》和《范云传》的记载，予以订正。

先看两则有误材料，再分析其误之处：

第一则是，《梁书·沈约传》云："高祖受禅，为尚书仆射，封建昌县侯，邑千户，常侍如故。又拜约母谢为建昌国太夫人。奉策之日，右仆射范云等二十余人咸来致拜，朝野以为荣。"^②

第二则是，《南史·沈约传》云："及（梁武帝）受禅，（沈约）为尚书仆射，封建昌县侯。又拜约母谢为建昌国太夫

---

① 按：本文为笔者在研究任昉作为"竟陵八友"之一相关问题时撰写，发表于《语文知识》2013 年第 4 期，第 6—7 页。

② （唐）姚思廉：《梁书》卷十三《沈约传》，中华书局 1973 年版，第235 页。

人。奉策之日，吏部尚书范云等二十余人咸来致拜，朝野以为荣。"①

以上两段史料所记史实相同，细微区别是范云以不同的任职出场。沈约之母被拜为建昌国太夫人时，据《梁书·沈约传》，范云的任职为右仆射，而据《南史·沈约传》，范云的任职为吏部尚书。从范云本传及梁武帝纪中知，范云先后担任过两职。尚书右仆射掌尚书省之贰，和左仆射同为副宰相。吏部尚书掌官员选拔、考核等，为六部之首。南朝齐、梁间尚书台长官设置及职掌于《南齐书·百官志》有明载："尚书令：总领尚书台二十曹，为内台主。行遇诸王以下，皆禁驻。左右仆射分道。无令，左仆射为台主，与令同。左仆射：领殿中主客二曹事，诸曹郊庙、园陵、车驾行幸、朝仪、台内非违、文官举补满叙疾假事，其诸吉庆瑞应众贺、灾异贼发众变、临轩崇拜、改号格制、莅官铨选，凡诸除署、功论、封爵、贬黜、八议、疑谳、通关案，则左仆射主，右仆射次经，维是黄案，左仆射右仆射署朱符见字，经都丞竟，右仆射横画成目，左仆射画，令画。右官阙，则以次并画。若无左右，则直置仆射在其中间，总左右事。吏部尚书：领吏部、删定、三公、比部四曹。"②

孰正孰误？解决问题的关键是范云任职右仆射的时间。

考《梁书·范云传》，天监元年，高祖受禅，范云"迁散骑常侍、吏部尚书。其年，东宫建，云以本官领太子中庶子。

---

① （唐）李延寿：《南史》卷五十七《沈约传》，中华书局 1975 年版，第1423 页。

② （梁）萧子显：《南齐书》卷十六《百官志》，中华书局 1972 年版，第319—320 页。

寻迁尚书右仆射,犹领吏部"。①《梁书·范云传》没有说范云迁尚书右仆射的具体时间,范云究竟何年迁职尚书右仆射,不得而详。

《南史·范云传》中记载了范云任职尚书右仆射的具体年份,梁武帝受禅后,即天监元年,"即日迁散骑常侍、吏部尚书。以佐命功,封霄城县侯"。接着是"(天监)二年,迁尚书右仆射,犹领吏部"。② 这里明确交代,范云于天监二年迁职尚书右仆射。

考《梁书·武帝纪中》和《南史·梁本纪》,我们甚至可以获知范云迁职尚书右仆射的具体日期。《梁书·武帝纪中》:"天监元年下四月丁卯吏部尚书沈约为尚书仆射,长兼侍中范云为散骑常侍、吏部尚书……冬十一月甲子,立皇子统为皇太子……二年春正月乙卯,以尚书仆射沈约为尚书左仆射;吏部尚书范云为尚书右仆射……五月丁巳,尚书右仆射范云卒。"③《南史·梁本纪上》:"(天监)二年春正月乙卯,以尚书仆射沈约为左仆射,吏部尚书范云为右仆射。"④

萧梁政权之中枢行政机关尚书台,自天监二年春正月己卯日开始设左右仆射,之前只有尚书仆射一职,不分左右。《南史·沈约传》:"及受禅,为尚书仆射,封建昌县侯。又拜约母谢为建昌国太夫人。奉册之日,吏部尚书范云等二十余人咸

① (唐)姚思廉:《梁书》卷十三《范云传》,中华书局1973年版,第231页。

② (唐)李延寿:《南史》卷五十七《范云传》,中华书局1975年版,第1419页。

③ (唐)姚思廉:《梁书》卷二《武帝纪中》,中华书局1973年版,第39页。

④ (唐)李延寿:《南史》卷六《沈约传》,中华书局1975年版,第187页。

来致拜，朝野以为荣。俄迁左仆射。"① 明载沈约迁左仆射在母拜国太夫人之后，当时即任职尚书仆射，范云自然亦不及任尚书右仆射，而是在吏部尚书任上。

综上，沈约之母于天监元年被策命为建昌国太夫人，而范云于天监二年正月乙卯日迁职尚书右仆射。沈约母"奉册之日"，范云的职务应为吏部尚书，而不是尚书右仆射。《梁书·沈约传》所记有误，应以《南史·沈约传》所记为准。

另外，中华书局点校本《梁书·沈约传》对上述所举第一册材料的《校勘记》云："'右仆射范云等二十余人咸来致拜'，'右'各本讹'左'，今改正。按《梁书·武帝纪》及《范云传》，范云于天监元年四月迁右仆射，二年五月卒官，故追赠诏称'故散骑常侍、尚书右仆射、霄城侯云'。"②

这条校勘记有两层意思，第一是对各种异本将范云的任职右仆射讹为左仆射，予以改正。从上面的分析知，范云在天监元年和二年只担任过吏部尚书和尚书右仆射，故"左"改为"右"是可以的，问题是，范云于此时还在吏部尚书任上，还没迁为左仆射。之所以致误，可能是因《梁书·范云传》的交代太简，迁官时间记载不精确所致。所以本条的校勘是不完全的，应更深入比堪，以求无误。第二是强调了"（范）云于天监元年四月迁右仆射"的根据"《梁书·武帝纪》及《范云传》"。而据我们上述分析论证《梁书·范云传》对范云的任职尚书右仆射的时间记载有误，故《校勘记》得出的"范云于天监元年四月迁右仆射"的结论是错误的，这是必须予以

----

① （唐）李延寿：《南史》卷五十七《沈约传》，中华书局1975年版，第1423页。

② （唐）姚思廉：《梁书》卷十三《范云传》，中华书局1973年版，第245页。

指出改正的。

由此也可以看出校书之难，挂万漏一的小瑕疵时或出现。我们在方便地使用中华书局点校本《梁书》时，对前辈所付出的心血由衷地感谢。同时，也将在使用中发现的讹误指出，希望能在再版或重印时得到纠正，有益于学林。

后　记

　　《南朝学者任昉研究》终于算是修改完了，虽然心里有种强烈的勉为其难的感觉，同时又有一种如释重负的轻松。研究生学习时，专业方向是六朝文史文献，选择南朝学者任昉研究，通过以点带面的研讨，使我对六朝文史相对地熟悉了。但是五年前，我准备博士生入学考试时，选择了《周易》考古研究作为专业研究方向，2011年进入天津师范大学师从杨效雷先生后，《周易》研究成了我新的涉猎领域。从现在起，《周易》以及中国传统文化等内容将成为我学习研究的主要关注点，对过去我读研究生时倾心很多的"任昉研究"应该作一总结，一是纪念逝去的韶光，二是可以轻装上路，不必在今后的路上一步一回头地流连了。

　　读书可以改变生活，读书为了改变生活，这是无可厚非的。读书对每个人来说是人生修行的一部分，是过程。写论文亦是如此。读书、撰文，在思考、煎熬中，一个人的学术能力、水平提高了，对学术、对人生的看法逐渐改变了，或更加坚定了，这都是修行。基于此，我对自己的论文虽说没有过高的要求，更没有妄自菲薄的自卑，就像九九八十一难中的每一难，经历后的回忆会使我忘记过程的艰辛。就像取经的师徒，成道不是在取经后的诵经、传经、研经等中，途中的磨难即为成道之路，亦是成道本身。我对于撰写论文亦作如是思。在撰写论文的过程中，知识的扩充、思维的训练、行文的组织等加于我身心，慢慢地使我自信能胜任现在的工作，所以我不用论文的高低品评高低的我。这不是为我"卑之无甚高论"的《南朝学者任昉研究》找托词，我反而将之视为爱因斯坦的第三个小板凳，敝帚自珍是一个人内心平和自信的表现，和盲目的跟风比，不知对当下的社会哪个更有意义？

最近几年，时常有光影似箭的感慨，《南朝学者任昉研究》是我在山东大学 2006 年硕士学位论文基础上修改的。原来题目是《任昉研究》，这次之所以前面冠以"南朝学者"的时间和身份的界定，因为历史上比较有名的任昉，对时下的很多人来说是陌生的。南朝是历史上动荡的时代，时代的黑暗更能凸显人物形象的鲜明，君子情结是在有为和不为的选择中培养和表现的。任昉是学者也是官员，强调他的学者身份，有助于理解先贤的文质彬彬的形象及人文关怀的做派是在读书学习中培养的。术固不可无学。

十年磨一剑，是说功业的精进。《南朝学者任昉研究》从当时的完成到现在的修定经过了十个年头，虽说是篇幅上增加了，主要是增加的材料，还没有实现将之深入而有条理地论述。总之，我已经尽力了，就像与这篇论文有联系的前后几年的经历，都是尽力而为。

准备考研是在中学教了七、八年书后才想到的一条改变生活的路，上路后倍感困顿，原来学过的一点英语几乎全忘，只好从基础开始，一点点地往前蹭。当年高三、"高四"学习时能挑灯夜战的能力，也已经丧失殆尽，晚上不看书不困，一看书就困，多次是没看几页书就在书桌上睡着了，大概一个多月后，才逐渐恢复了晚上能看书的能力。白天是不能看书的，上课紧张，办公室嘈杂，那个环境也不支持学习。基础没有，时间不足，内心焦躁，结果就剩下了屡败屡战的看不见希望的坚持。种种的经历，现在大都想不起来了，大概是忘了吧。只记住几句鼓励自己的话，如"愿引沧海万顷波，一洗此地终身耻"，这是听一个同学说的，就记住了，至今我也不知道它的出处。"独临碧海朝精卫，遍借金针绣凤凰"，这是从姚雪垠先生《有感》诗中摘来的。"不能改变的历史，虽然使人长久的震撼。现实的车轮不可不插上'恨无毛羽'的赤帜，让它在烈烈寒风中傲然成一种突兀的风景，慰藉'奋飞'的思动"，这是我随手写的，表达的混乱正反映我当时的心迹，所以也就不避其简陋，原样照抄，以便和旧时光作别。

就在考研英语有听力的那一年，我竟然考上了。我开始报考的是文学院，英语刚过线，总分自然也不高，能上学，一定是自费。这时张学强同学突然告诉我文史哲研究院公开接受校内调剂，调过去就是公费生，我马上到文史哲研究院申请调剂，从此就成了徐传武先生的学生。张学强是从杨秀英师姐处获得信息的，杨师姐那年博士毕业到中国海洋大学教书了。

专业方向是六朝文史文献，看书就以六朝为范围，之所以选择任昉作为研究对象，原因有二。刚开始入学时，对六朝不熟悉，我就漫无边际地看书，并有意识地读老师写过的文章，当读到徐老师撰写的《任昉》（载吕慧娟等主编《中国古代著名文学家》，山东教育出版社1986年版）时，就对任昉特别有印象，这是原因一。原因二是，到杜泽逊老师家里上选修课，现在忘了是上"四库学"还是"清代版本研究"，是在课余时，杜老师提了任昉，说曾经关注过这个人物，并试图对他做些研究，后来没时间就放弃了。（杜老师就在那一年从藏书家角度写过一篇《任昉》，载杜老师与程远芬老师合著的

《山东著名藏书家》，山东教育出版社 2004 年版）。这两个原因引导我对任昉有更多的关注，并最后作为硕士论文的选题。

在山东大学三年学习过程中，看了不少的学术论著，面是扩大了，但都是浅尝辄止，多不深入。说一个题外话，山东大学不要求研究生英语考级，我到现在也没有四级证，更不用说六级了，这确实保证了有更多的时间涵咏古籍。毕业时，因英语原因，就报考了博士生而最终没进考场，随后联系到母校德州学院中文系教书了。毕业时，徐老师嘱咐我，继续关注对任昉的研究，广收材料，扩大篇幅，适当的时候可以出版。老师的话萦绕我心，大约是在 2009 年春节，家大人吉水公为我题写了书名。2011 年 9 月，家大人身逢"二竖"为灾，"郎中"无为，竟成永诀，现在墓草飘零，每思此，无不痛哉。

就在山东大学要毕业前，遇到刘心明老师，他知道我将担任中国传统文化课程，就嘱咐我编写课程提纲，精拣材料，撰写讲义，完善后可求出版，今年我们的讲义以《中国传统文化十六讲》为题由山东人民出版社出版了。还有庄大钧老师讲授"文献学讲疏"时，直接用皮锡瑞《经学通论》的篇目作授课材料，当时学起来感到好难，为了学习就购买了《经学通论》，还买了皮锡瑞的《经学历史》。书放在书架上，偶尔看一点，慢慢地就有些理解了。2010 年阅读朱伯崑主编《易学基础教程》，因易学和经学的关系，就将皮锡瑞的两部书翻检出重读，《经学通论》只有句读，没有标点，于是就试着点校，截止到今天，《经学通论》已经完成第一遍点校，完善之后，近期亦可期出版。我之所以将经历中这几个细节说出来，是因为师长的一言一行深远地影响着我后来的路，感激之情一直铭记。

时间分割后，一段一段的，每一段有每一段的任务，感觉真是白驹过隙般的快，忙碌过，留不下影子。到德州学院的九年，就是这样逝者如斯，赴尼日利亚任公派汉语教师一年，入天津师范大学攻读博士学位三年，即将完成的学年又首次上"古代汉语"课程，个中体悟不足与人道哉。读书变成一种生活方式，教书成为一种修为途径，乐亦在其中矣。

在修改博士论文准备出版时，我也检出硕士论文对其增改完善，这个学期课程任务重，又有新开课，论文修改多在周末，所做的工作主要是增加材料，因为我研究生专业是中国古典文献学，算是发挥一下学过的专业所长吧。从准备考研到现在十五、六年过去了，这么长的时间段，就像写一篇文章，有伏笔、有照应，很多活动都与"任昉研究"有联系，现在我想把它放下，六朝不再是我关注的重点，以后读书多与易学及中国传统文化有关，这是新的园地。对于本书的出版，我感到如释重负；对于它的肤浅和不足，我依旧喜欢。

张金平

2015 年 5 月